復刻版

岡本安出《アデル》「言霊《ことたま》」作品集Ⅰ

『神宮と天皇』『聖書正解』

岡本安出ことたま研究会◎編

たま出版

復刻版刊行にあたってのご挨拶

「国破れて山河有り」との詩がありますが、正に戦後、日本国民のすべてが路頭に迷っている時、日の本の太古から連綿と続いてきた伝統的精神をも失ってはならないとの、救世の想いから出版されたのが『神宮と天皇』であります。また、その打ちひしがれた日本国民の精神的向上の糧となる叡智、換言すれば、言霊（ホーリースピリット）を学ぶために、キリスト（基理統人）とは何かを、原点から説かれたのが『聖書正解』であります。

両書とも出版以来すでに半世紀を経過し、その目的とした精神的向上の有無は現在の世情を見れば明らかであり、著者の遺志を継いでここに復刻版を出し、再び皆様に問う次第であります。

さらに、蛇足になるやもと危惧いたしますが、岡本安出先生の教えを受けた者たちが、言霊というものの片鱗をつづり、言霊研究誌「三智」に発表した一部分を掲載させていただきましたので、併せてお読みいただきますれば幸甚に存じます。

また、二十年祭記念ということですので、著者と、あるいは先生の著書の読者として関係のありました方々のお言葉を掲載させていただきました。皆様と共に当時の思い出を語り合い、これからの日本の行く末を考えてみたいと思います。

編者（安出門下生）　和田　廣　大川　元一
大橋　勇　江島蛍之介

●収録内容●

復刻版『神宮と天皇』

写真（ありし日の安出先生）

復刻版『聖書正解』

寄稿文（言霊研究誌「三智」より）

安出先生の思い出

写真（安出先生ゆかりの人々）

岡本安出（オカモト　アデル）略歴

一八九四年一月一日、カリマンタン（インドネシア・ボルネオ島の古名）にて、父は南方、東インド開発者として著名なチュートン系旧貴族フレドリック・スック、母は丹波元伊勢の旧家の出で典型的な大和撫子（今井まつ）との間に長女として生まれる。学齢期をシンガポール、ペナン島、マレーシア、スマトラ等で、終始厳粛な宗教的寄宿舎生活の中に育ち、ケンブリッジ大学中等科修了。

第一次世界大戦中、単身来日、日本における最初の洋裁技術院をつくり、婦人服・子供服の改善に新機軸を導入。先鞭をつけ、小娘に似合わぬ経営の手腕を発揮した。

成長期には度々憧れの日本を訪れ、絶えず日本学に耳を傾けたが、西洋への二カ年の外遊をもって父や兄弟を訪ね、ドイツ、オランダ、フランス、イギリス、アメリカ等の知己に会い、広く神秘の世界に関することを学んだ。

やがて在米実業家岡本米蔵氏と結婚、日米親善に余念のなかった夫君を助けながら歴史、神学等々の研究もつづけた。岡本夫妻はアメリカ・カリフォルニア州にて東洋文化大学の創設を試み、日本の各界の巨匠を迎え、茶道、華道、書道、剣道をはじめとしてあらゆる精神修業の道場も建設しようと努力したが、開発途上、惜しくも第二次世界大戦の暗雲ただならぬことを予見し、アメリカを引きあげて帰国。

間もなく開戦、そして敗戦にて、日米における全財産をなくした。心労や妨害の中で長い病の夫君の看護に専念し、夫君没後は専ら言霊宗宣言舎を主宰し、言霊学、英語学、社会学等の研究に従事し、多くの後進を導いた。

一九八七年四月二十一日帰幽。享年九十三歳。

主な著書に、『同行二人（英文）』『合図の旗』『聖書正解』『日本とユダヤの合せ鏡（伊勢皇太神宮の神秘）』『六八史考』『ヨハネ黙示録義解（日本の神秘を解く）』『神宮と天皇』『有りて在るもの（栄光の遺産）』『一を求めて』『深層意識の扉』など。

復刻版

神宮と天皇

（昭和二十九年発行）

神々と天皇

神宮御参拝の天皇陛下

昭和29年4月8日 皇大神宮御参拝 外玉垣南御門御退下

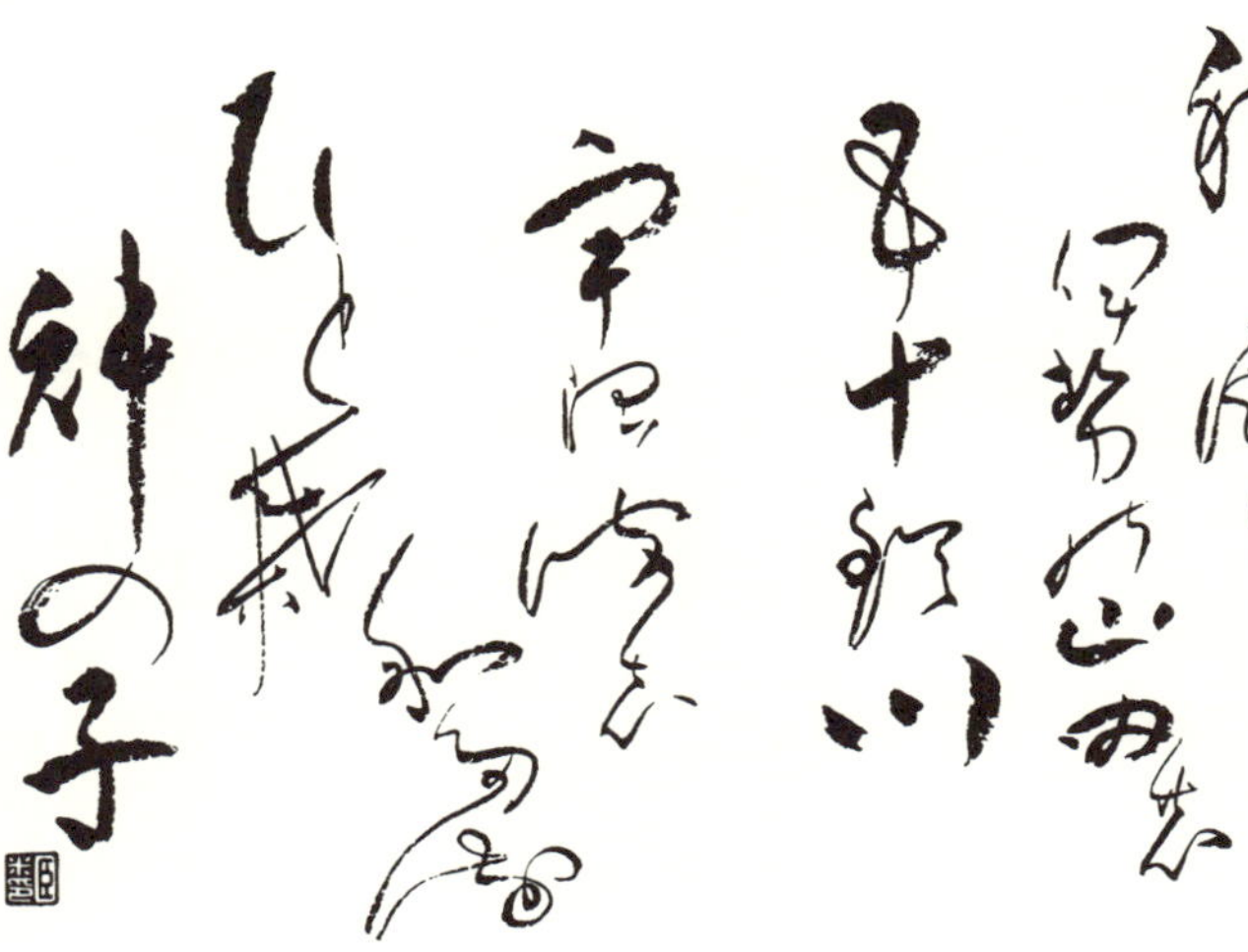

宇　治　橋

宗教法人 言靈宗宣言舎の紋章

著者 井凰 岡本安出
（宗教法人 言靈宗宣言舎主裁）

神宮と天皇

小引

なぜ神宮が、不滅の遺産《いさん》であるのか、なぜ神宮が世界最美の建築であるのか、なぜ神宮が、世界のメッカの中のメッカであるのか、なぜ参宮《さんぐう》が、世界最大の美俗《びぞく》であるのか、なぜヨハネが、「太初《はじめ》に言《ことば》あり、言は神と偕《とも》にあり、言は神なりき」といったのか、なぜ柿本《かきのもと》人麻呂《ひとまろ》が、

敷島《しきしま》の大和《やまと》の國はことたまの
たすくる國ぞまさきくありこそ

と詠《よ》んだのか、なぜ、明治天皇が、

天地《あめつち》もうごかすばかり言《こと》の葉《は》の
まことの道《みち》をきわめてしがな

とお詠みになつたのか、等々がわからなければ、折角の參宮も、何ごとのおはしますかは知らねどもかたじけなさに泪をこぼし、春めきや人さまざまの伊勢參りに終り、しるしのない祈りをいのるという、無駄をくりかへすこととなるのではないか。

言擧《ことあげ》の出來なかつた頃の參宮も、今はまさにこれを改むる秋《とき》ではないか、敗戰後の吾國はもはや、かかる無駄な參宮をゆるさぬ秋《とき》なのである。

今や吾八千萬同胞たるものは、すべからく吾國の傳統に學び、吾國の古典《こてん》により、言靈《ことたま》と、天皇と神宮との三位《さんみ》が如何に一體であるかを諒知《りょうち》し、すみやかに、おはしますかたじけなさを知り、しるしなき禱《いの》りをいのることをやめ、いのる祈りの中のいのりである

高《たか》天《ま》原《はら》成《な》彌《や》榮《さ》和《わ》

を祈り、

明治天皇の御製

ひさかたの空はへだてもなかりけり
つちなる國はさかひあれども

よもの海みなはらからと思ふ世に
　など波風のたちさわぐらむ

の御《ご》軫《しん》念《ねん》の深《しん》遠《えん》さを、しかとつかんで、世界の二十五億はみな、はらからであることを悟《さと》り、覺《さと》った八千萬同胞は、さとつた靈《ひ》の元《もと》の國の日徒《ひと》らしく、一視《いっし》同仁《どうじん》　廣く世界の永久的平和の爲に、粉《ふん》骨《こつ》碎《さい》身《しん》の努力を敢て、爲すべき秋《とき》は今ではないか。

是れここに、「神宮と天皇」と題する一巻を草し、以て第五十九回式年遷宮祭の盛儀をことほぎまつろうとするゆえんなのである。

船橋市海神町東一丁目
宗教法人言靈宗宣言舍本部
井鳳　岡本安出記

目次

神宮と天皇

神宮

神宮とは、元より伊勢の宇治山田にある內宮と外宮のことである。がこれは、神武天皇以前の太古へさかのぼつた、天《あま》の越根《こしね》のくにに於いて、

天神人祖一神宮《あまつかみくにつかみはじめたましいたまや》

という宮居が造營《づか》れ、ひいろがねでつくられた「は玉」を皇位繼承の神寶として皇尊《すめらみこと》が自ら神主《かむぬし》となつてこれを祭られた時に紀元し、その神宮の造營主《つくりぬし》が神さりますと同時に、その後繼者は、その造營主《つくりぬし》の神骨像《こつぞう》をつくり、これを天津日嗣《あまつひつぎ》の守護神《しゅごしん》として、

天神人祖一神宮《あまつかみくにつかみはじめたましいたまや》

に奉齋され、代々のすめらみことは、この神主《かむぬし》（かむつかさ）天職《あめまつり》（あめつかさ）國政《くにまつり》（くにつかさ）を繼承《けいしょう》し、數々の神寶を奉納され、

第十代のみ世には、この

天神人祖一神宮《あまつかみくにつかみはじめたましいたまや》

が改造されるにいたり、その名も

皇祖皇太神宮《すめらおやすめらおおたましいたまや》

と改められ、同時に、

別祖太神宮《わけおやおおたましいたまや》（ゲク）

という宮居《みやい》がつくられ、合せてここにこの二つの神宮《たましいたまや》は

太神宮《だいじんぐう》（おおたましいたまや）

と稱せられるようになり、ここに

日の神（天照日大神《あまてらすひのおおかみ》、又の名、大空底日球日對《おおそらそこひだまひのかみ》、即ち「まな」統理《とうり》の規範《きはん》）

皇祖大神《すめらおやおおたましい》（最初のすめらみことの人靈）

別祖大神《わけおやおおたましい》（外國の統治者《とうちしゃ》の始祖《しそ》の人靈）

等が祭られるようになつたとのことである。

天の越根國というのは、今の越中、越前、越後、能登、若狹、加賀等をふくむ地名であつ

て、その最初の神宮が建てられたところは、越中婦負郡神明《ねいごうりしんめい》村であったとこのとである。永い年月の間には、度々皇太神宮の建替や改造があり、天皇の御遷都《せんと》の都度分宮がつくられ、その分宮のあった地は、今も尚九州、本州、北海道等の各地に、聖域として遺されている。

神宮の外《ほか》の神宮はすべて何々の宮《みや》と稱せられているのである。たとえば、霧島山上の大宮とか、高千穂峰の大宮とか、阿蘇山の大宮とか、富士の大宮等々がそれなので、いずれもみなわが皇室に深い關係のある宮居《みやい》であり、それぞれの宮には數々の神寶が奉納されている。

二十二代までのすめらみことが、皇祖皇太神宮に奉納された御神寶の中には、十種《とくさ》の、神寶《かむたから》というのがある。言靈《ことたま》學研究の參考のために、その種別を記して見れば、

第一、第一代のすめらみことの御神骨像。造主《つくりぬし》、造化《つくり》氣萬男《きよろづを》皇尊《すめらみこと》（二代皇尊）。

第二、生津權劍《いくつけんつるぎ》。造主《つくりぬし》、宇麻志阿志訶備比古遲《うましあしかびひこじ》皇尊《すめらみこと》、（十二代皇尊）。

第三、天上代史《うえつふみ》。編纂主、豐雲野根《とよくものね》皇尊《すめらみこと》、（十五代皇尊）。

第四、圓鏡。

第五、八咫鏡。

第六、八坂曲玉。——造主《つくりぬし》、
宇比地煮《うひぢに》皇尊、（十六代皇尊）。

第七、劒矛、（三劒の一）。造主、大斗能地王《おおとのちきみ》皇尊、（十八代皇尊）

第八、矛劒、（三劒の二）。造主、惶根王《かしこねきみ》皇尊、（二十代皇尊）。

第九、劒、（三劒の三）。造主、伊邪那岐皇尊、（二十一代皇尊）。

（この七、八、九の神寶は、天照皇太御神によって神日本魂御劒《かむやまとだましいみつるぎ》となづけられたものである。

第十、劒。造主《つくりぬし》、天疎日向津比賣皇尊《あまさかるひにむかつひめすめらみこと》、（後の天照皇大御神—日の本中興の祖）である。

天疎日向津比賣皇尊《あまさかるひにむかつひめすめら》は、當時の世相を考慮されて、以上十種の神寶にもとづいた新しい、神寶を創意工夫され、天日眞浦尊《あめのひまうらのみこと》に、ひいろがねで鏡と劒とをつくらせ、生玉尊《いくたまのみこと》に玉をつくらせられた。
天疎日向津比賣《あまさかるひにむかつひめ》皇尊はこれらの神寶を、日常御身辺に奉安されたが、尊に御子がなかつたので、須佐之男尊の御子、天之忍穗耳尊《あめのおしほみみのみこと》に皇位を讓られ、皇位繼承のおしるしとして、これをお授けになつた。本來、代々のすめらみことは、これを三種の神器とたたえて、同殿されることとなつたのである。
天之忍穗耳尊《あめのおしほみみのみこと》は、十種の神寶と三種の神器とは、萬國《とこよ》の棟梁《おむやみこと》代々《よよ》のすめらみことたましいの神なれば、これらを授かるみことは、
萬國棟梁《とこよおむや》皇祖《すめらおや》皇太神宮《すめらおおたましいたまや》五色《いろひと》の祖神《おやかみ》
であり、天津神靈國津萬神靈《あまつかみたましいくにつよろずかみたましい》を守るべきものであると神定《かむさだ》められたのであつた。
天忍穗耳尊より皇位をゆずりうけられた、天之仁仁杵皇尊《あめのににぎすめらみこと》は、幾年《いくとせ》かの後、越中の國より、日向の高千穗の峯に遷都されたとのことである。
その御子天津彦火火出見皇尊《あまつひこほほでみすめらみこと》の御卽位にあたり、皇祖皇太神宮の分宮として、高千穗山上に大宮がつくられ、ここに大遷宮祭が行われたことも、太古の物語りに傳えられている

のである。

天津彦火火出見《あまつひこほほでみ》の御子に、武鸕草葺不合尊《たけうがやふきあわせずのみこと》があり、この尊の御即位後七十二代のすめらみことが世を統べられたのであつて、この間のことを葺不合朝時代といい、物質文明の隆盛時代であつたが、爾來幾度《いくたび》となくこのくにをおそつた天變地異《てんぺんちい》のために、あらゆる、文明は、あとかたもなく姿をかくし、全くの廢墟《はいきょ》となつてしまつたのを、神武天皇御即位後あらためて海《うみ》の外《と》のくにぐにより、とりもどされたらしいのであるが、この間のくわしい消息は全く不明なのである。

神武天皇は、實は葺不合朝第七十三代、皇統第九十八代、神倭《かむやまと》第一代の天皇であらせられ、畝傍山の皇祖皇太神宮（皇太神宮の分宮）にて、即位されたのである。

史蹟は未だあきらかではないが、崇神天皇の御代に、故《ゆえ》あつて、天照皇太御神よりつたわつた三種の神器その他の神寶は、これを祕藏されなければならない事情が生じたので、上代の十種の神寶の中の、御神骨像の一個は宮中に、一個は丹後の元伊勢太神宮に勸請《かんしょう》せられ、宮中のものは更に笠縫村に移して祭られたのである。此の時、崇神天皇はあらたに三種の神器をおつくらせになり、これを以て、代々の天皇皇位繼承のしるしとせられ、元の三種の神器は皇祖皇太神宮の他の神寶と共に、一旦皇太神宮に奉納され、後に地下へ秘《ひ》藏《ぞう》されたのであるが、後世大地震のために、全部埋沒行方不明ということになつているのである。

崇神天皇の御代に、皇女豐鍬入姫命《とよすきいりひめのみこと》は、天皇の命により、宮中にあつた神寶をたづさえて倭《やまと》の笠縫の村におもむかれ、「御杖代」として仕えられ、次で垂仁天皇の皇女がかわつて、「御杖代」となられ、笠縫から、近江をへて、美濃をまわり、ながい歳月の旅から旅への後、遂に今日の伊勢の五十鈴《いすず》の川上へ、たどりつかれたことは、日本書紀にも見えているが、實に崇神《すじん》天皇が、皇宮の外《そと》に神寶を奉遷せられてより八十七年の後　卽ち紀元六百五十六年に、漸くこの神宮（今の內宮）の神域が定められたのである。

內宮卽ち五十鈴《いすず》の宮《みや》の御祭神は、皇祖天照皇大御神であらせられ、歴代天皇が御躬《みずか》ら齋祀された唯一絕對の御祖神なのである。

その神殿の構造は、實に世界唯一の　神明造り　萱葺であつて　五十鈴川の宇治橋《うじはし》（卽ち、宇を治める志《こころざし》の發《はっ》する）の向うの森に見える、一万五千坪の神苑の中にあり、五十鈴川は逢坂山と神路山より生れ出る清らけく澄《す》み透つた流れであり、

明治天皇の御製

昔よりながれたえせぬ五十鈴川

なほよろづよもすまむとぞ思ふ

の大御心もうかがわれて、すがすがしさのきわみである。

内宮神殿の屋根には、十本の鰹木《かつをぎ》（眞名《まな》を意とし、數招檮《かつをぎ》を義とする）があり、その兩端には金色のうち削《そぎ》の千木（氷椽《ひき》…靈木《ひき》…命木《ちき》…卽ち生命《いのち》の樹《き》の道木《ちき》）がまばゆく輝いている。

内宮の階段《きざはし》は十段、葱《ひらき》の法子の形をした高欄《こうらん》の柱は二十六本である。

内宮には、瀧祭《たきまつり》の神、大麻授與所、神樂殿のほかに、荒祭宮《あらまつりのみや》、風日祈宮、五丈殿等があり、鉾杉の大木《たいぼく》が、天に沖《ちゅう》して高く嚴《おごそ》かに、聳《そび》え、さながらに世界の聖域《メッカ》の中の聖域《メッカ》であることを、まざと、默示しているようで、そこにただよう無限の神秘は、その千古の靈域

であることを裏づけている。

明治天皇は御親拝のみぎり、

しげりあふ杉のはやしをかこひにて
ちりにけがれぬ神のひろまへ

と詠じておられる。

外宮は、またの名を豊受大神宮、或は度會《わたらい》の宮とも申し、その文字が示すように、豊かな宇宙の氣が神としてまつられている宮居である。これは内宮が出來て後、雄略天皇の御代に至つて、丹波國は與謝郡の比沼眞名井《ひぬまのまない》に鎭座《しずまり》ましていた、御饌津神《みけつかみ》を、山田の里に迎えられたのである。

正殿の外に、東、西の寳殿《ほうでん》、御饌殿《みけでん》、外幣殿、宿衛屋、九丈殿、五丈殿、忌火《いみび》屋等をもつて外宮の主なる神殿とされ、なお別宮として、多賀宮、土宮、月見宮、風宮の四ヶ所が祭祀されており、外宮豊受大神宮神殿の構造も亦神明造り萱葺、日の本風の最古様式の建物である。

屋根には、九本の鰹木《かつをぎ》と、その東西両端にある外削の千木《ちぎ》とが、眼もさめる美しさをもつて輝いている。

外宮神苑の面積は一万八千坪あり、参道の両域は、四季の趣きゆたかな風光を示す荘厳な風致林である。

外宮には高欄《こうらん》の柱が二十四本あり、階段の數は十一段、階段の兩端にある葱臺《ひらきだい》は御橋玉《ひらぎ》といつて、これは內宮外宮共に六個ある。

內宮の所在地は、むかし「內鄕《うちのさと》」と稱されていたのだというが、神名を祕する必要が生じたためか、大神宮を內宮と稱し、豐受宮を外宮と稱するようになつたのである。內宮、外宮共に、その建築の構相はすべて言靈《ことだま》の默示であり、言靈をもつて解かなければ、神宮の貴とさは認識されないのである。

われわれが日常用いている言の中には、五十音七十五聲があつて、萬靈萬物はこれらの音聲をもつて名づけられたのであり、太古においては既にその萬物萬靈を基礎とした形象假名文字《かなもじ》（神代文字）がつくられ、さらに變化していろいろの文字がつくられたのである。

神道は音義を貴び、儒教は字義を尙び、佛教は意義を尊ぶのであつて、キリスト教は、生命《いのち》に重きを置き、理をきわめて物事を裁断することを教え、罪の贖物《あがない》となつたキリストは自ら世の人に、光りへの道のしおりとなつている。太祓詞《ふとのりと》の中にも罪という罪は、神の智慧の水に祓い却《さ》れと記されており、その罪の贖《あがな》いをする方法も教えられているのである。

さらば罪とは何かというと、それは天則違反によつて、まことを失つたことを示すものである。

罪という文字の字義は包みであり、理性の眼《まなこ》がふさがつていることなのである。

かつてここにいろいろの宗教が樹立されて以來、成長した罪の贖いとなる「教え」の分野を列記して見れば、

(1) 理を極める教えに老子の教え（道義心の向上）

(2) 道徳に和順する教えに孔子の儒教（倫理）

(3) 老孔の教えを總合した孟子の教え（王道）

(4) 性を盡す教えに釋迦の佛教（哲學）

(5) 生命《いのち》に至る教え神道の教え（太麻爾《ふとまに》）
(6) 生命に至る教えに空海の眞言の教え（眞言密教）
(7) 生命《いのち》に至る教えに日蓮の教え（妙法蓮華教）
(8) 總合的統一の教えにキリスト教の愛の教え（生命の樹の道の再開への教え）
(9) 一より八の教えを基として得たる言《ことば》の教え（生命の樹の道の教え）

等となり、この最後の教えによって言靈學卽ち天皇學が認識されたのであることが立證されるのである。

明治天皇の御製

かみかぜの伊勢の內外のみやばしら
動かぬ國のしづめにぞたつ

白雲のよそに求むな世の人の
まことの道ぞしきしまの道

葦原のみづほの國の萬代も

みだれぬ道は神ぞひらきし、

「天地《あめつち》は過ぎゆかん、されど我が言《ことば》は過ぎゆくことなし」

「人の子能力と大なる榮光をもて、天の雲にのり來る」

と、キリストの言《ことば》を旗じるしとして、古事記、古語拾遺《しうい》、日本書紀、聖書、タルムード、カバラ、コーラン、天津太祝詞、大祓詞等の研究を重ねると、神宮は、言《ことば》の象徵であり、光りである眞理のうつし大神の御座であり、その大神の心が、鏡と劍と璽とをもつて表現されていて、神の心の用は鏡に、智慧は劍に、慈悲は璽にあらわれ、言の誠の道《みち》（三智…音智、字智、意智）の法則を知ることもでき、世の人はみな宇宙の統治神といわれる天照日大神の靈光に浴し得て、皇祖皇宗並びに歴代天皇が遺しおかれた道敷の貴とさ、深さをも知ることができるのである。

そこでみな人は歡喜に滿された心もちで、はじめて明るくなり、天地のまつりができ、おのずから天命、生命、宿命、使命、運命を自覺し、神の御手代《みてしろ》となり、いきとし生ける人として、そのせつなから神のわざを成すことができるようになるのである。

人は皆、天命によって生命を授《さず》かり、宿命をはたし、使命を全うし、運命を開拓して空海の詠んだ、

阿字《あじ》の子が阿字の古里立ち出でて
又立ち帰る阿字の古里

である神にかえるのである。

神のみめぐみは、地球上に満ちている。大宇宙、萬靈、萬物、萬象みな吉凶禍福めぐりあい、運氣、運勢といったようなものがそなわっており、各々その與えられた使命をいかにして爲し遂げるかということの外に、奉仕の道も幸福も人生も、夢々ないのである。

言靈《ことたま》は、全大宇宙を表現しているのである。卽ち天にあっては星（産靈《うぶすなかみ》を表現）地にあっては花（音字、言語、思想）人にあっては愛（無慾、恬淡、永遠に流れてゆく神の生命）いわゆる天地人一体の、大和《だいわ》の相を表現しており、わがくにに於ては、陽卽陰《ようそくいん》、陰卽陽《いんそくよう》の神格をそなえた言靈の象徴としてつくられた、日の丸の御旗と、朝日の御旗と、十六べん

の菊の紋章《モン》とがあつて、すべての文明のうみのみ祖《おや》がここに發祥したということを立證しているのである。

日の丸の御旗の日の丸は、太陽または全大宇宙の體卽ち眞《まこと》を表現し、朝日の御旗は十六の方位をもつて隨神《かむながら》の道が敷かれていることを表現し、菊は宇宙の相卽ち、相生《あいおい》の原理を表現して、規矩に通ずる、天地…靈心と物心…○《えん》と□《かく》とを測量する、規と矩の量器である言靈をもつていることを象徵しているのである。

日の丸の御旗は、それをかざすことによつて、そのくにが、言である神の御座所であることを示し、朝日の御旗は、潤《うるをい》に徹《てつ》した義と理とをもつて統一されるすめらみことの御座《みくらい》のあることを示し、十六べんの、菊の御紋章は、それを使用される御方卽ち、天皇及び皇族施政者が、言《ことば》の保持者であることを明示しているのである。

天皇とは、御役柄の名稱であり、その文字の示すごとく言靈を示し白《もう》す王《きみ》の後嗣《あとつぎ》であり、やがて言靈の智識と、權威と、神寶とをもつて世をしろしめすということなのである。

よしや世の中に何物がなくなろうとも、神である言《ことば》は、その生命を永久《とわ》にたもつものであり、言の葉の誠の道がわかれば同時に、神の子人、人の子人、神のしもべ人等の意味もわかり、なぜ歴代の天皇が、萬世一系の皇室と言われたかの理由も、曾て神國日本と言つた理由も、おのづから瞭然としてきて、民主々義も、社會主義も、共產主義も、王道主義も、皇道主義も、獨裁主義も、その他あらゆる主義主張イズム等もみな、自然その各々がもつている欠陥が一つ一つただされて、ことごとく自卽他、他卽自となり、人類が住まつている小宇宙なる大地は、全大宇宙の縮圖であり、人はみな小宇宙の縮圖であり、宗教も政治も教育も經濟も藝術も、哲學、易學、觀相學、手相、骨相、家相、靈觀、靈媒等々に至るまで、總てが各々そのところを得て、從來の排他主義はなく、打つて一丸となる畏《かしこ》さが、はじめてあきらかになるのである。

獨立國家として、吾國に與えられた大きな使命は、終りのない、まことの言《ことば》の道をふみ、わが國たみの心のうちにある塵を洗いおとす御禊《みそぎ》をすることである。

明治天皇の御製

さくすずの五十鈴のみやの神風の

ふきそはる世ぞうれしかりける

の御旨《みむね》もわかり、二千年來のキリストの教の目的も判明し、

神風の伊勢の濱荻まねかねど

慕ひよるらし四方の國々

の御製のかしこさもうかがえるのである。

向後の世界は、天地創造主大神である神を認識し、その神のしろしめす法則を把握し、大祖神に仕えるものと、自己と物質に仕えるものとの區別が出來、早かれ晩かれ人類界統理の體制も統一され、神と人との對立も、人と人、國と國との對立も、おのずから消えてなくなる秋《とき》が來るのである。

天皇

天皇と申す統治者をもつ國は、日の本の外にはなかつた。今後も亦おそらく在り得ないであろう。

日の本の國以外の國々の統治者は、皇帝とか、王とか、君主とか、帝王とか、或は大統領とか、首相とか、サルタンとか、シヤアーとか、ラジアー等々とよばれている。

これらの稱號はいづれも、一定の地域の主宰者のことで、

○皇帝とは、みかどということであり、泰《しん》の始皇帝に始まつている。

○王とは、三世（夏《か》 殷《いん》 周《しゆう》）をへて天下を統一した統治者の位、及び役柄の名稱みたいなものである。日の本では、天皇のみ子である皇子から、五世以下の皇族のことを王とよぶ。

上代の統治者のうちに、皇統第五代、天《あめ》八《や》下《くだる》王《おお》という統尊《すめらみこと》があつた。この統尊は皇子達

をよろづくにへ、鍋釜の製法、井戸堀、牧畜、農事のこと、言語等々のことを教えるために派遣せられた。その以前、皇統第二代の統尊《すめらみこと》は、そのみ子の一人を今の亞細亞《あじや》の州主《くにつかさ》に任じて、その亞細亞の土地を、

天支《あめのえだ》五《い》色《ろ》人《ひと》阿《あ》支《じう》冑《の》尊《みこと》洲《くに》

となづけられた。

天《あめの》支《えだ》　天皇《すめらみこと》からわかれたもの、

五色人　（黄、青、白、黑、赤）（日の本の人以外の人のこと）

阿支冑　日の本《もと》天皇《すめらみこと》のみ子、（冑《じう》はあととり、ちすじ、子孫等のこと）

尊　洲　命をうけた人、すなわち天皇の命によつて統治にあたつた人、尊洲《みことくに》とは、尊《みこと》の治《おさ》めた土地のこと

第二代の統尊《すめらみこと》は、第一代の統尊《すめらみこと》のあとつぎであつたのであり、第一代の統尊《すめらみこと》は、天照大《あまてらすおお》神《かみ》と申す一大覺者から、世界統治の規範をさづかつた方である。（天照大神という名の意味は光りの神、日《ひ》の神、靈《ひ》の神）

太陽のことを、日の神というが、それは天照大神のことを、比喩的に太陽のようであるといつたところから、遂に太陽を天照大神と観《み》るようになつたようである。人類界の創造が成つて、いよいよその統一が必要となつた時に、一人の先覺者が、いわゆる「天孫降臨の神勅」をもつて、一男を皇太子とし、一女を皇太子妃と定め、皇太子は人類界の統治者として、永久《とこしへ》の大地に於ける天津日嗣天皇を繼承せられることとなつた　この皇太子が、皇祖すなわち、人類界統治の始祖である。

この皇太子から、第三代目の統尊《すめらみこと》は、その祖父である統尊《すめらみこと》から五代目の子孫にあたる皇子の盤唐《ばんとう》王氏を、阿《あ》支《じ》冑《う》尊洲《みことのくに》の主宰者に任じられこの皇子が、國王と稱ばれるようになり、支那の國祖《こくそ》（支那の統治の始祖）となられたということになつている。

天皇という御名を古文献によつて見るとそこには、

皇統第一代（上代第一代）

天《あめ》日《のひ》豊《とよ》本《もと》葦《あし》牙《か》氣《き》皇《きみ》主《ぬし》身《み》光《ひかる》大《おお》神《かみ》天《すめら》皇《みこと》

というのがあり、その御名を言靈で解せば、

天日《めひ》　靈《ひ》は日《ひ》—光り、

豐《とよ》　六つの母音と八つの父音とを合せた十四の數、

本《もと》　根本、宇宙の原理を示す大元靈、

葦《あし》　。アである陽靈《ようれい》と。シである陰靈《いんれい》、

牙氣《かぎ》　陰陽の產靈《うぶすな》、

皇《きみ》　白王《もうすおお》（君《きみ》…岐美《きみ》）、

主　以上の持主、

身光大神天皇　陰陽の言を授かり、この言《ことば》を持ち、この言《ことは》を言行に示し申されるみこと。

となり、この名の最初の持主こそは、史上に見る人間世界の最高最美の統治の規範をもつて、人類の第一位に立った最も貴い方であり、五十音をもつて、人類統治の規範である天璽をつくり、ひいろがねに刻み、

《は》玉

となづけて、子々孫々につたえられた方である。

天《あめ》日《ひ》豐《とよ》本《もと》葦《あし》牙《か》氣《ぎ》身《み》光《ひかる》大《おお》神《かみ》天皇《すめらみこと》は、このは玉（波《は》玉…陰陽靈）を「天《あまつ》神《かみ》人《くにつ》祖《かみは》一《じめた》神《ましい》宮《たまや》にうつし鎭《しづ》められ、これを代々天皇の皇位繼承の象徴とされ、子々孫々まで、皇位繼承者は、必ずこのすめらみことの靈血統者たるべきことを宣せられたのである。

「ひいろがねでつくられた天璽《てんじ》」と申すのは、磒《いん》石《せき》に彫刻された天津日嗣繼承の典範であり、ひろいがねという字《な》を言靈にてらせば、

　ひ、　ひは靈《ひ》　靈《れい》波《は》の靈《ひ》
　いろ、　色（いはいのち、ろはみち）生命の路
　かね、　假《かり》の音《ね》　神《かむ》音《な》、神《かむ》名《な》（かな）

となり、これは滅することもきゆることもなく、眼にも見え、耳にもきこえ、口《くち》にてもあらわすことの出來る、五十の音を体系づけた音圖、すなわち、神言《かむこと》なる世界人類一般の政治の規範のことなのである。

この天璽とは、百の神名ともいわれる活《い》きた言《ことば》、永《と》久《わ》から永《と》久《わ》への生命のありかたを示

したことば、靈的にも物的にも一貫する神寶のことであつて、今もなお、大地のいづこかに遺つている筈なのである。たとえ物的神寶がなくなろうとも、神言はくちることも滅することも絶對にあり得ないのである。

ここに於て、その皇位繼承の神寶は、いわゆる高天原から降された宇宙のうごきに關する、玉《は》と稱せらるる唯一の經典、絶對の法則の天璽（天示）であることがわかるのである。

人類はいつの世から存在していたかということは不明であるが、おそらく皇統第一代のすめらみことの出現前に、すでに幾千萬年もたつていて、いわゆる原始人が、多くこの地球上に存在していたのではなかろうか。

人類進化の過程に於て、天《あま》津《つ》日《ひ》嗣《つぎ》の統尊《すめらみこと》とよばれる、統御言《すめらみこと》大神《おおかみ》のような統治者が世に現《あら》れ、後世にいたつてその方が「天《あめ》日《ひ》豐《とよ》本《もと》葦《あし》牙《か》氣《き》皇主《きみねし》身《み》光《ひかる》大神《おおかみ》天皇《すめらみこと》」と諱《いみな》されるようになつたのではなかろうか。このすめらみことこそは、わが日の本の皇祖でなければならぬのである。

「天孫降臨の神勅」によつて、天照日大神から、天照日大神の皇太子が大地の上の将軍と定められ、萬國《よろづくに》棟梁《とうりよう》天職《あめまつり》天津《あまつ》日《ひ》嗣《つぎ》天皇《すめらみこと》の御座《みくらい》につかれたという文獻によれば、當時すでに多くの人類社會があつて、その統一の必要がさけばれたのであることもうなづかれる。

天照大神がくだされた道敷の規範は、いわゆるまことの天皇政治でもあり、徹底した民制政治の規範でもあつたということが出來るが、このような規範が、いつかは雲がくれして、これに對するあこがれはわづかに宗教的觀念からくる信仰の的として、或は、びびとして人類の血と肉の中にある、觀念的な意慾として遺つているに過ぎないのである。

その道敷に關する知識のことは、それを靈智、叡智、慧智、といつてそれが神であり、その象徴が天璽であり、天璽の持主が天皇なのである、人間天皇としては、この靈智を靈的に体得し、この靈智である神寶を保持する血統者として、人類最高の位に座し、父たり師たり、君たりの役をつとめて、始めてここに萬世一系の天皇の意義が具現されてくるのである。

聖書に「全地《せかい》は一つの語一つの音のみなりき」とあるように、古代における世界の人はみな同じ思想のもとに、同じ言語を使っていたに相違ないのである。

ちなみに聖書は、元來モーゼと四十三名の予言者とが、めいめい時代をことにして、一篇一篇とこれを完成した、六十六篇からなる一巻の書籍である。終始一貫して、極めて懇切に、唯一神エホバに對する證言をたてながら、おのづから神と人との關係を明らかにし絶對の眞理を縦横に說きたり、說きさり、やがて未來《みらい》をも予言せる唯一の經典である、これを舊約と新約とにわかち、モーゼよりキリストの時代にいたるまでのことと、キリストの時代のこととの二つがあきらかにされている。

舊約全書は、イスラエル民族のみの經典であつて、新舊約全書は世界一般のキリスト教徒の經典として親しまれていること（舊約全書は神の國の顯現に對する準備の書であり、新約全書はキリストの顯現、キリストを說く布教、說明、成就のみちゆきについての書であること）等を念頭において、そのいづれの書も、キリスト（究理統基）すなわち世界人類の救世主である言靈を說き、言靈による政治のもとにあつて、キリストは神の右座に座して正義の世をおさめるということを承知し、先づモーゼによつて書かれた思想の種―田根《たね》は、はたして誰が植えたのか、その思想の生みの親を見出さなければならないのである。聖書は言靈學の入門にかならずなくてはならぬ書物であり、聖書なくては、言靈の目的を成就するみちはないのであり、これが判らなければいかに、やれ世界の平和だの、やれ世界政府だのとさわいでも、何の役にもたたない、いわゆる雨後の筍のように、近頃世界のいたるところで流行している、一切の文化運動も、政治運動も、また宗教運動も、あげていわゆる小田原評定におわるのみなのである。

　そもそも皇統第一代のすめらみことは、日の本（一《ひ》の百《も》十《と》…靈の元）の皇室（言靈による道敷《みちしき》）の始祖であつて、その御名の、天日豐本葦牙氣身光大神天皇は、宇宙大元靈の根本的思想の原理を授《さつ》かり、これをその子孫に遺された方であることをものがたつており、その原理をもつて自ら天津日嗣のみこととなり、神主《かむつかさ》となり、天職につかえ、人類の棟梁《とうりょう》となり、まことの指導者の任を全うせられた方であつたということが出來る。随つて、この方は皇祖皇宗或は皇《すめ》御《み》親《おや》神又は外國《とつくに》人のいう「天にいます父なる神」と崇められたもうた方であることも、推察出來るのである。

であればこそ、太古のみ世から萬世一系の基礎《いしづえ》が樹てられていたとも言え、同時にここに靈血統の正しい天皇說を見出すことが出來、宗教的に約束されている時代もやがて到來し、世界の人がみな打つて一丸となつて、主の主、王の王である、眞の「メシヤ」を見出すことが出來るのである。

人類を指導する白玉の原理を天照日大神と申上るのであり、この大神は言靈の次元卽《すなわ》ち五次元に位されているのである。

神の世界の組織は、

七次元　大元靈、（神界）　唯一絕對。

六次元　創造神界、　過去、現在、未來、における、時間と空間と、靈質とを司る靈の世界。

五次元　統一神界、　天照皇大御神…天の靈《ひ》（日）統一性を主とし、創造性、自在性、限定性を從として、宇宙の生々存々の役をなす、靈系神のこと。

四次元　自在神界、（神靈界）　具象世界の生成化育を司る靈系神のこと一名國常立大神ともいう。

三次元　限定の世界　物質の世界、現界に分たれるのである。

天照日大神の白示《しろしめ》す原理をもつて、つくられた代々の天皇の皇位繼承の天璽、並びに皇室の神寶である各種の神器神寶は、日本皇室發祥以來今日まで代々につたえられ、永遠につづけられてゆく神寶なのである。

去りながら遠い太古の初めから、この原則によつた世界政治は未だ曾て行われず、戀愛慾と支配慾と金錢慾とに魁せられた人類によつて、鬪爭と壓制の弱肉强食的世界が出來、慾と無智とは次から次へと禍いをまねいたのである。禍いというものが、元來一つの罪から始まつたとすれば、これは全く天則違反からきたといえる。字源によれば、罪とは物質世界に神の靈がうごいていないということを立証することばである。

ここで一言、罪という罪の發祥についての記録の解をこころみておこう。

古事記によれば、天照大神に對してその弟の尊《みこと》、須佐之男尊は暴戻の振舞をなされたとある。これは事實上演ぜられた人間界の出來ごとでもあろうが、この神話は唯一絶對の言靈の規範に對して、須佐之男尊は民制政治の規範を示されたことになり、それとはなしに、天照大神の神制政治そのものも、その規範も用いられずに、岩戸がくれのまま今日の時代にうつつたということが比喩的に物語られるのである。

日の本の國の神話は、上代二十五代及び葺不合朝七十三代の沿革を神秘的に物語つて、葺不合朝第七十三代、すなわち皇統第九十八代の天皇を、神倭朝《かむやまとちょう》第一代、神武天皇と申上げているが、實は連綿として萬世一系のみくらいが、今日の御代につづいているのである。

聖書にも、このような神制政治の規範を、あたら荒した須佐之男尊の傳説みたいなことが、アダムとエバによつて行われている。エデンの園におけるエバの天則違反は、罪の發生と生命の樹の道の封鎖に終つているが、慈悲深い神はそこに、神と人との約束を交《かわ》されている。この話も實は神話であるから、言靈をもつて解《と》かない限り、容易にその眞相のわかろう筈は夢々ないのである。

アダムとエバの子カインとアベルについても、やはりカインがアベルを殺したことによつて、始めて人殺しの罪が發生したと書いてある。神とサタンとヨブの對話を見ても、ノアの洪水《こうずい》の話を見ても、イスラエル王朝乃至ユダ王朝の發祥についても、その兩朝の滅亡のことを見ても、白法隱滅の禍はさまざまな型をとつて現われている。

永遠無窮の神業は、人にむちうつに當つては、專ら愛をもつてし、人の心をして神にかえらしめ、大地に言靈の幸《さきお》うしきしまのくにを建設するまで、試練また試練をくだしているのである。

白法が太古にもたらした文化の片鱗《へんりん》は、世界のいたるところに今も尙遺つており、白法そのものも、隱滅「岩戸がくれ」「生命の樹の道の封鎖」となつてよりこのかた、悠々龍宮城にねむつているといわれているのである。

ここにいう龍宮城を、多くの人は海の底深くにある乙姫の住む宮殿だと考えているようである、これは言《ことば》の世界の奥《おく》の院に、存在する言靈の世界、又はみな人の心の奥にある、陰陽の靈の發するところを指していうのである。「乙姫」とは、乙《おと》は音《おと》、眼に見えぬ陰陽靈の發祥を意味し、姫《ひめ》は秘めであつて藏《ぞう》しているということ、城《しろ》は白《しろ》に通じ白《もう》すということである。

言靈が乙姫のふところにいだかれて、龍宮城にねむつているということは、とりもなをさず、人の心の底（海の底）すなわち言の海の底に言靈がねむつているということになるのである。

そこでわれわれは、天壌無窮の神勅の

「天津日嗣は子々孫々天壌と共に窮りなからん」

とは、何の意味かということを知らねばならぬ。それはいうまでもなく、天照大神の御名による、「天下太平」の世界政治の規範となるべき言靈は、たとえ天地がすぎゆくとも、永久に宇宙と共に不滅であるということの外ではないのである。

天皇は、寶祥天皇《あまつひつぎすめらみこと》として、豊葦原は瑞穂の國の元首として、國家の慈父として、國体の道徳（教育勅語に「之を古今《ここん》に通じて謬《あやま》らず、之を中外に施《ほどこ》して悖《もと》らず」とあるその道徳）を天皇御自らが國民《くにたみ》と倶《とも》に之を拳々《けんけん》服膺して、その徳を一にせんことを庶幾われ、天にいます父のごとく、萬民を愛《いつくし》み、眞、善、美、愛、理、法、行、の道をふむ体、相、用をもつていられるのである。

わが國において使用された、太古の十種の神寶も、三種の神器もみな時代をものがたる言靈の示現であつて、日の本の國の名、地名、その他すべてのものの名を正名すれば、いたるところに言靈の名殘りが見えて、その根本を示すものが散在していることを目擊するのである。太古の文化はみな生き生きとよみがえりの姿を顯現し、まことにわれわれの前途にはきわめて明るい、「むかしいまし、いまいまし、未にいます」神の世界が展開しているのである。

太古の日の本の國、すなわち靈《ひ》の本《もと》の國の文化は、一旦廣く全世界に普及展開したのであつたが、しばしばの天變地異によつて、幻滅にちかいところまで破壞されてしまつたのであつた。そこで神武天皇の時代一旦外地で發展した文化が逆輸入されたのである。これがすなわち外來文化なのであり、まことの文化から生れた文化の片鱗にすぎない、儒、佛、基、等がもたらしたいまだ完美されていない文化なのである。

今日すべての思想は、井《ゐ》を掘《ほ》つていま一尺で出る水を掘らずに出ずというひとぞうきといつたようなところにあるのである。

われわれは、神孫又は天孫民族と称して靈《ひ》の素《もと》の言の意義を、いづれの人種よりも、より早く理解し得る國にあるのである。

吾々が日《ひ》を祝《いわ》い、月を詠み、星を祭りつ、恒に國をあげて神を慕いこのせまい國土に實に八萬の神社をもつている所以《ゆえん》なのである。

世界の人も亦みな同じく神を敬《いや》もうているのではあるが、われわれ靈の元の國民が勇敢に先づ率先して、敬神の潜在意識を明らかにしなければ、唯物唯心の道を一つに結ぶことは容易に出來ないのである。

ゆきつまつた世界において人は、神をもとめて、あらゆる宗教を樹立してきたのであつたが、神、天皇、萬世一系、キリスト、言、等の實相はいまだなおつかめていなかつたのである。

世界の人類が皆先づこれをつかみ、これを覺り、各自が各自の靈質に生きるまでは、國にも世界にもまことなく、光りなく、平和は元よりないのである。

「人は燈火《ともしび》をともして、升の下に置かず、燈台の上におく」と聖書は教えている。しかるに日の本のくにでは、眞理の象徴と、そのつくり主のよつぎである天皇を、今は正に、あたら升の下においているのである。

みたからとは、天皇の稜威《みいず》のことであり、天皇の稜威とは、「光りは東方より」の光り、即煌々と世を照らす寶祚《あまつひつぎ》の三位一体のみたからなのである。

イスラエル民族は、神と人との契約が實行され、救世主の出現によつて、人の世が幸福になることを期待している。キリスト教徒はキリストの再來をまち、回々教徒は世界政治の根本が確立するときをまち、佛教徒は「みろくぼさつ」が現われる秋《とき》をまつているようである。

われわれ人類は須《すべか》らく、何はさておき先づ言靈とは何であるか、天皇とは何であるか、萬世一系とは何であるか、神とは何であるか、キリストとは何であるか、ということを徹底的に正解することが先決問題なのである。

天皇はひとり、日の本のくにの象徴ではないのである。道も亦ひとり日の本のくにのみの道ではないのである、これらは皆全世界の人類のものである。

「光りは東方より」の光りは全世界人類に依《ゑ》估《こ》なくあたえられた言霊そのものなのである。

全世界の人類は皆はらからなのである。

言霊が何であるかがわかれば、

人もわれも道を守りてかはらずば
　この敷島の國はうごかじ

千早ぶる神のひらきし敷島の
　道はさかえむ萬代までに

ひろくなり狭くなりつつ神代より
　たえせぬものは敷島の道

天地もうごかすといふことのはの
　まことの道は誰かしるらむ

ことのはのまことのみちを月花の
　もてあそびとは思はざらなむ

天地もうごかすばかり言の葉の
まことの道をきわめてしがな

等々の明治天皇の御製の尊とさがはつきりして、いかに明治天皇が惟神《かむながら》のみちにそくした言霊の政治を敷くことに宸襟をなやまされたかをも伺ひ知ることが出來るのである。われわれは何とかして全世界の人みなと共に共に手をたずさえて、明治天皇の大御心に應え奉り、わがくにの人もよろずくにの人も

「よものうみみなはらから」

という言の御意《みこころ》を、大地の津々浦々に、くまなく敷くべきである。

言靈

言靈を諒知することによつてのみ、われわれは神と人とを結ぶ、天《あま》の浮橋《うきはし》として知られている、言の葉のまことの道、一名《いちめい》敷島《しきしま》の大和《やまと》の道とは何であるかを知ることができるのである。この道を知れば人間はみな大神《おおかみ》の分靈であり、神の子一十《ひと》であり、人の子靈圖《ひと》であり、神のしもべ日徒《ひと》であることがわかり、三位《さんみ》一体の御親の大神の靈智によつて、現界における吾々の使命を達成するみちがはじめてひらけるのである。

われわれが平等に所有する、天、空、地についての概念は唯

天　　おおぞら――日月星辰の座

空　　空間――雲と風と水のあるところ

地　　地球――人間の住むところ

だといつた程度のもの（第一號圖解參照）であるが實は、第二號の圖解で示すように、わ

れわれが住んでいる地球自体は、第三次元《じげん》物質宇宙間の一惑星であり、大天蓋から大地底の間には、三重、三層、三組の天、空、地がある。

在來の天、空、地觀とちがうところはこの三重、三層、三組の天、空、地を、全大宇宙と稱して

天は、　第一層の天空地のこと、

空は、　第二層の天空地のこと、

地は、　第三層の天空地のこと、

となし、更にこれを合せたものを、言の世界では、

全宙―アの世界

大宙―エの世界

宇宙―ウの世界

天宙―イの世界

地宙―オの世界

〔圖解第一號〕

在來の天、空、地觀

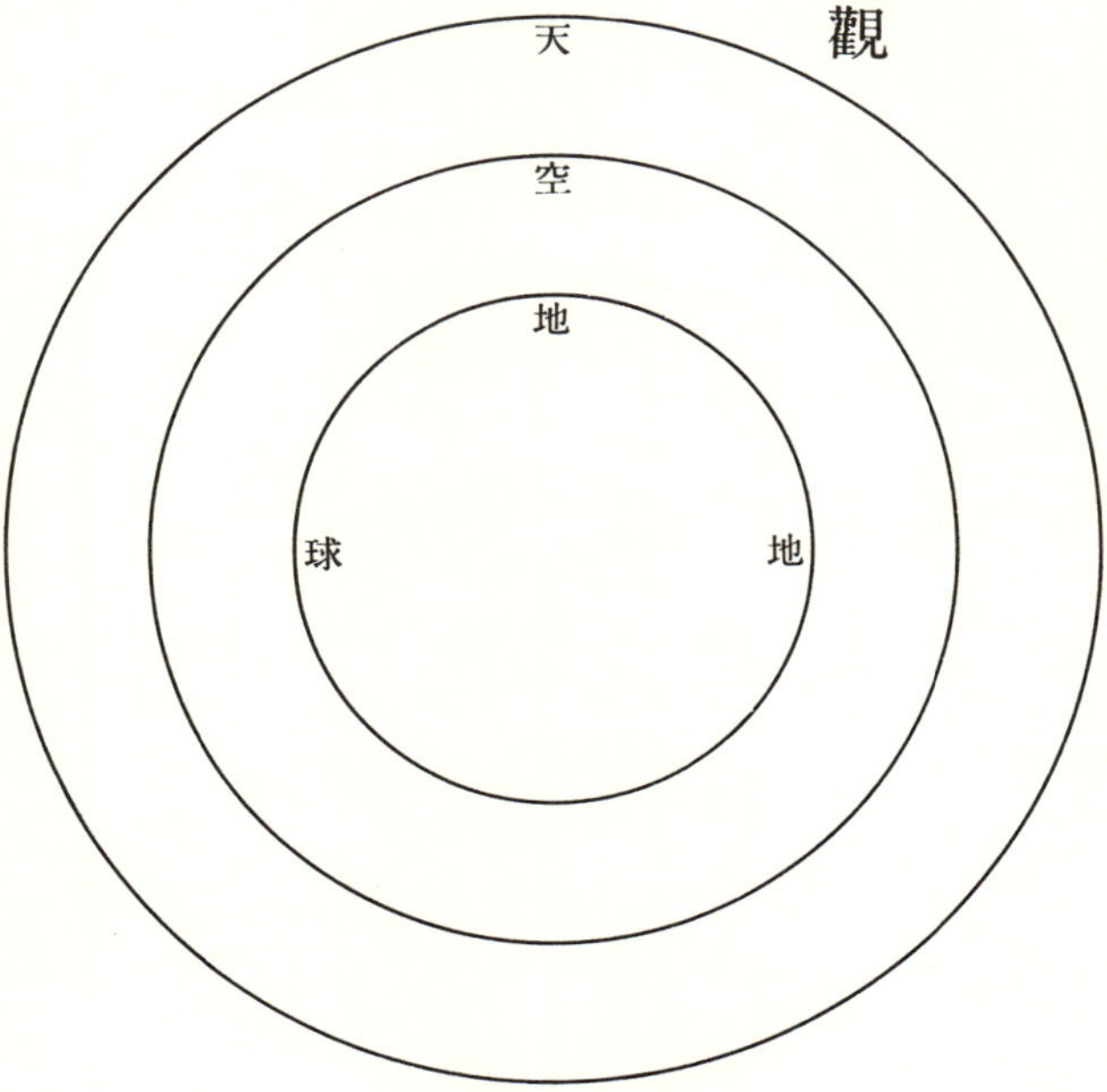

〔圖解第二號〕

三重、三層、三組ノ天空地

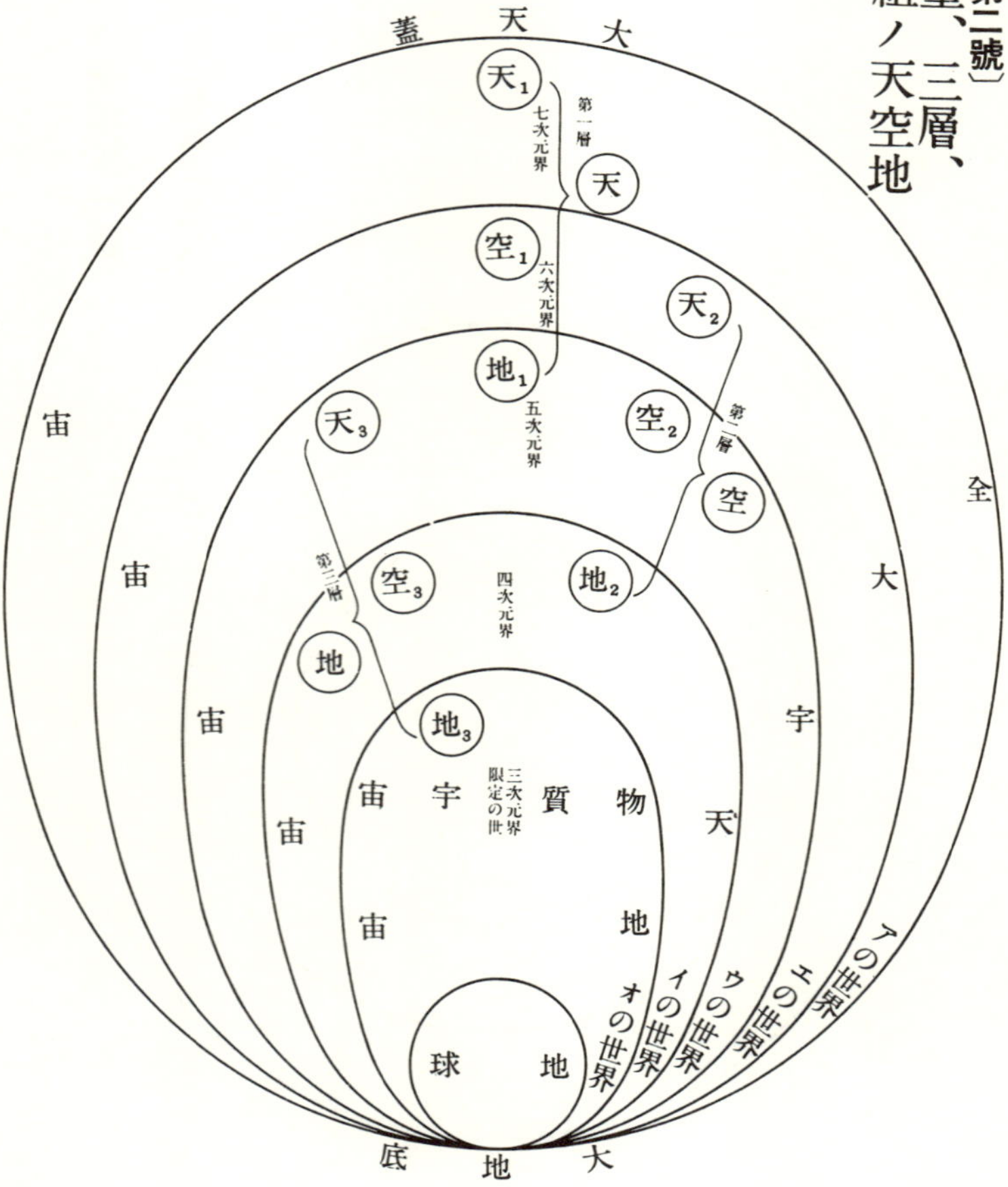

と區別して、ここに五行制の發祥を見るのであり、地球は宇宙すなわち物質宇宙の一部に屬するというのである。

三重、三層、三組の天空地の中には、陰陽相對性よりなる全宙、大宙、宇宙、天宙、地宙があり、この三重、三層、三組の天空地と、神と人とを一貫する萬世一系の眞（惢）の內柱《うちはしら》と稱する靈線のあることを立證し、全大宇宙大和《だいわ》の吾《われ》と、地宙小我の吾とを一筋のみちに祭る（眞釣《まつる》）必要を說いて見ようとしているのである。

先づ始めに全大宇宙が剖判《ぼうはん》して、第一層の天（七次元の構成）が成り、次に天空が開判して、第一層の空（六次元の構成）がなり、次に天地が開闢《かいびゃく》して、第一層の地（五次元の構成）がなり、次に第六次元世界を第二層の天とし、第五次元世界を第二層の空とし、更に天地開闢して第二層の地（四次元の構成）がなり、最後に五次元世界を第三層の天とし、四次元世界を第三層の空とし、更に天地開闢して、第三層の地（三次元の構成）が成ったということになるのである。

全大宇宙の絶對體は、ウに綜合する「クスツツムヌル」と律動する螺波線をもつて、中心より球状に放射傳播する靈線の集合體であって、この集合體を「たかまはら」又は大元靈といい、靈線のことを「大元靈線」「宇宙線」、或は「生命線」ともいうのである。たかまはらの意志の綜合は、一《いち》—意《い》智《ち》—位《い》置《ち》である。この一《いち》は天の位《くらい》であり、これを天《あま》津《つ》日《ひ》嗣《つぎ》して地の一《くらい》にするのが、天皇の卽位《そくい》である。これが絶對であり、神聖なのである。

このたかまはらにおける、初發の意志を氣といい、これを表現する言靈《ことたま》を、無聲のアという。この無聲のアは自體である螺波線のツに綜合される「クスツウムヌル」すなわち無聲、無音、無響、無韻の

㋗ル　㋜ル　㋡ル　㋒ル　㋰ル　㋦ル

〔圖解第三號〕
たまことの表現

演繹法	歸納法
一次元界	八次元界
二次元界	七次元界
三次元界	六次元界
四次元界	五次元界
五次元界	四次元界
六次元界	三次元界
七次元界	二次元界
八次元界	一次元界

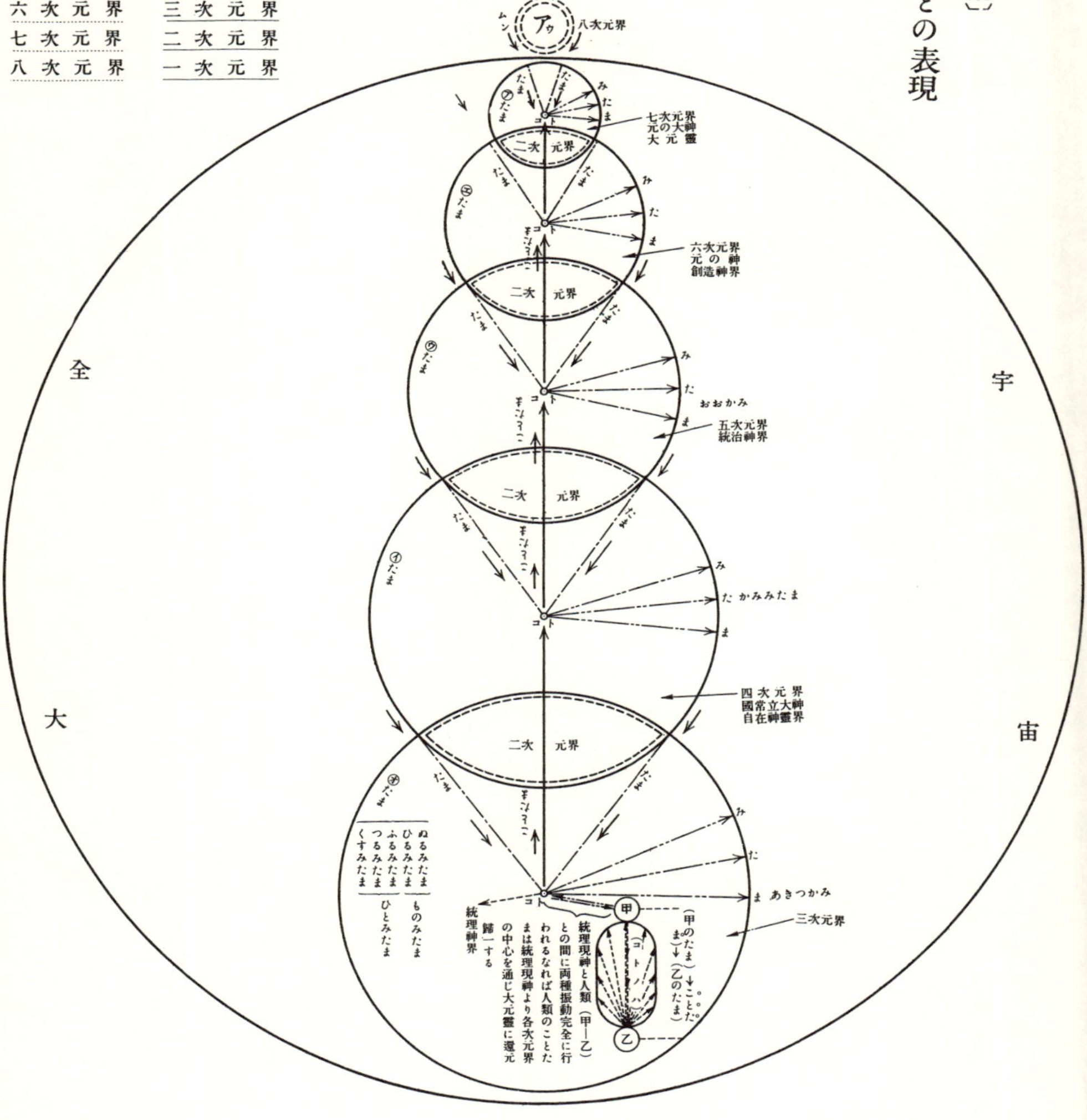

の律動にしたがつて、段々にうごき出し、やがて、四個の葦牙氣を生み、交叉交流の運動をおこし、左旋、右旋に産靈《うむすび》をなし、響音を發して、アと鳴り出で、ここに宇宙始めてのア音が發するのである。

無聲、無音、無響、無韻のアとウは、茫然としているようであつても、一度《ひとたび》天機いたれば、忽然《こつねん》として、相對有限のまことの大和の意により、自發しつつ、やがてすべての音《おと》、事《こと》、男《おとこ》、女《おんな》（音は陰と陽、事はもの、男はちから、女は文）を産《う》む狀態を包藏するのである。このように、アとウとが鳴り出づるまでの姿勢を、眞精、眞隨の絶對的本質という。人間の本質も宇宙の縮圖であるが故に、發聲せんとしては、その神經の中樞に命令を下《くだ》す、そこで各神經系統の活動が開始し、肺臟をうごかして、聲帶を振るわせ、すべての發聲機關が働いて、ここにて音を發する準備姿勢が成就するのである。

かかる態度のことを、敷島の大和のくにというのである。アアア…、ウウウ…と鳴り、出ずアゥは、絶体虚無の極度と相對有限の極致と、相接する焦點において、やむにやまれ

〔圖解第四號〕バイブレイションとオッシレイションの表現
發音……發聲の過程

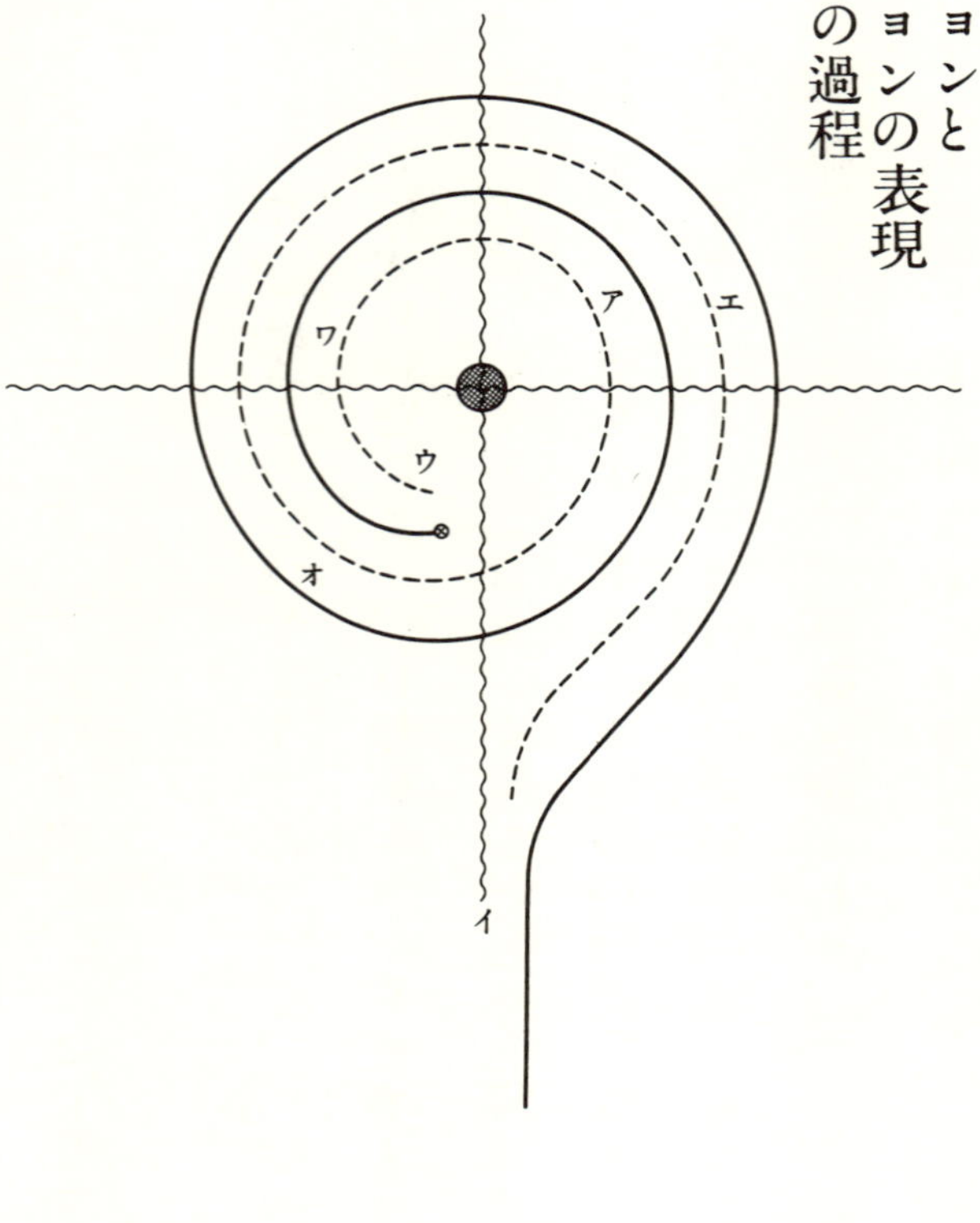

〔圖解第五號〕

言靈還元歸一の圖解

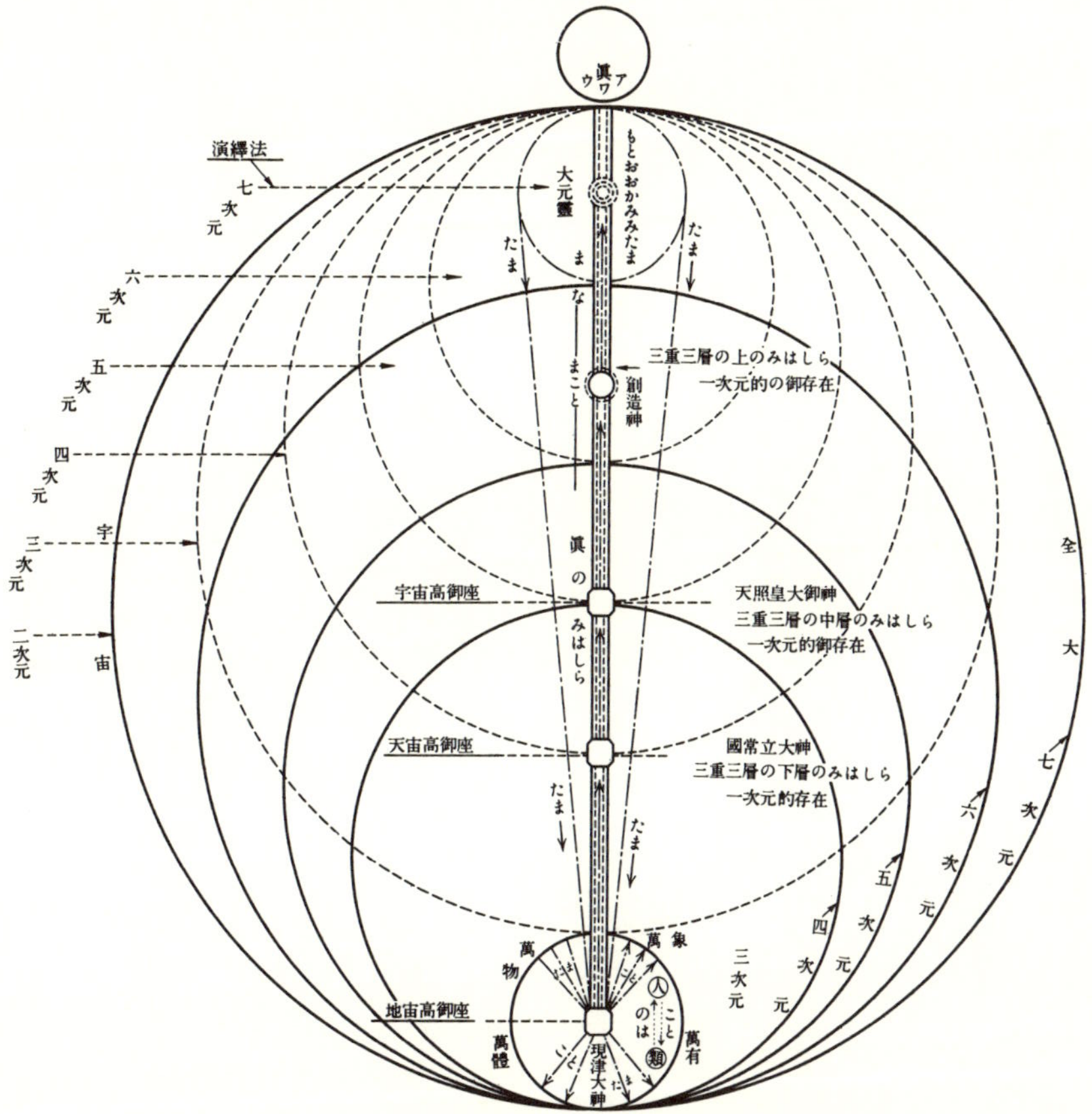

ぬやまとだましいとして、宇宙の元律に押し出される元動力であり、これがアであり、一《はじめ》であり、日《ひ》(光り)であり、靈《ひ》であり、言《ことば》である。この靈《ひ》になるものが人にやどつて、靈《ひ》圖《と》と稱せられ、靈圖は一《ひ》十《と》となり、人となつて人格をもつのである。人格をそなえていない人は、動物(うごいているもの)に過ぎないので、斷じて平和的な指導者とはなり得ないのである。

唯一絶對である、眞理の世界の區別を表現するには、普通次元をもつてしているのであつて、世の人はこれを歸納的に推理して、八次元を最高としているが、繽繹的言靈の光りによれば一次元が最初であり、最高である。

次元の世界のことを大我、小我、地獄、極樂、三千世界等々といつて、これを限定している。わがくにでは神名によつて示されているが、言靈によつてのみ、それらが異名同曲であることを諒解することが出來るのである。

圖解第三號をもつて、次元とみたま別とを示しておく。

全大宇宙の元の大神のみたまより、たまことたまことと、各次元界を通じて三次元界の、あきつかみみたまにいたり、ひとみたまは、これを享けてことたまにし、ひとみたまのたまは、あきつみたまを通じ、各次元界のコトを經てもとおおかみみたまに還元歸一する。これが一十《ひと》、卽ちたまこと、ことたまの原理、天律天則に則したものなのである。

前圖を今一應圖解しかえて、たまこととことたまの還元歸一ノ圖を示してみよう。

時間と空間とを支配する眞のみはしらは、地球上に春、夏、秋、冬をきたすように、全大宇宙の眞のみはしらの歪曲並びに還元の法則を有するものなれば、全大宇宙の進展上自在の時代出現し、宇宙、天宙、地宙のみはしらの歪曲捻轉し、いままでは、その正しい位置がくるつていたのであるが、ツルみたまの活動作用が極限して、フルみたまの活動作用がはげしくなり、天地の大和合が顯現する時がせまつてきているのである。

言《ことば》の世界における三重の高御座が揃う世が顯現すれば、圖解第五號のようになるのである。

圖解第六號は不調和なまつりを示し、圖解第七號は調和したまつりを示すものである。眞のみはしらを正すことを目的として、言靈の音圖、音韻の意義を整理した、いにしゑの聖《ひじり》の御教《みおしへ》によつて正義のみちを立證することこそ、われわれ日の本のくにのひとの特典

〔圖解第六號〕

ツルみたまは四次元（自在神）

フルみたまは三次元（統理限定神）

ウに綜合される

・クスのみたまは六次元界の現津神と五次元界の奇魂。

・ツルのみたまは四次元界の津魂。

・フルのみたまは三次元界の富魂。

・ムルのみたまは牟魂―あらみたま、人みたま。

・ヌルのみたまは寝魂―温魂―根魂即ち和魂と幸魂。

ものとごと（二次元界ムウの世界のたま）

・ンのみたまは一次元のみたまにしてこれ運魂という。

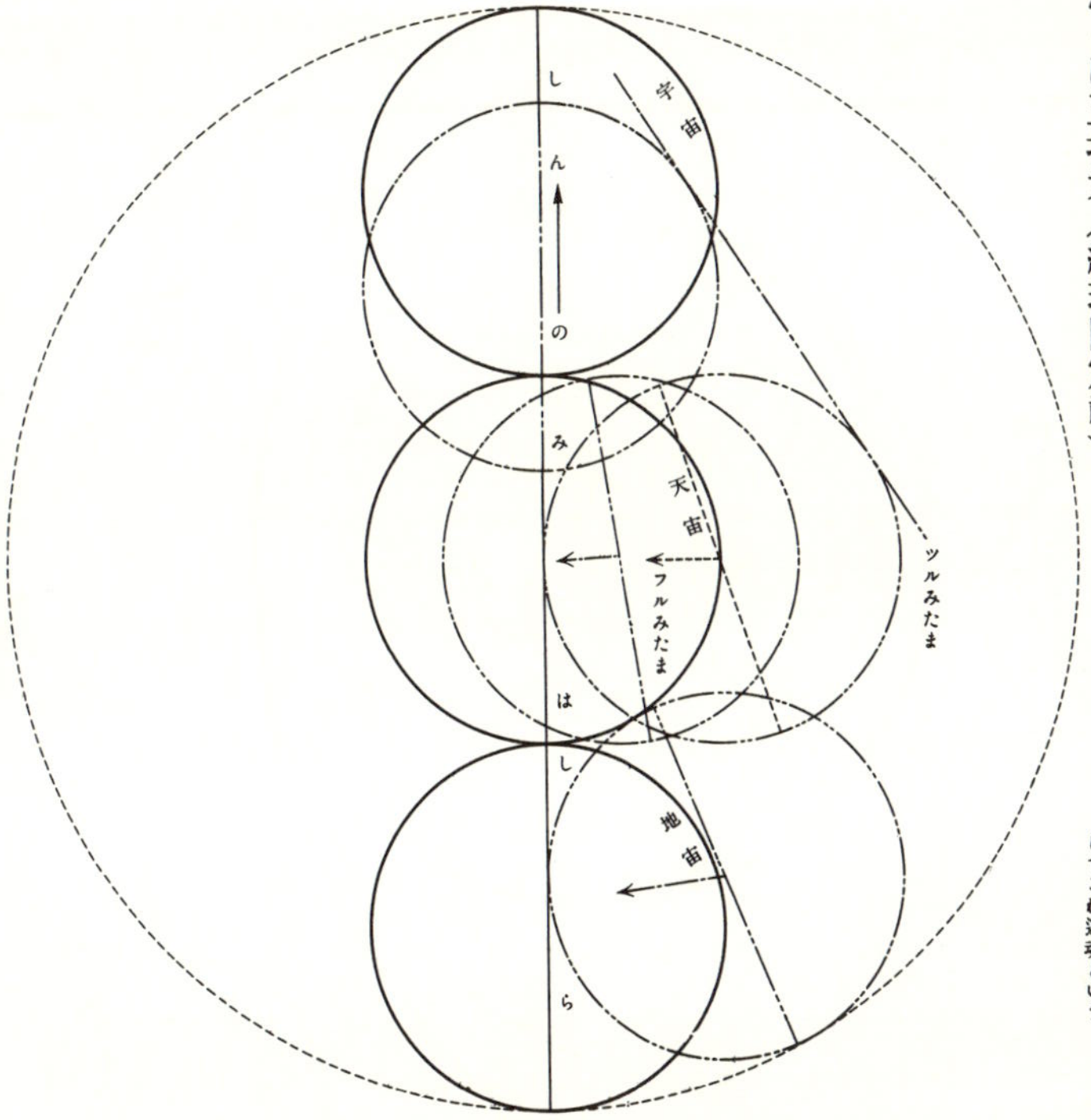

ツルみたま（四次元界のことたま）の活動により宇宙、天宙、地宙の御柱が歪曲捻転しその正位より轉位したが天運循環、フルみたまの活動により天地和合におよび……の位置より實線の正位に移動やがて、宇宙、天宙、地宙三界三柱一貫に還元するの圖解。

〔圖解第七號〕

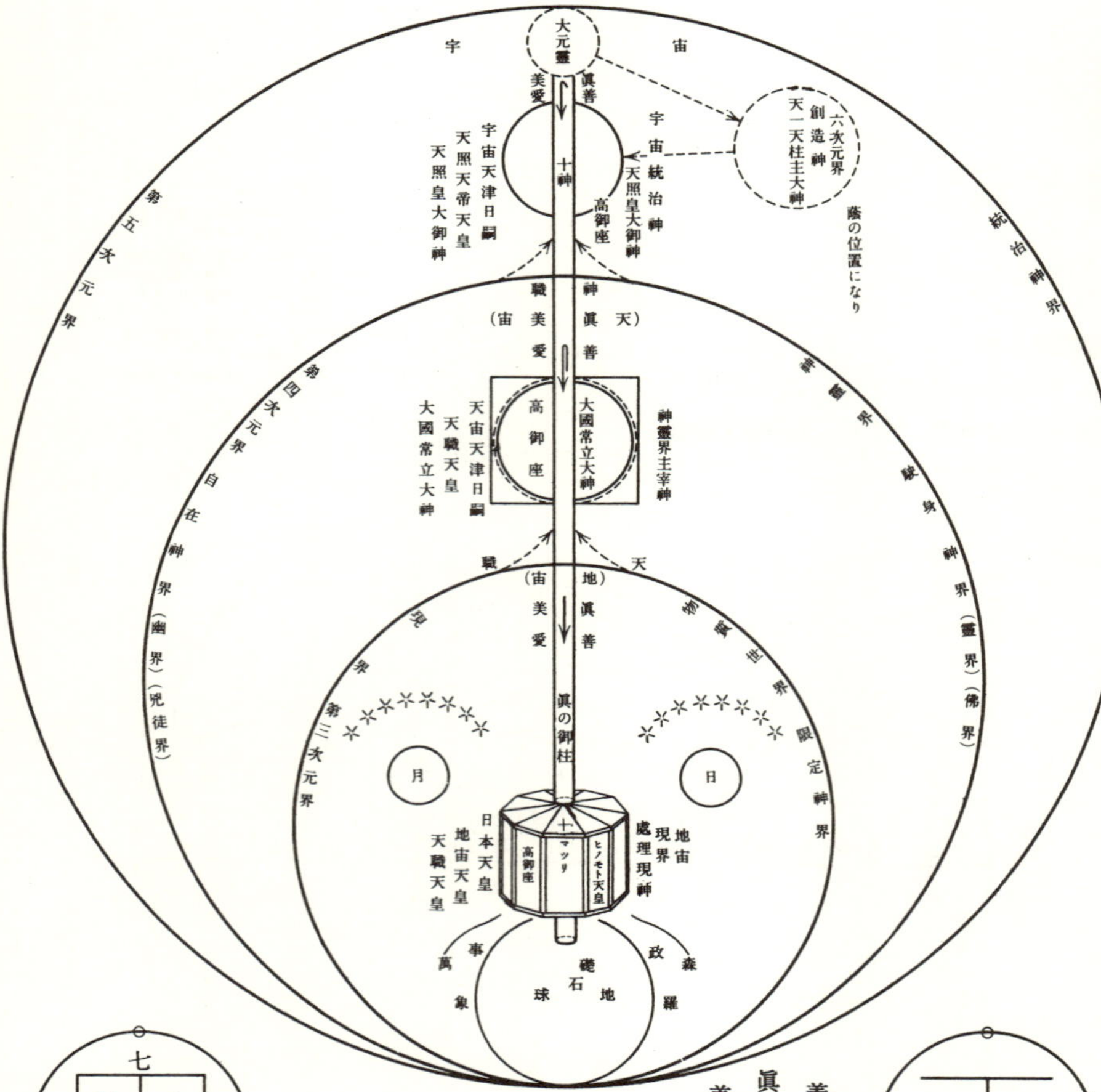

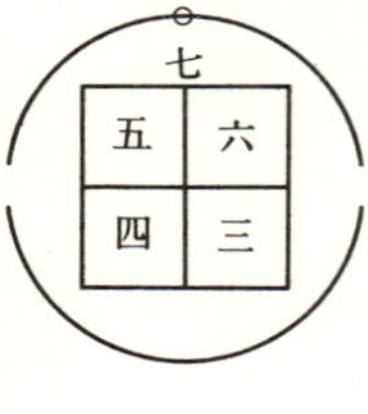

天照皇大御神の知食《しろしめ》す全大宇宙を宇という
＋は高御座、一は眞の御柱

宇宙眞善美愛の姿三重の高御座が揃うことを $^{+}_{++}$ という

宙の字は七つの次元をふくむ絶對界を本旨としている

であり、はたまた世界の大和《ざいわ》の爲に、まことの指導原理を提供することも出來るのである。

まつりごとの範疇は、大元靈の智慧によって現示せられるのであり、五十の清音が時代時代におうじて、いろいろに配列されてきたのである。

たとえば、未だ罪のない純眞な時代に生命の樹の道があった。

この高天原成彌榮和の生命の樹の憲法があった時代の人はみな、かむながらに生きつつ、繁殖し、地に滿《み》盈《ち》、海の魚と、天空の鳥と地に動くところの諸の動植物を治めたのであった。

〔圖解第八號〕

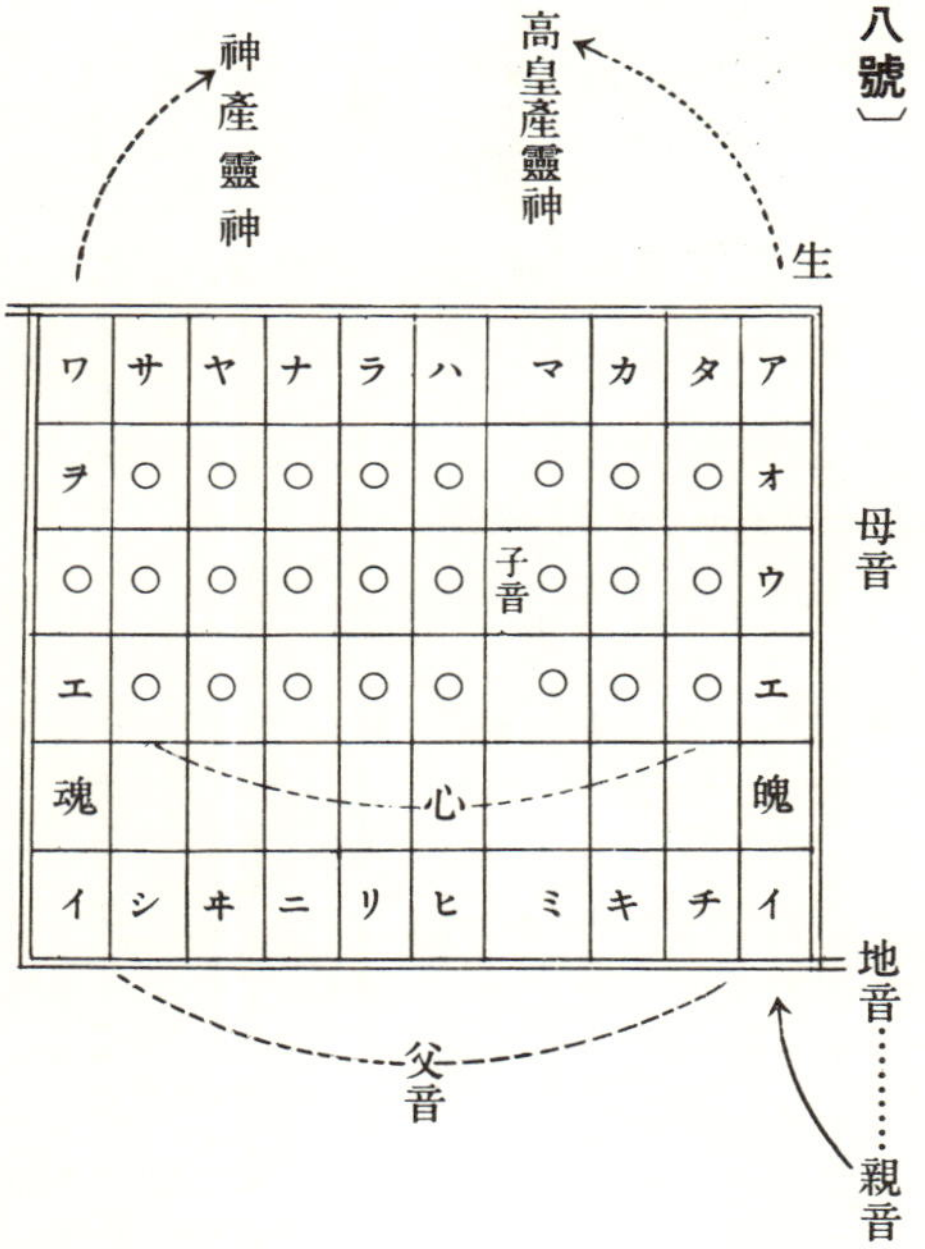

次に、は゜玉がつくられて、その造主が、これを祝し、『生めよ、ふえよ、地に満てよ、これに従《したが》えよ』と命じられた時代に、白玉の音圖があつた。

〔圖解第九號〕

白玉の音圖

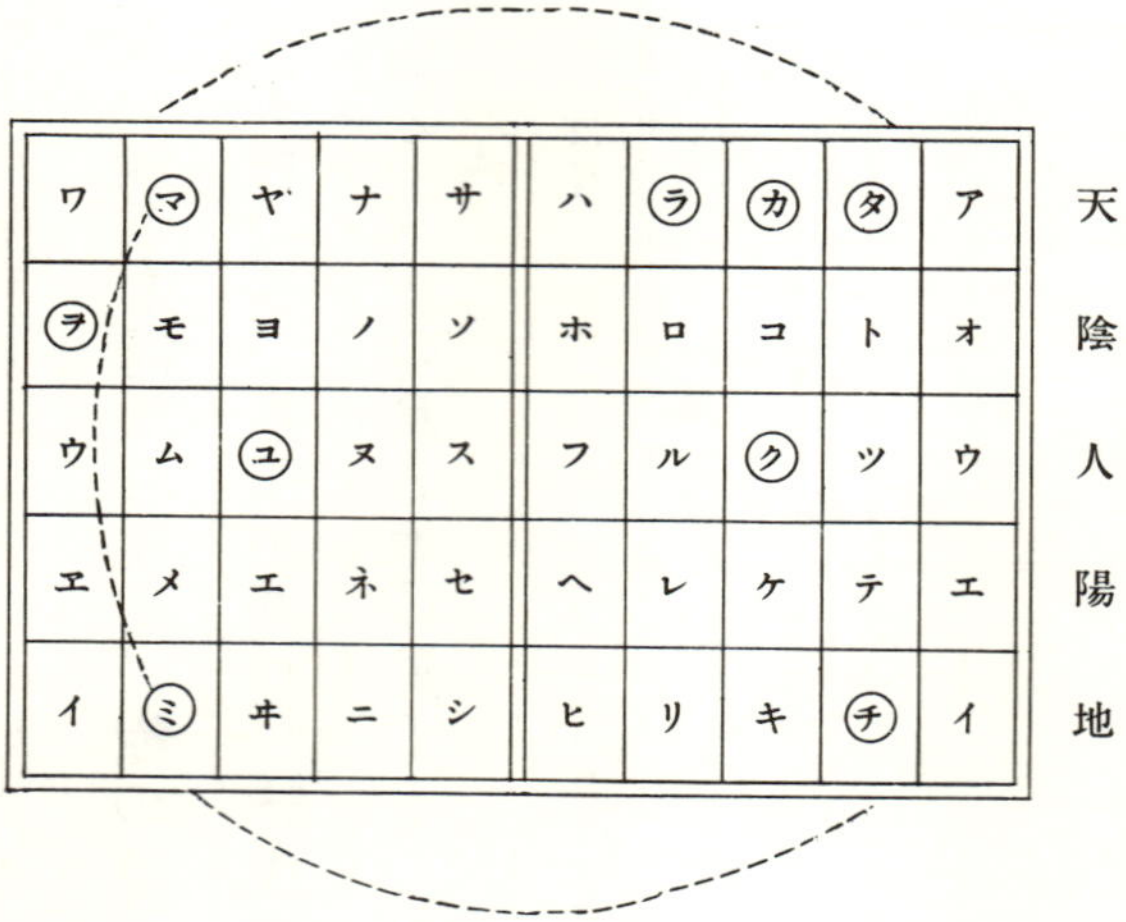

白玉…◯《は》玉の音圖は、一名寶の音圖といい、神聖な音圖であつて、玉の道とも五百《いお》津統《つみすめる》玉《たま》ともいう。

アイウは高天原…智慧の出る所。エは精神界、オは幽界。動物的心理はアイウの三神原理で動いている。靈徒《ひと》卽ち眞の人はオエの二靈覺を加え合せて、これを五神の心理となすことを現示し、天津御空の言靈の海原《うなはら》は白玉の道…皇道。

タチ（劍）　タマ（勾玉）　マミ（鏡）　ミチ（三智…道）

ユとクは由音をもつて由いて來るということを示しているのである。この音圖は、三種の神器をもつて表現する皇道の規範となる。

この規範においては、白玉の憲法である眞《まこと》が守られない限り「人は死すべし」というのである。これが因果應報ということのはじまりなのである。聖書もこれをあきらかにしている。卽ち、エデンの園におかれた人は善惡の樹の果を食うことを禁じられていたが、この命令に従わなかつたアダムとエバとは、この律法を犯して、エデンの園から追放されたのであつた。

次に、任意的時代、人が人の意志によつて、人の世の政治をする時代には、金木の音圖があつた。これは罪が生じた後において體系づけられた思想の範疇である。

天津金木の意圖は、ア九の生命《いのち》の樹の道、天則違反によつて神を失つた、瑞之《うずの》魂《たま》、又は荒魂を表現する、天地人の三神思想の指導原理。

〔圖解第十號〕

金木の音圖

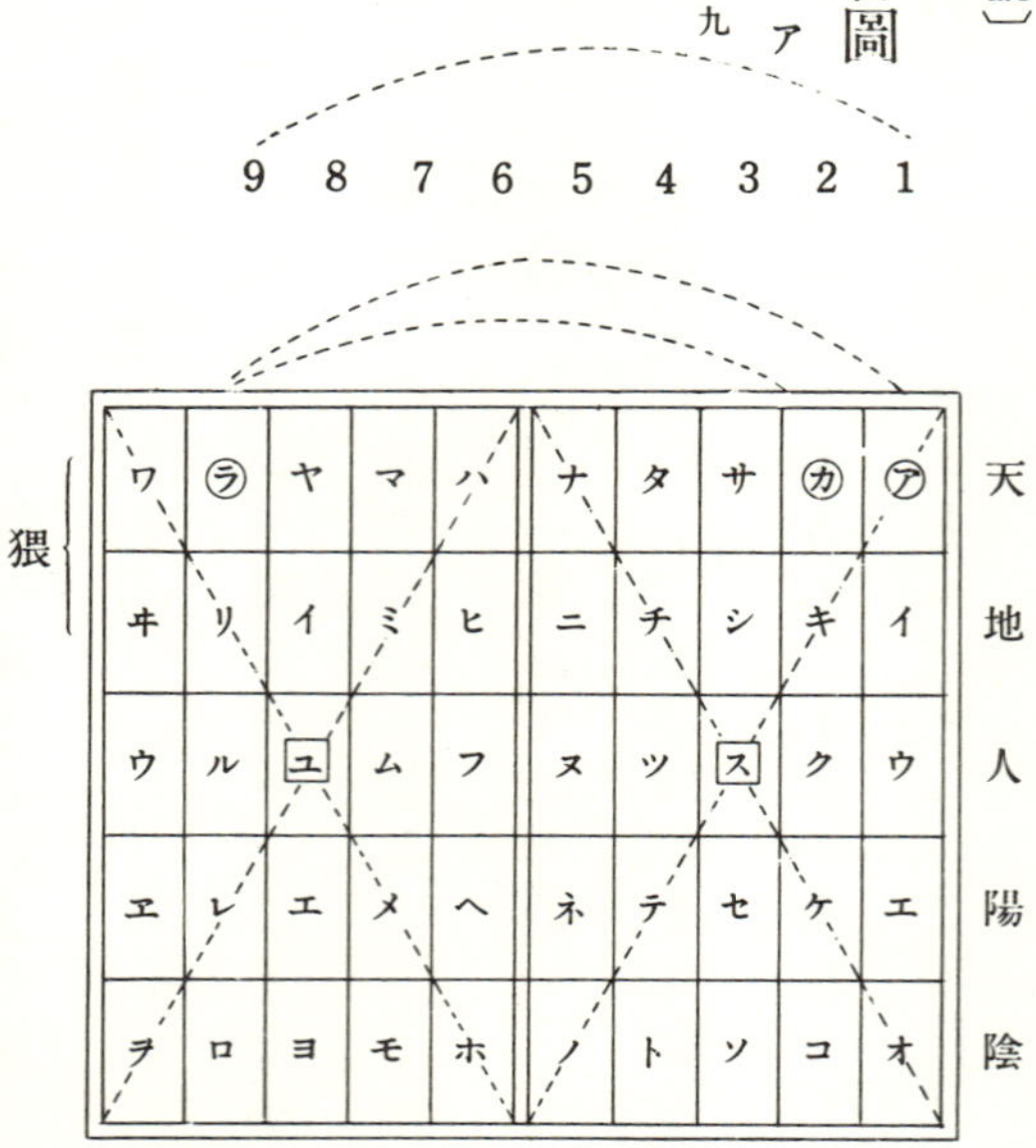

この音圖は、須佐之男命のつくられた音圖であり、善の生命《いのち》の樹の道を敷かれた天照皇大御神の神格である眞實《まこと》を神如《しんによ》に、すなわちかみのかたちのごとくになした「ス」と「ユ」

に表現される（スは皇《ス》であり統《ス》であるから、ユ音—由…由良理…百に統一する—によつて得る統一原理）。唯物思想（まことを唯物唯心に科學する分析科學時代の表現）を現象としている國家社會主義の規範。

金木の音圖は理によつて統一を圖《はか》ることであつて、道をもつて統一を圖《はか》る思想ではない。須佐之男命の暴擧というのは、實は言靈の世界にそなえられた、ことのはのまことのみちをみだしたということなのである。

天津金木の指導原理が發布されるにあたり、ここにいろは音圖というものもつくられている。これは一皇子であつた萬國巡知《よろづくにめぐりしる》彦尊《ひこみこと》、一名桃太郎が教えたものであり、かつて、フィニキヤ人がわが神代《かみよ》文字を以て作つたエジプト文字に、約四千年前ユダヤ人が更に工夫して、作つたというかのアルファベット二十二の字母よりも、ずつと以前のものであるとも傳えられている。いろは文字は空海が作つたというが、實はずつと以前からあつた音圖を、空海、が佛教的に觀念化したものである。

卽ち

いろ《色》はにほへ《匂》と
ちり《散》ぬるを
わかよ《浮世》たれそ
つね《常》ならむ
うゐ《憂意》のおくやま《奥山》
けふ《今日》こえ《越》て
あさき《淺》ゆめ《夢》みし《見》
ゑひ《醉》もせす(ん)

諸行
無常 ── 常

是生
滅法 ── 我

生滅
滅己 ── 淨

寂滅
爲樂 ── 樂

であるが、空海はこの説き方では、天壌無窮の生命に、到達することは出來ないと氣がついたので、「ん」の一字を加えて未知《みち》の世界に到達するために眞言《まことば》を説いたのであつた。「ん」は「運」「うむ」即ちむすぶ（うむすびの意）である。

このいろは歌《うた》は、實は伊邪那《いざな》美命《みのみこと》の命《めい》をもつて、須佐之男命が高天原を退却して、黄泉のくにへおもむかれた時につくられた統治の洪範である。

いろは　（色波…現象界）

にほへと　（賑《にぎ》わえと）

ちり　（智理）

ぬるを　（塗を）

わが　（うわ…宇阿が）

よたれそつねならむ　（全大宇宙の何ものにも變化があり…永遠に動いている）

うゐの　（宇宙の生命の）

おくやまけふこえて　（天地の境をこえること…今という今を越えること、即ち現象界

から靈の世界に入ること）
あさき（あさ…朝…明るい…來る）
ゆめみし（ゆ…由　め…しめる、即ち結ぶことをして）
ゑひもせす（ゑ…慧、ひ…靈、白せ崇《あが》め讃美せよ）

（圖解第十一號）

赤玉の音圖

天	㋐	㋕	㋟	㋮	ハ	サ	ナ	ヤ	ラ	ワ
地	㋑	キ	チ	ミ	ヒ	シ	ニ	イ	リ	ヰ
人	㋒	ク	ツ	ム	フ	ス	ヌ	㋴	ル	ウ
陽	エ	ケ	テ	メ	ヘ	セ	ネ	エ	レ	ヱ
陰	オ	コ	ト	モ	ホ	ソ	ノ	ヨ	ロ	ヲ

猥＝Y

となり、色の世界卽ち現象界は、よしや無常であつても、あさくるゆめみして叡智を讃美せよとの祝詞《のりと》であることがわかるのである。

赤玉の音圖は靈の音圖ともいう。この音圖も金木と同じように天地人（アイウ）の三神思想の指導原理であるが、金木の音圖の國家社會主義に対して、赤玉の音圖は全体主義の

〔圖解第十二號〕

麻の音圖

天	㋐	㋟	カ	マ	ハ	ラ	ナ	ヤ	㋚	㋻
地	㋑	㋠	キ	ミ	ヒ	リ	ニ	ヰ	㋛	イ
陽	㋓	テ	ケ	メ	ヘ	レ	ネ	エ	セ	ヱ
陰	㋔	ト	コ	モ	ホ	ロ	ノ	ヨ	ソ	㋾
人	㋒	ツ	ク	ム	フ	ル	ヌ	ユ	ス	ウ

指導原理である。

麻の音圖はいろは音圖を五十音に体係つけたもの。言の葉の誠の道（動の音圖）、實踐道法の指導原理を示すもの

〔圖解第十三號〕

生命の樹の道の音圖

天	㋐	㋟	カ	マ	ハ	ラ	ナ	ヤ	㋚	ワ
陰	オ	ト	コ	モ	ホ	ロ	ノ	ヨ	ソ	ヲ
人	ウ	ツ	㋗	ム	フ	ル	ヌ	㋴	ス	ウ
陽	エ	テ	ケ	メ	ヘ	レ	ネ	ヱ	セ	エ
地	イ	㋠	キ	ミ	ヒ	リ	ニ	ヰ	㋛	イ

高天原の音圖（靜の音圖）は生命の樹の道とも、天津管曾の音圖ともいう。高天原とは、

タは高御産巣日神《たかみむすびのかみ》、カは神産巣日神《かみむすびのかみ》、アマは時間、ハラは空間である。この音圖は、豊葦原を表現し、眞理の世界を現象しているのである。タチとサシのあいだは時間と空間とを表現し、アワイイ原において、悔いあらためのみそぎの必要と、神のアイに生くべきことを現示しているのである。

〔圖解第十四號〕

命の樹の道、

動の音圖

天地陽陰人

天地日月星

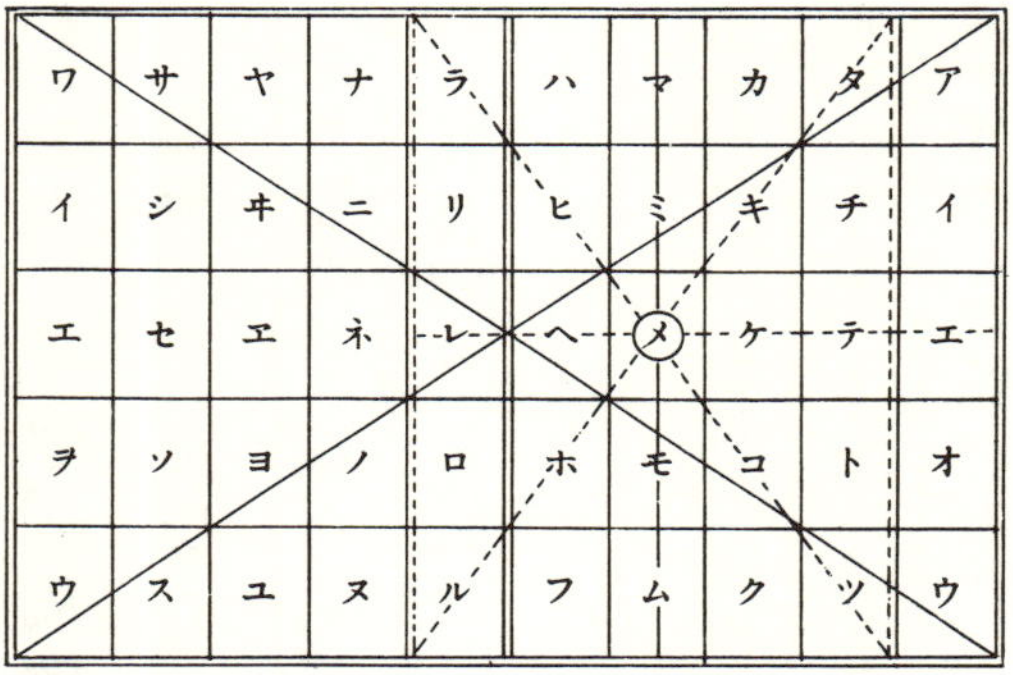

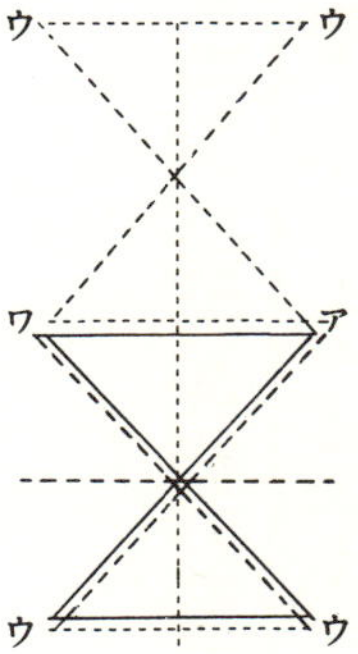

ウワ　アウ

ア音の鳴り出す体制はウワアウである

命の樹の道（動の音圖）は高天原成彌榮和の音圖、言の葉のまことの道の動の音圖

精神界	幽界	現界
天照大御神	月讀命	須佐之男命
高天原	夜食國	海原
アイエ	＝オ	＝ウ

タカマハラ二十五音の中心に、メのあることは眼（眞名子《まなこ》）を表現し、即ち理において、性において、命において、それぞれ高天原について、認識を完成《かんせい》することの現象である。

以上のように、種々異つた音圖があり、各々その運用についての法則があるのである。

勿論わが五十音や、五十一音、七十五聲、いろは歌のほかに、アルファベットや、その他いろいろな音圖が、世に多々あるが、わが日《ひ》の本《もと》の清音圖によつて日の本の字《な》の意義を解し、眞言《まこと》の光り、即ち光りは東方よりの光りを、現界に於てまざと見ることを、最大事としなくてはならないのである。

日の本とは申すまでもなく靈《ひ》の元《もと》…一《ひ》の百十《もと》であり、

〔圖解第十五號〕

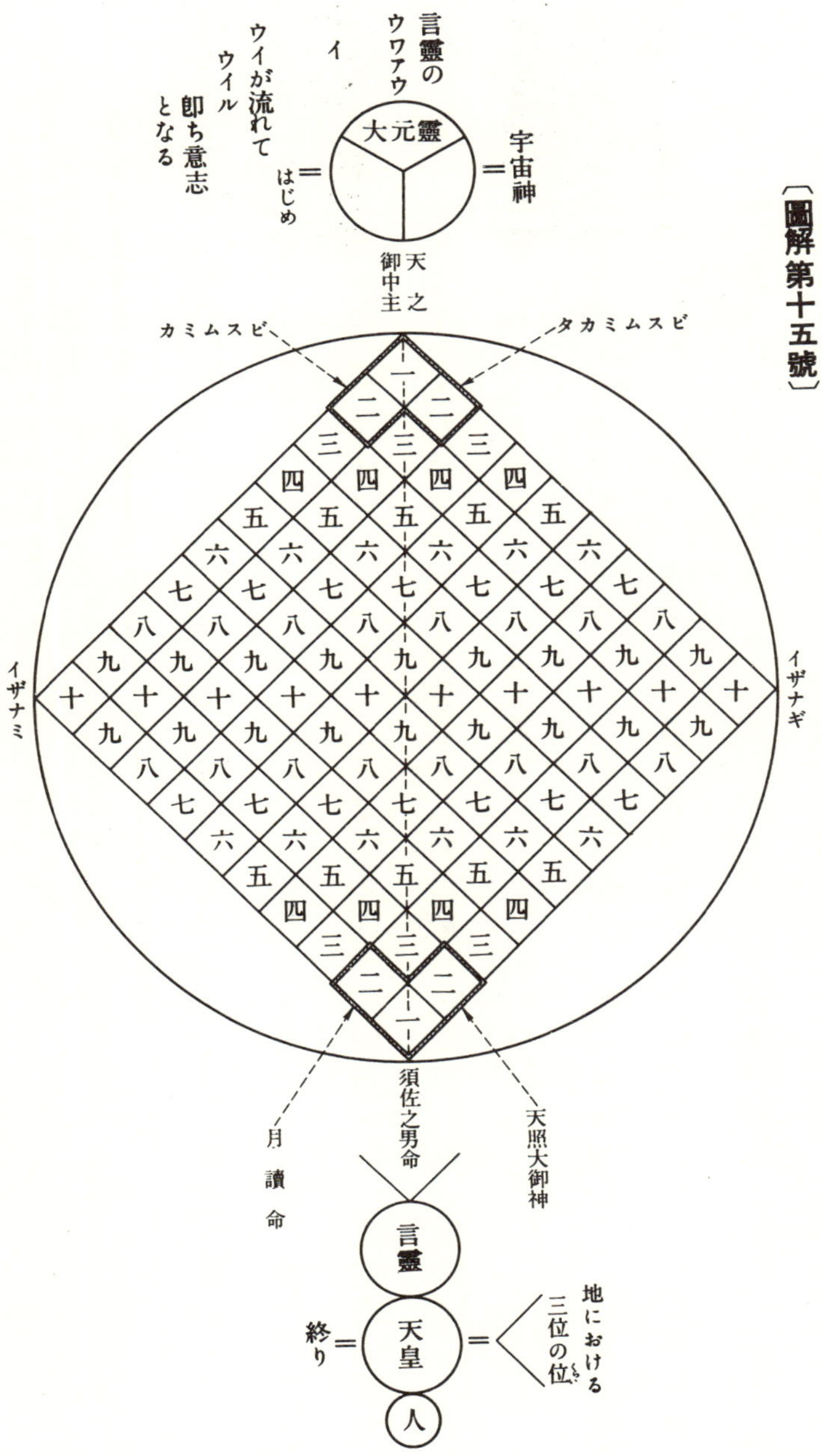
言靈のウワアウ
イ
ウイが流れて
ウイル
即ち意志となる
大元靈
はじめ＝
＝宇宙神
天之御中主
カミムスビ
タカミムスビ
イザナミ
イザナギ
須佐之男命
月讀命
天照大御神
言靈
天皇
人
終り＝
＝地における三位の位

明治天皇の御製

國といふくにのかがみとなるばかり

みがけますらを、大和だましい

大和魂《やまとだましい》とは、大元靈の大ウワァなる和靈《われ》に歸一すべき小ウワァである和靈をみがくことなのであり、小和靈《われ》はあさひに匂う（吾《あ》乍《さ》靈《ひ》……麻の音圖の精神をもつて香る……奉仕の姿となつて大和の靈に歸一する）やまさくらはな（たまことの四つの陰靈と四つの陽靈の座《くらい》を八《や》間《ま》、……たかまはらなやさというその八つの靈《ひ》の乍《さ》久《く》羅《ら》波《ば》成《な》）となり、大元靈に通じて人のまことを永久に香ぐわしくするということである。

傳教は、「六合を兼ねて都を開く」という、神武天皇の詔勅にもとづいて、いろは音圖のけふを「京」の字にかえている。京とは天皇の御座のあるところをいったのであるから、思想的に傳教は、京《みやこ》大道《おおじ》を開くという道念を意味する、五十音圖を目的とした、「京《みやこ》大路《おおじ》」である言の葉の道に入つて、精神界の「天の岩戸を開く」ことが出來ると思つたのである。

日蓮も同様、太古に敷かれた、しきしまの道をもつてせぬ限り、人類を救うすべはないということを知つて、色々の教えを遺したのである。

しかしながら、これらの五十音によつて說かれた思想は、天津金木の思想から出たものなので、本當の道の原理の運用法は、解けなかつたともいえるのである。

釋迦も金木の音圖（カララ仙人について）と、赤玉の音圖（アララ仙人について）を研究しては見たが、未だ以て大正覺の境地に入ることが出來ないので、その後管曾《すがそ》の音圖（アシ仙人について）を研究して、遂に衆生濟度の救世的實行に移つたというが、やはり眞理についての解釋を、徹底的にほどこしただけで、まことの道の原理の運用にいたつては、時が許《ゆる》さなかつたとでもいうのか、未だ徹底していないようである。

ところがこのいろはの原理や、金木の原理や、赤玉の原理によつて、世界の思想界が指導される前には、白玉卽ち寶の音圖の原理によつて指導されたことのあるということを、綿津《わたつ》見《み》大神《おおかみ》の女《むすめ》豐玉毘賣命《とよたまひめのみこと》が、日子穗々手見命《ひこほほてみのみこと》におくられた歌によつて判明しているのである。

その歌は、

あかたまは、をさへひかれど

しらたまの

きみのよそひし、たうとくありけり

というのである。

赤玉は明玉、明《あか》―すなわち妙《たえ》なる光りの象であつて、命であり、白玉は白妙の色の相であつて、ことばそのものである、言ひかえて見ると、明玉《あかたま》は識（色）であり、白玉は智慧である。

麻の音圖は、言之葉のまことの道と稱せられて、これは完全無缺の神寶であり、聖業翼賛のあなない、精神界、幽界、現界に對する麻《あなない》の道を布いた、實踐道法の指導原理なのである。

いろは音圖は、東洋思想の基礎をつくり、金木の音圖は、西洋思想の基礎をつくり、これから發祥した文化は、今日のいわゆる、唯物唯心論的思想を釀《かも》し、東西の兩文明を成長せしめたのであるが、この兩者の思想原理によつて育成された思想は、世界的思想戰を生み、世界人類の平和がこわされつつも、對立闘爭による文化の向上が、現在の社界政策を出現させ、はしなくも、聖ヨハネの預言した數々の禍害《わざわい》がかもされたのである。
數々の禍害とは、
(1) 社界主義による唯心論者の苦惱の世界の出現
(2) 唯物主義によつて生ずる唯心論者の敗戰
(3) 今なお未完成のキリスト教の思想を攪亂しようとして現る赤化思想の登場
(4) 赤化主義の陰謀にのつて、登場する國家社界主義の繁榮
(5) 世界の實權が、國家社界主義によつて、掌握されんとする時に當つて登場する羔羊《こひつじ》の蠢動
(6) 羔羊の指導原理の横行は、苦しまぎれの反感によつて勃發する世界の大戰化
(7) 或は一時的にもせよ、世界の思想界は、國家社會主義によつて、おされてしまうこと
等々であつて、この禍害についでくるものは、純眞思想の出現であつて、世界の思想上に峻嚴な審判が始り、世界の舊思想は根本的に葬むられ、この審判の結果として、正しくな

い、あらゆる思想的出版物は、生命《いのち》の書の眞理に照らされて、みな焼き棄てられ、そこで始めて世界の思想戰は終熄《そく》すると、聖ヨハネは預言している。

この預言を見ても、今日までの現狀は、結局釋迦の研究課程と、少しもたがわないのであつて、キリストが教えた祈りの言の中にある。

「御名《みな》の崇《あが》められんことを、

御國の來らんことを、

御意《みこころ》の天になるごとく、地にもならんことを」

等々が、實際に成就されるのは、未だである、そこではじめてすべてのことを明瞭化するには、靈《ひ》の元《も》の道に入る外にはないことがわかるのである。

而して、その研究過程を

天津太祝詞《あまつふとのりと》大祓祝詞《おおはらいのりと》に求めて

天津管曾《すがそ》の音圖を見出し

天津祝詞《あまつのりと》

によつて、その運營法が見出されるのである。

言靈の道を平《たい》らけく、安《やす》らけく示すことは、中々に容易なことではないが、ここにただ一言ふれておかなくてはならぬことがある、それは、外でもないが、今日の世界思想統一の必要なことである。世界は思想的にも物質的にも、對立のない明るい世界でなくてはならぬ。

明治天皇がおうせられたように、世界の人々みなにそのところを得させる政策が施されなければならぬのである。吾々は先づ日の本の國における宗教、教育、政治、經濟のありかたを、言の葉のまことの道、即ち、生命の樹の道の上にのせて、キリストの血（神智）によつて、あらゆる罪（識盲）より解放され、天にいます父なる神のために、神業《かむわざ》を成す靈徒《ひと》としての人の本分をつくすべきである。

かくのごとくにしてこそ、世にかつては「神孫民族」と言われて、その存在をほこつていた、吾々大和民族がいかにも、神孫民族であつたということ、今も尚神孫民族であるということを立證する體制となり、教育、宗教、政治、經濟のありかたもたてられ、神の世界建設への道も自ら開けるのである。

ついでにつきとめておかなくてはならぬことは、儒、佛、基、回、神、の教理教説を生み出した種《たね》は、一体誰が播《ま》いたのかということである。

その種《たね》は日の本の(靈《ひ》の元《もと》)から出た言靈《ことたま》でなくてはならぬ、この言靈がまことであり、神であり、眞《まこと》の文化の産みの親でなくてはならぬ。靈《ひ》の元がすべてのものの始めであることが判らなければ一國の建直しも、新しい世界の文化について言々することも何らの意味をなさないのである。

明治天皇が

國というくにのかがみとなるばかり
みがけますらを大和だましひ

と詠んでいられるが、その大和魂とは何であるのか、世界の思想をつなぎ合せる紐帯の緒《を》はたまの緒《を》ということなのではないか。

日《ひ》の本《もと》の國は、神宮のあるところ、天皇のいますところ、世界の各宗教の奥の院の奥の院であり、教育、宗教、政治、經濟、法律、文化の發祥する原理である、皇祖皇宗の宗元《いえもと》である、一言にしてこれをいえば神明のくになのである。

今日までの世界は、分折科學（破壞的原理によつて生れる斷片的なうむすびの原理）によつて、靈的にも、物質的にも、歸納的にその產《う》みの親を求めてきたのであるが、今や科學も宗教もその究極は光りであるということを見出し、光りは、全大宇宙の陰と陽の靈質であるということがわかり、森羅萬象何一つとして全大宇宙の天律天則に反しては、存在が許されないということもわかつたのである。吾々は一刻も早く天律天則のまことに歸一して、各々そのところを得、以つて人生の貴とさ、美しさ、善《よ》さに生きて、新しい天地のうむすびをなさなければならぬのである。

われわれは幸にも、わが皇祖皇宗がお遺しになつた、天壤無窮の神勅を持つているのである。

これこそ、實はまことの世界の人類の眞言《まこと》の憲法なのである、然るにこの憲法は日の本の國においてさえも、これに對して全然誤つた解釋がくだされ、力《ちから》を征服する道具ということにされてしまつたのである。

同時に、天皇制の解釋も、ねこそぎにあやまられてしまつたのである。

言靈をもつて正しく天壤無窮の神勅

豐《とよ》葦《あし》原《はら》千《ち》五《い》百《を》秋《あき》之《の》瑞《みづ》穗《ほ》國《のくに》。是《これ》吾《わが》子《うみ》孫《のこの》可《きみ》王《たる》之《べき》地《くになり》。宜《よろし》爾《く》皇《いまし》孫《すめ》就《みまゆ》而《いて》治《しら》焉《せ》。行《さきく》矣《ませ》。寶祚之隆《あまつひつぎのさかへまさん》。當下與二《ことまさに》天壤一《あめつちと》無窮者矣《ともにきわまりなかるべし》。（日本書紀）

を解すれば、

豐葦原千五百秋之瑞穗の國とは、

（一）豐《とよ》

十《と》四《よ》は靈波の數の六と、色波の數の八とを合せた數であり、六は精神界（天上界）八は現象界（小著六八史考創刊號參照）、

（二）葦《あし》

阿《あ》の志《こころし》、すなわち、根本大元震大神の御意志（アは陽の靈波、シは陰の靈波）、

（三）原

ハラ…波羅…腹即ち子宮である産《うむすび》の場所

（四）千《ち》五《い》百《お》秋《あき》

1、千《ち》……千《ち》木《ぎ》高知りの千であって、天、すなわち智、又は、昔在《むかしいま》せし神の世界を意味する言、

2、五《い》百《お》……庵《いお》で、天地人陰陽の五つの事實の世界を百に統一したもの、

3、秋……明《あき》であり、日月の默示ゆえにあかるい天則のあることと言うこと、

（五）瑞《みづ》穂《ほ》

水《みづ》と炎《ほのほ》、すなわち陰陽の靈智、

（六）國《くに》

組《く》む又は組まれたもの、故に豐葦原瑞穂の國とは、全く、五十音そのものと、陰と陽との三位一體の組織をいうのであって、瑞穂は三つの穗…御《み》威《いつ》の穗であり、天照大御神のしろしめす、言靈の世界の原理による範疇によって統理されるべき、地上天國をさすのである。

神勅にある

「わがうみのこのきみたるべき地なり、いましすめみまゆいてしろしめせ」の中の「地」とは智であり、「ゆいて」とは結《ゆ》いてであり「しろしめせ」とは白示《しろしめ》せ、示《しめ》し白《もう》すことであり、言をもつて指導するということである。

「あまつひつぎ」とは大元靈の靈《ひ》をつぐひと、すめらみことなのである。

以下シンボルを圖解して、言靈だとか、音圖だとか、眞理だとかを探究する上の參考資料とする。

―四方位の起源―　太初、各洲にまだ名のない時代、日本を中心として世界各洲の名を呼ぶために、先づ東西南北の方位が定められ、ヒガシクニ、ヒナタクニ、ヒニリクニ、ヒウケクニとよばれ、次に十六方位が定められ、北を神の御座とし、中央を天皇の御座として定められ、十二支、十干等に位する位置も定められたのであつた。宇宙統治の原理にもとづいて體系づけた哲理からすべてのうむすびの法則があみ出されたのである。

―地上球の方位―　緯度經度の選定も同様である。

〔圖解第十六號〕

點

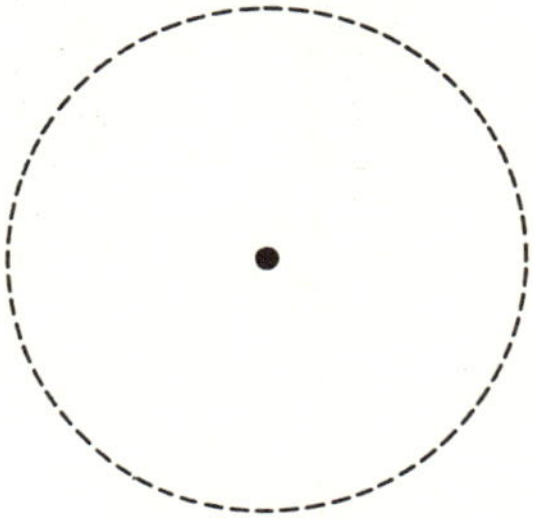

ものの始め、又はものの終りを示す符號しめくくりのしるし

〔圖解第十七號〕

圓形

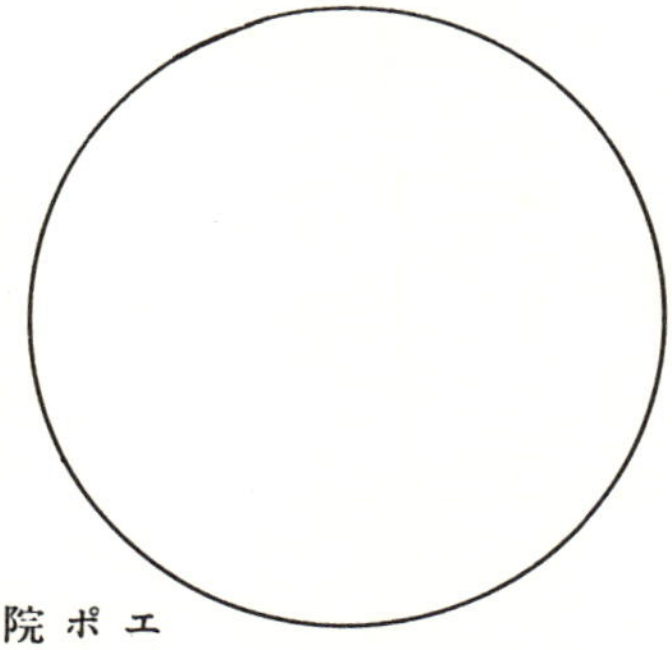

根本大元靈、
宇宙の永遠性、
全大宇宙、
太陽、
無始無終、
靈心、
唯一絕對の神相、
無形無名の神、

エジプト、バビロニア、ペル、ポリネシヤの舊蹟の中の、寺院のかべなどに、太陽のしるしとして、今もなほのこっている。

〔圖解第十八號〕

縦の線（善の象徴）

永久不滅の生命線。
われにありてある
もの、永久に生くる
久遠《くおん》の生命。

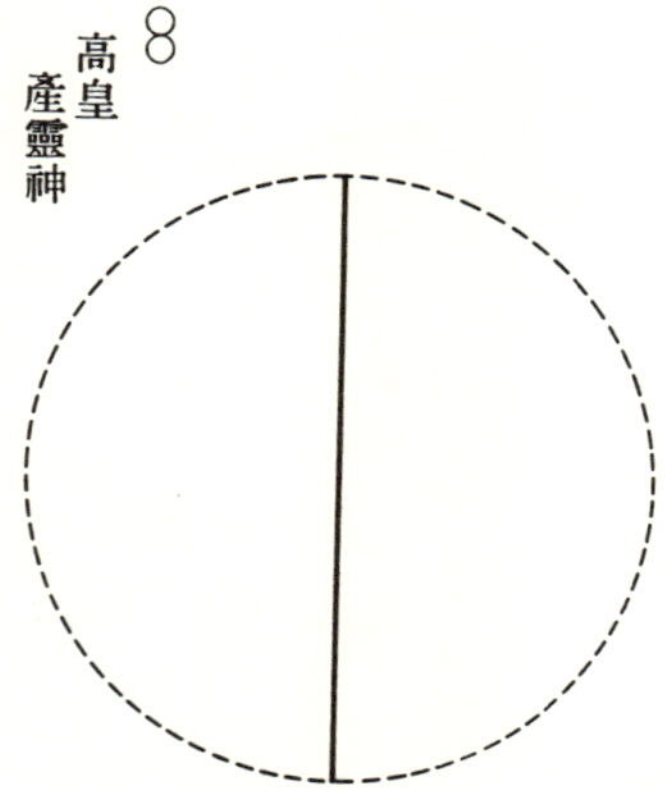

〔圖解第十九號〕

圓形に十字（美の象徴）

神界最初の創造。
神、〝始めに天地をつく
り〟の天地。時間と空
間、靈質と、物質（眼に
見ゆる物的物質ではな
く靈質的物質）の別。
（小著聖書正解項三六―四三參照）

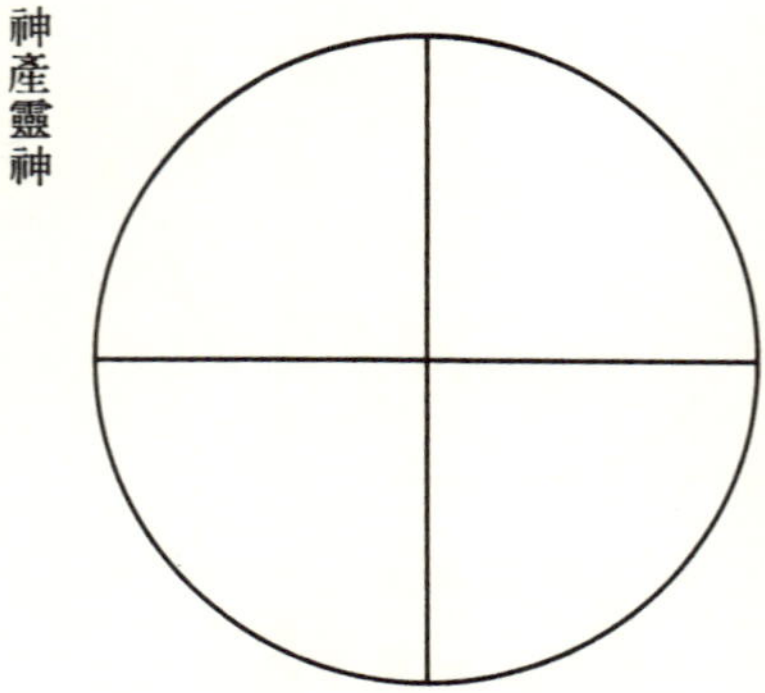

〔圖解第二十號〕

圓に點（眞《まこと》の象徴）

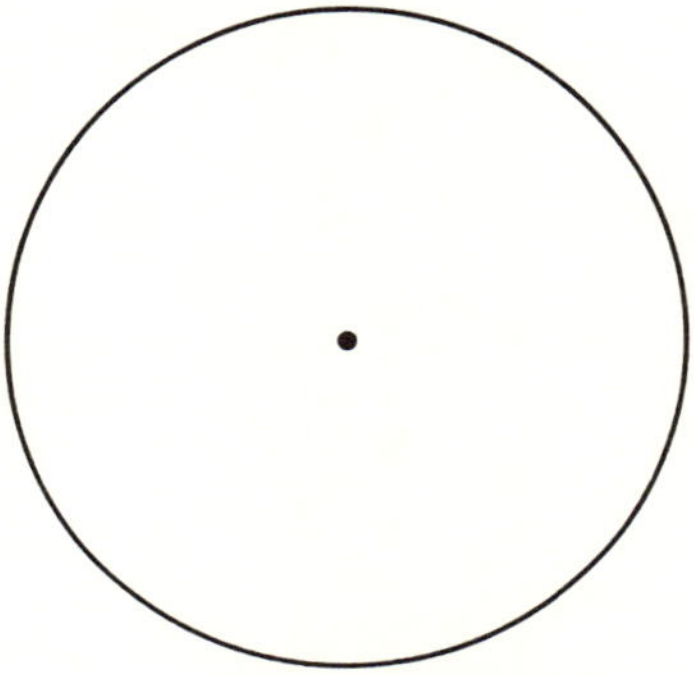

暗きをてらす光り
太陽の光り
統一
個性
生命
意識
アルハ
〝光りあれ〟の光り

天之御中主神

〔圖解第二十一號〕

圓と角

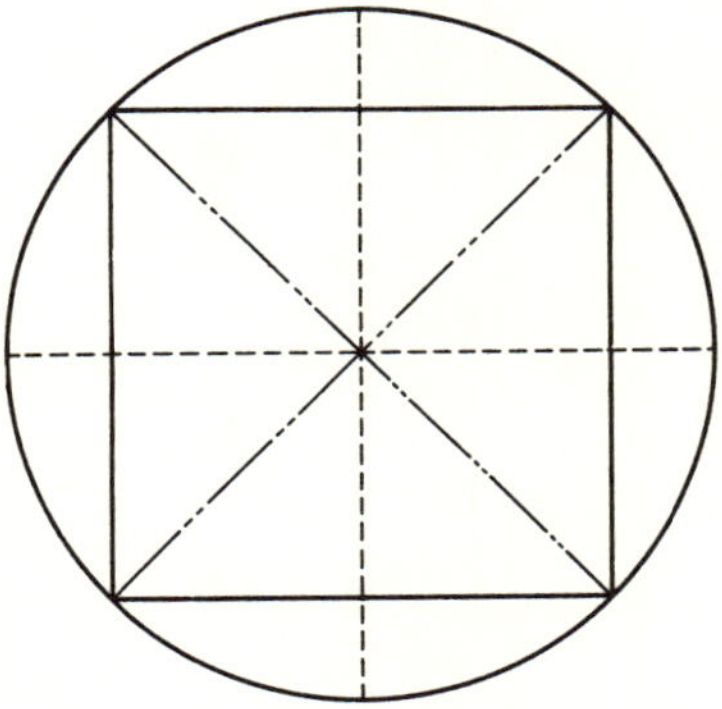

天と地
圓は靈質《レイシツ》、角は物質《ブツシツ》
全大宇宙の動作を示す。

〔圖解第二十二號〕

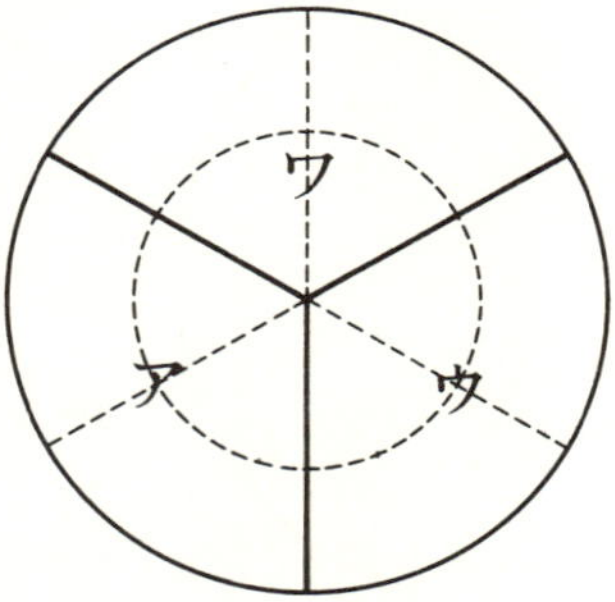

永遠より永遠にいます大元靈
の象徴
ウヮア
ウヮイ　の靈性
Y　ワイ
卽ち、ウアイを以って
示す精神界の象徴

〔圖解第二十三號〕　角

四方の海—方の世界…法の
世界
地
東西南北
物心
神《しん》田《でん》
世界

〔圖解第二十四號〕

角と縱の線

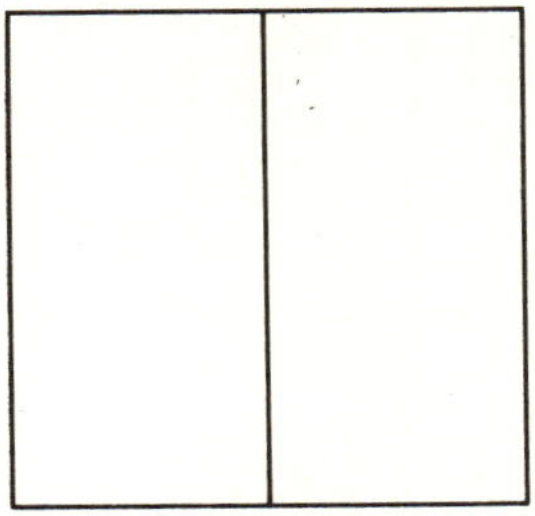

地の陰陽二靈

〔圖解第二十五號〕

圓と縱の線

天の陰陽
神靈の陰陽

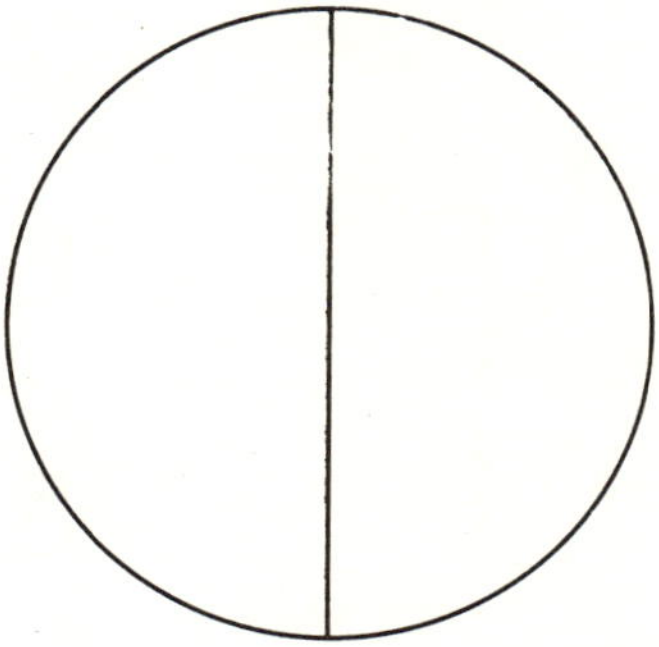

〔圖解第二十六號〕

角と十字

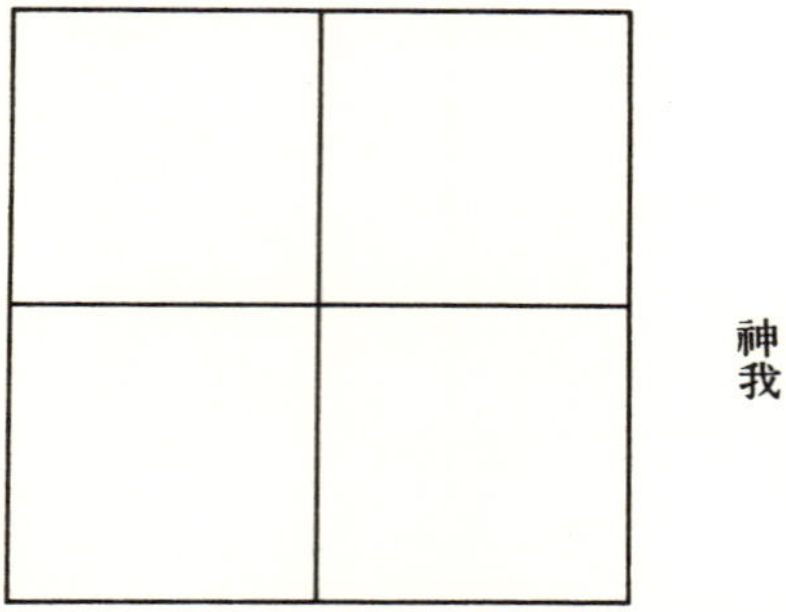

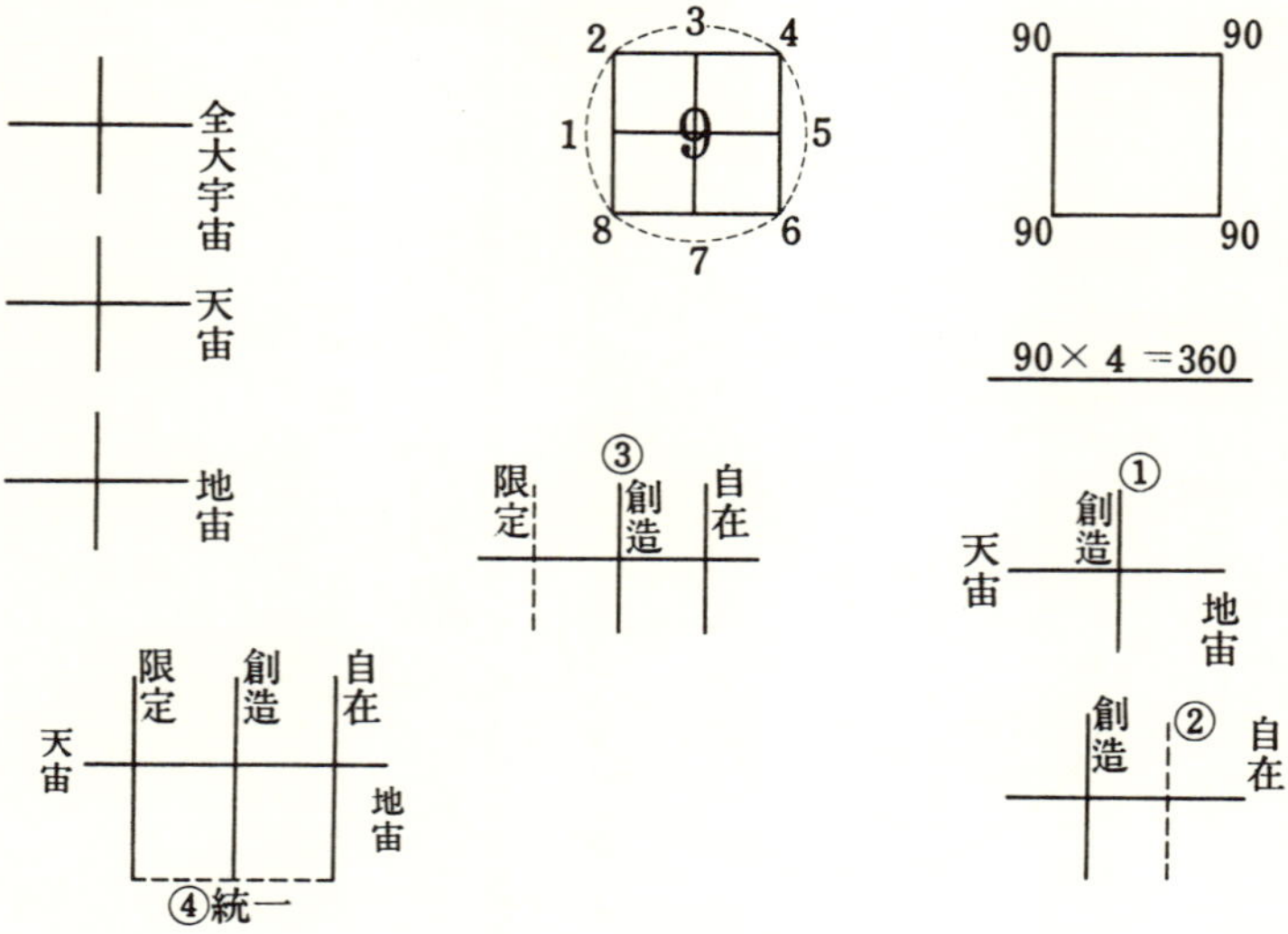

〔圖解第二十七號〕

角に×

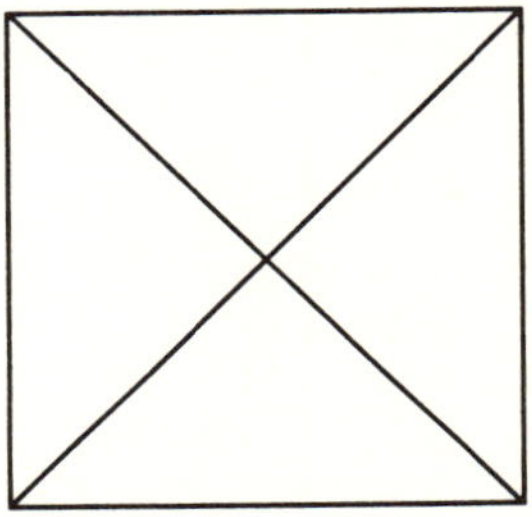

×はキリストの象徴
ローマ數字の十
數學的には未知數
自性
法の世界の象徴

〔圖解第二十八號〕

角々十と×

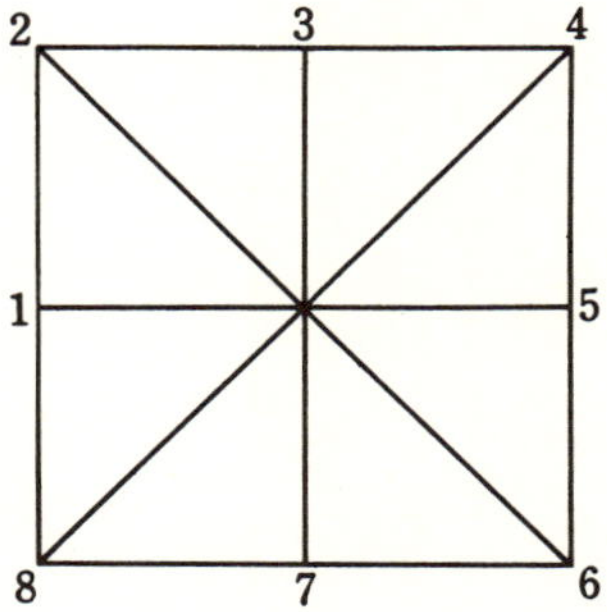

大八島
道の世界
神とキリストの御座
物性の世界
理性〔哲學的學板《まないた》
　　〔宗教的神座

〔圖解第二十九號〕

縱の線に×のかかつたもの

葦牙備比古遲神
六合　⦶

圓内のたてに一貫した線は、惟神に存在する大道の現れで、永久不滅の生命線を表現するものであつて、×は生命の動靜を統一して平衡をたもたしめ　宇宙の萬有を生育化育して無始無終たらしめる本能的必然性を表現、⋇は水である眞理の象徵で、即ち智慧を表すものであり、日月の一元化された神格「我はアルバなりオメガなり」のキリストを意味する愛の象徵。

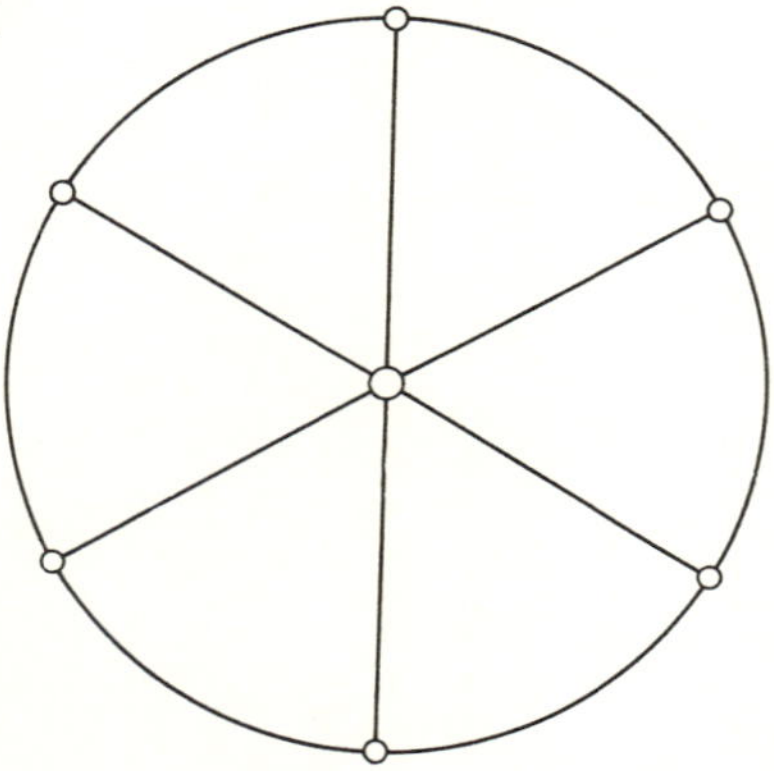

○は
七つの神座
七つの玉座
七つの言靈の座

〔圖解第三十號〕　圓と十と×

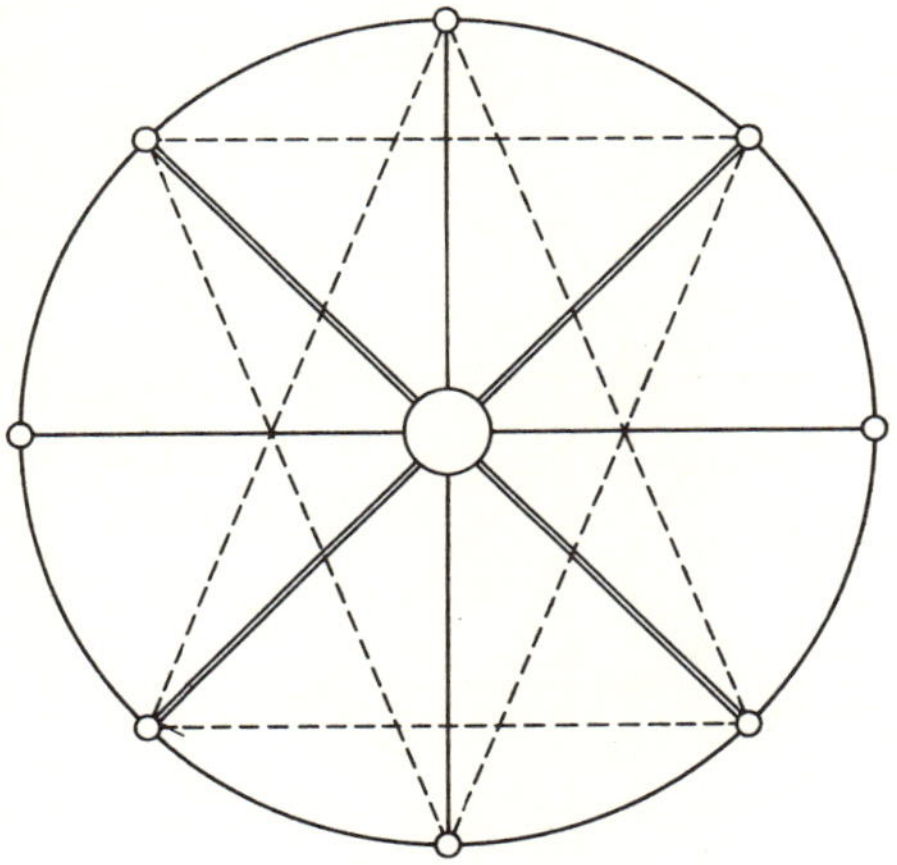

神とキリストの御座

靈性―眞理の世界

統一の世界

神政成就は、キリストの再來、神政復古、よみがえり等のこと。

〔圖解第三十一號〕

國之常立神

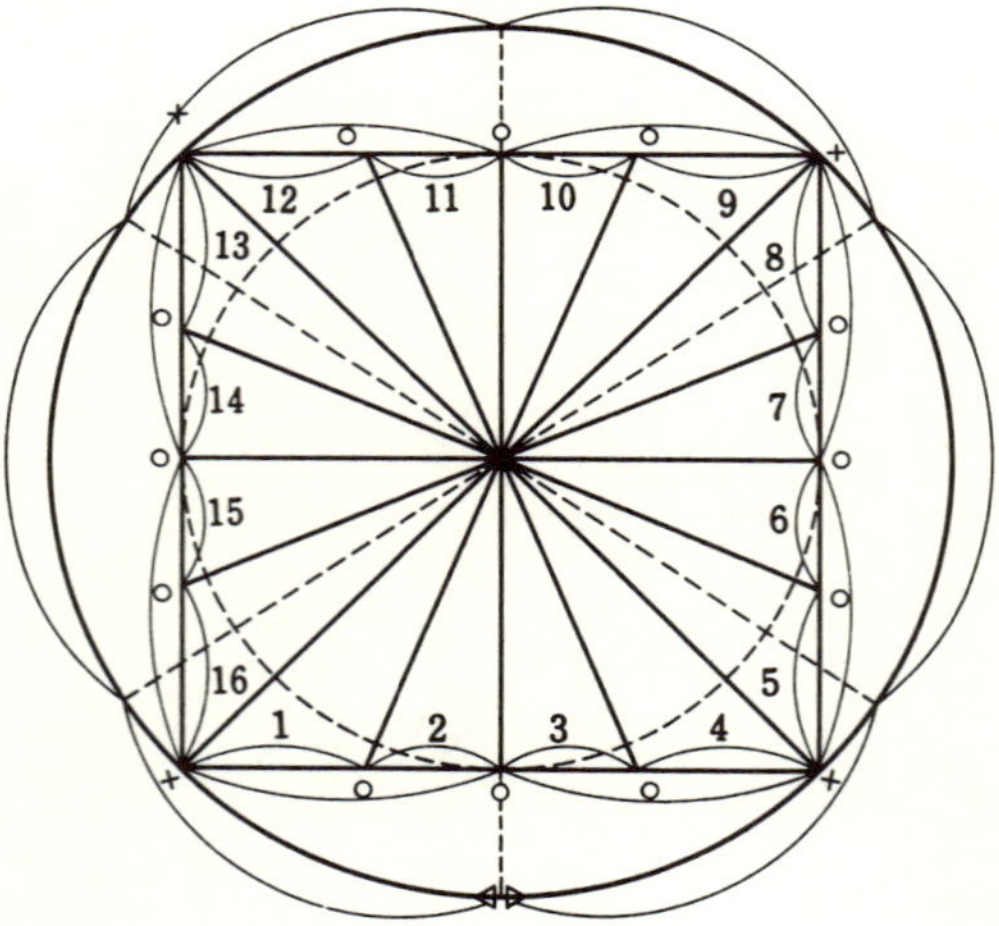

6 × 8 ＝48　最小公倍數
3 × 4 ＝12　最大公倍數

4 × 4 ＝16
8 ＋ 8 ＝16

法の世界
法又は智慧
の象徴

〔圖解第三十二號〕

霊性の大島＝天における天地

理の世界…理の象徴｛○は天 □は地｝

天之常立神

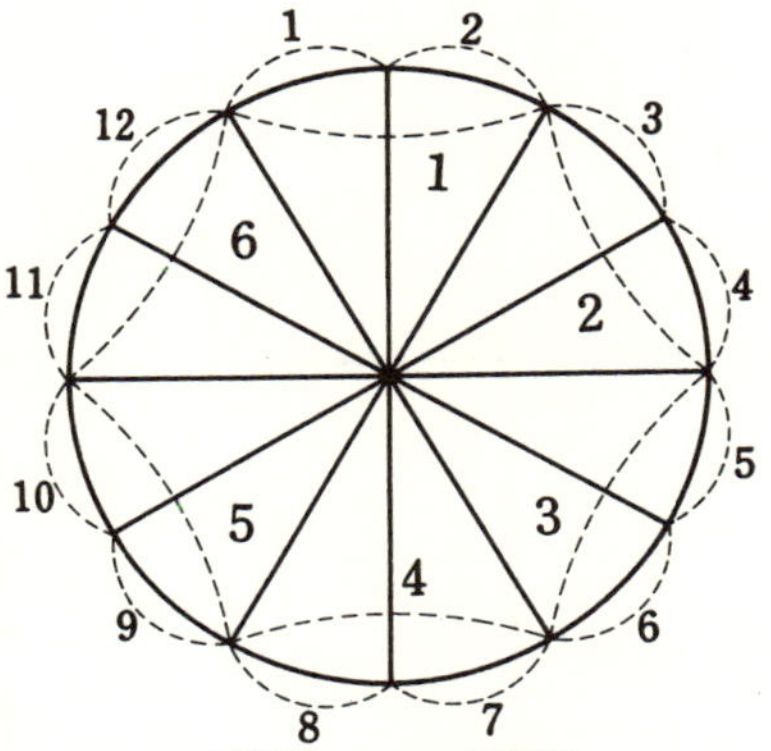

理性の大八島

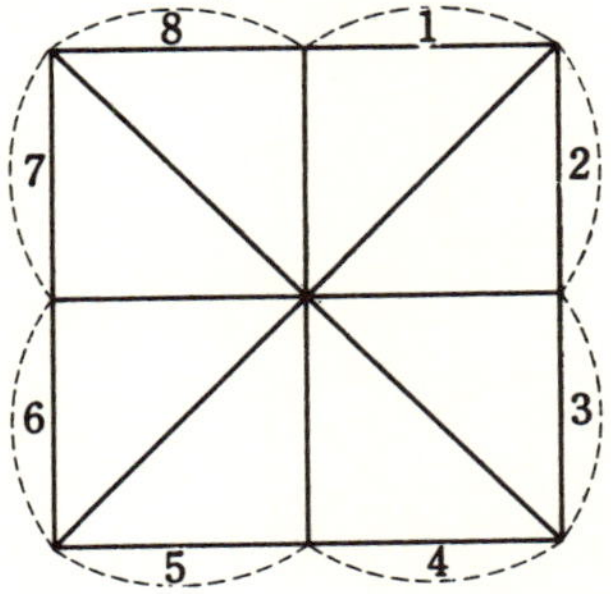

〔圖解第三十三號〕

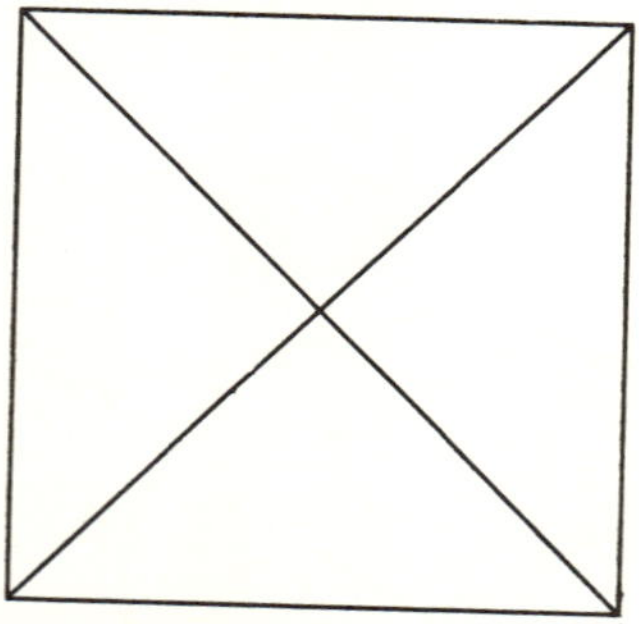

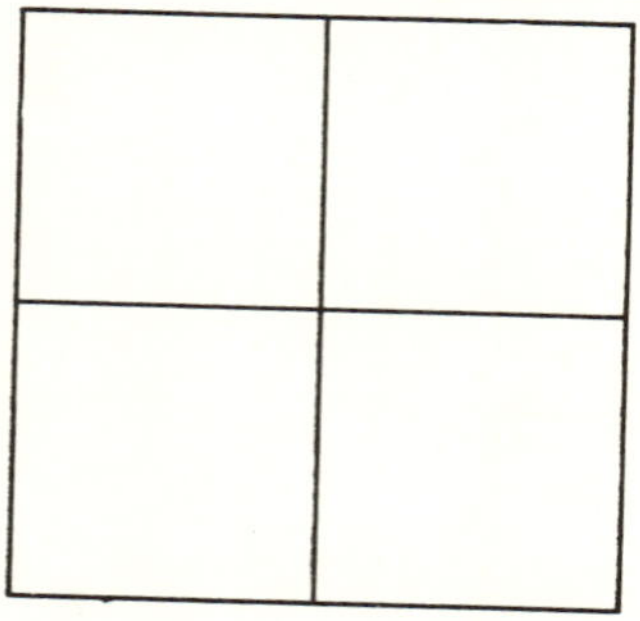

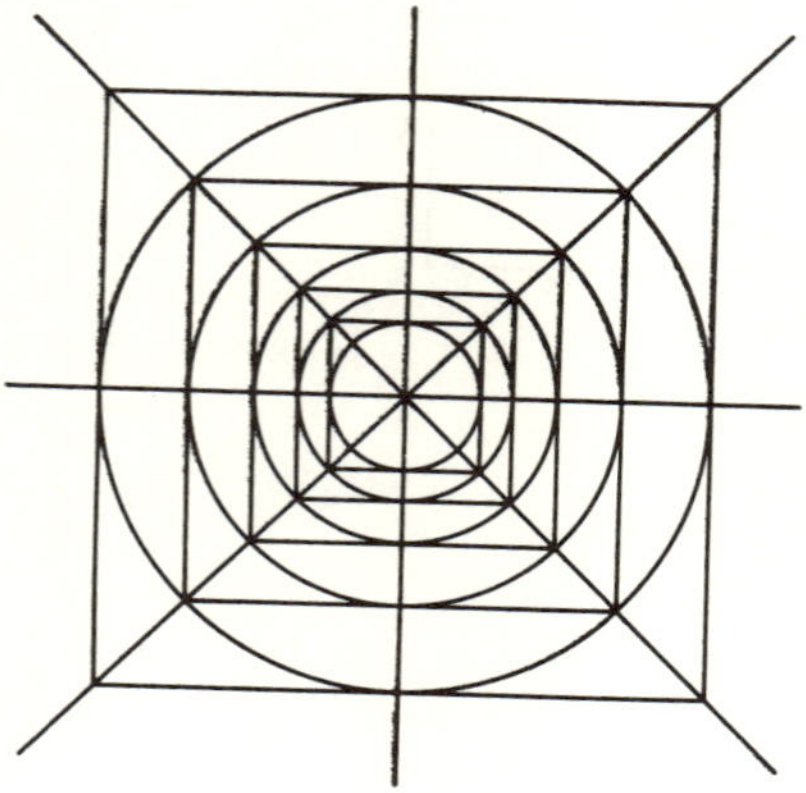

宇宙の呼吸である、キリストだけでは場所が限られてうごきがとれないが、神の方便を借りることによつて、○即ち道を拡大縮少自由自在にすることが出來る

〔圖解第三十四號〕

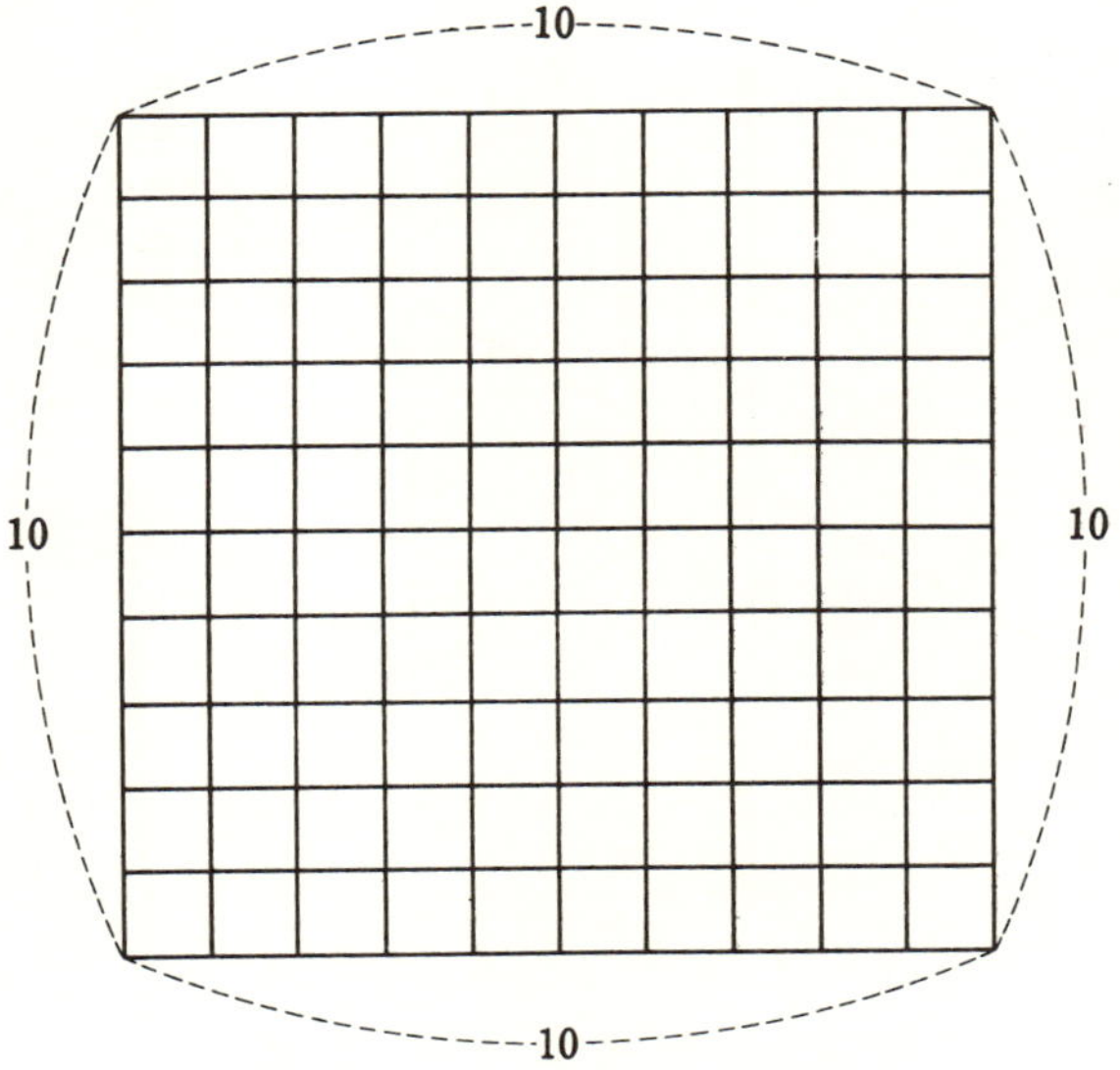

十節の組織

豊雲野神

叡智

百の稜威

道の世界

$10 \times 10 = 100$

〔圖解第三十五號〕

愛の象徴

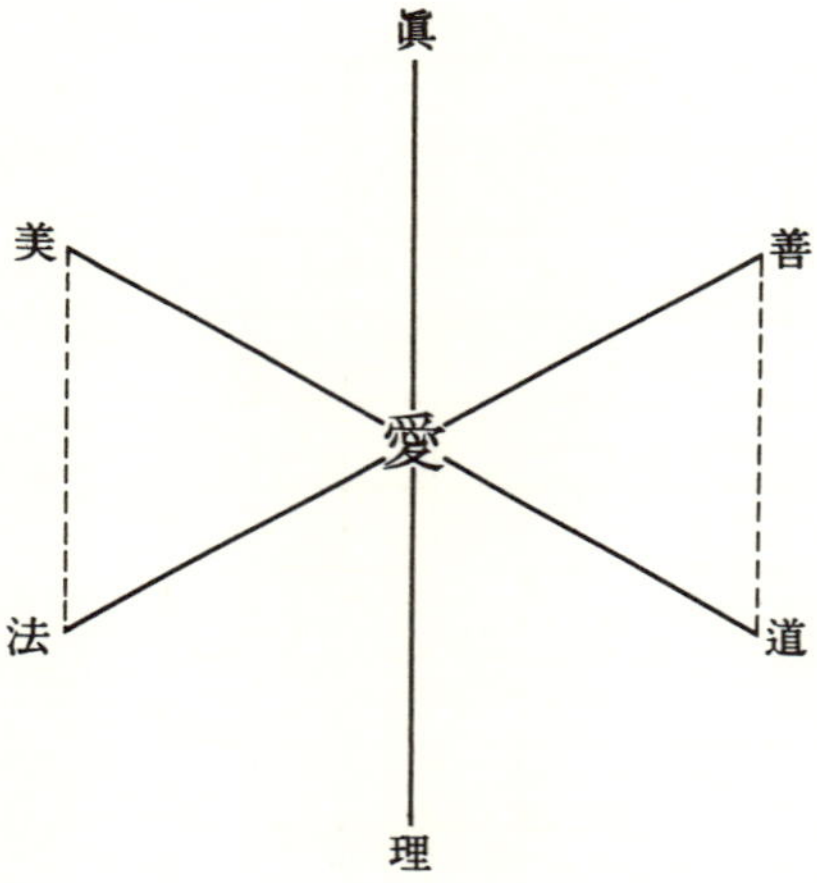

○眞理は思想の規範
○善道は感情の規範
○美法は道德の規範

愛、葦牙備比古遲神
眞、天之御中主神
理、天之常立神
善、高皇產靈神
道、豐雲野神
美、神產靈神
法、國常立神

〔圖解第三十六號〕

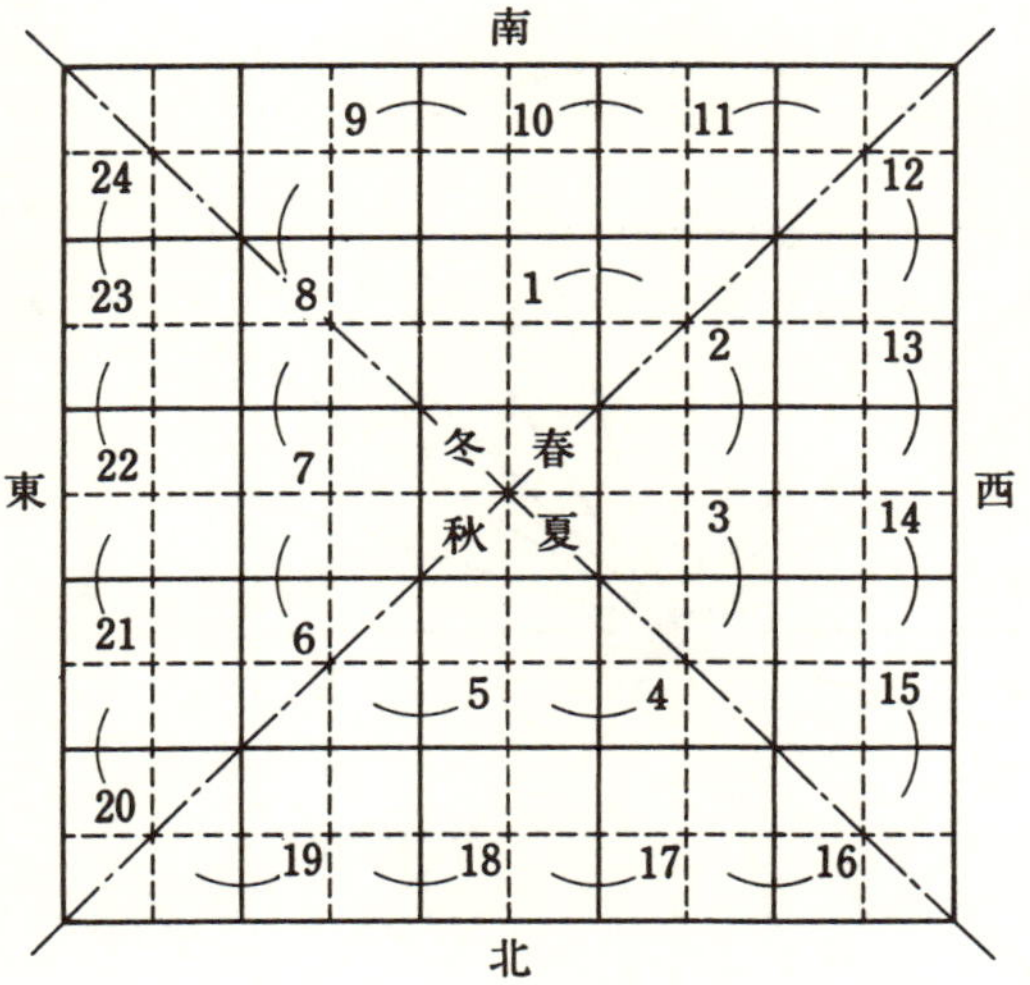

二十四節

眞中の四季は玉座である

$$100 \div 2 = 50$$
$$50 \div 2 = 25$$

（圖解第三十七號）

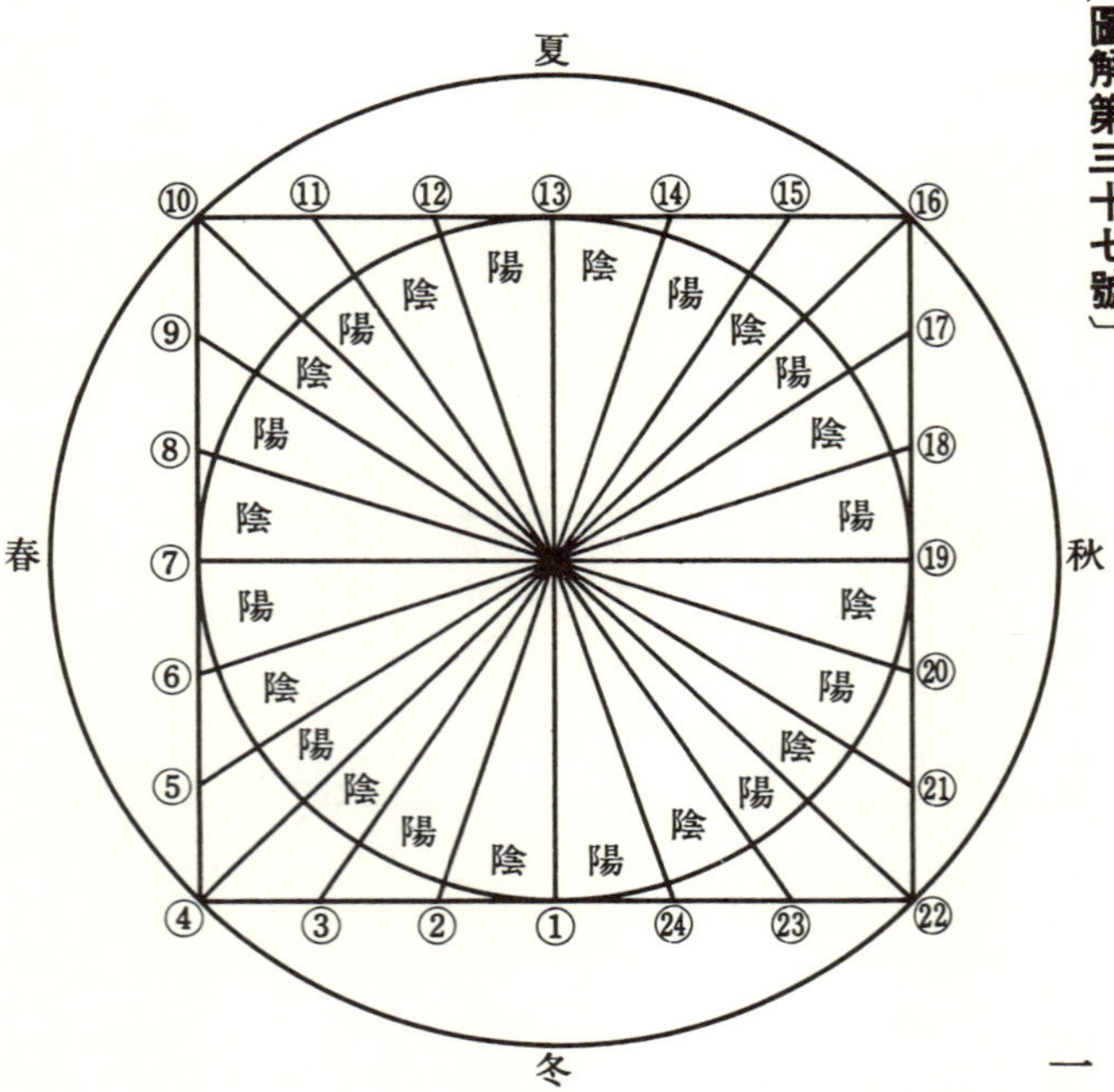

二十四節
（三十六圖の螺線的循環を一環の軽輪に示したもの）
中の輪は内道
外の輪は外道

〔圖解第三十八號〕

=10 00

46	41	36	31	26	21	16	11	6	1
47	42	37	32	27	22	17	12	7	2
48	43	38	33	28	23	18	13	8	3
49	44	39	34	29	24	19	14	9	4
50	45	40	35	30	25	20	15	10	5
50	55	60	65	70	75	80	85	90	95
51	56	61	66	71	76	81	86	91	96
52	57	62	67	72	77	82	87	92	97
53	58	83	68	73	78	83	88	93	98
54	59	64	69	74	79	84	89	94	99

500 500 500 500 500 500 500 500 500 500 = 5000

天神《かむ》

人命《ながら》

地道《みち》

千木高知り
昔いまし

=1000

太敷立て
今いまし

=3000

三千の道
後來る一念

百卽一

（百の宮に實數の九十九）を配したもの

自然界は宇宙の一に統一され、事實の世界は百に統一されるべきことを表現。

〔圖解第三十九號〕

默示錄七ツの星座

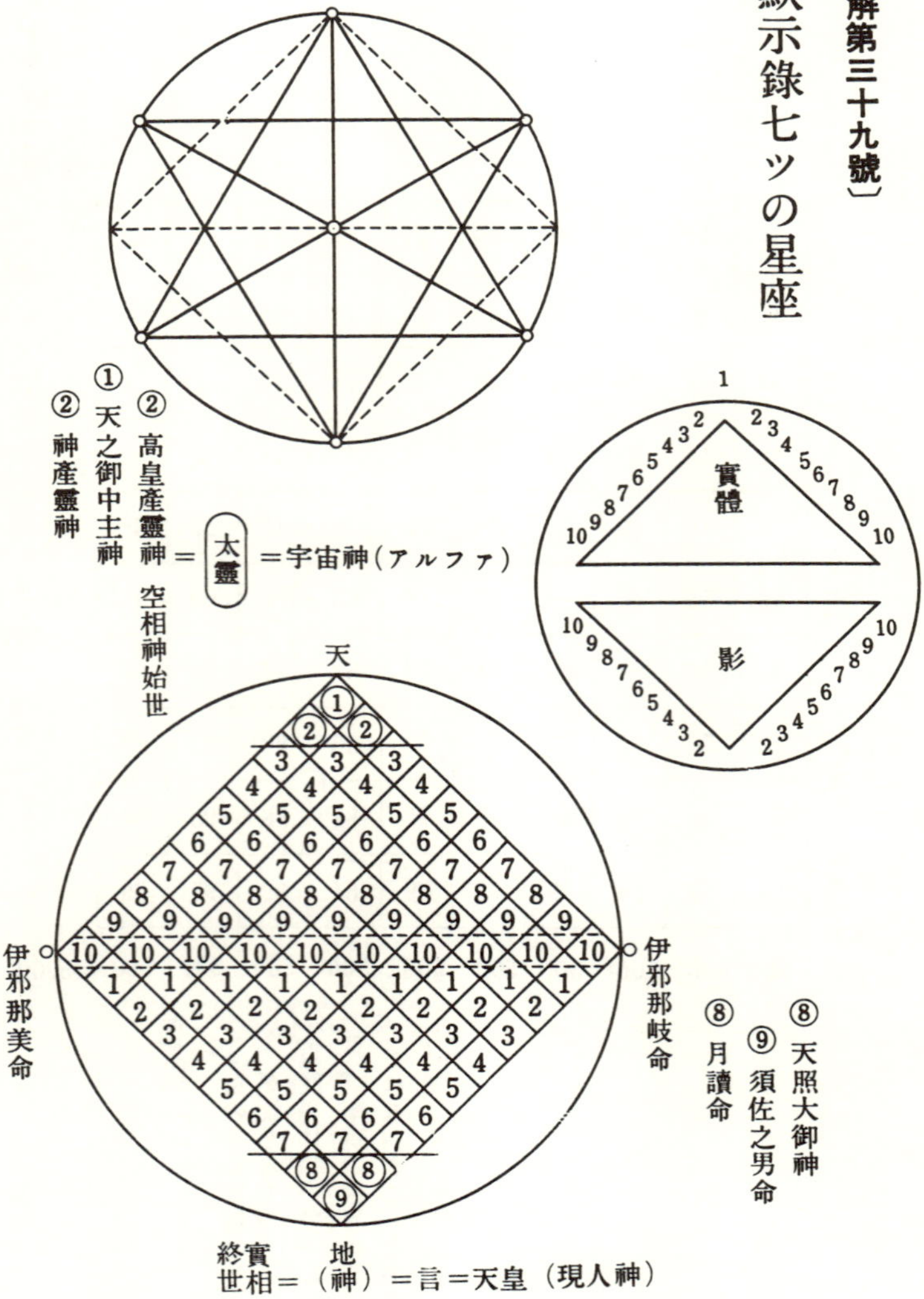

〔圖解第四十號〕

十二支と十二方位

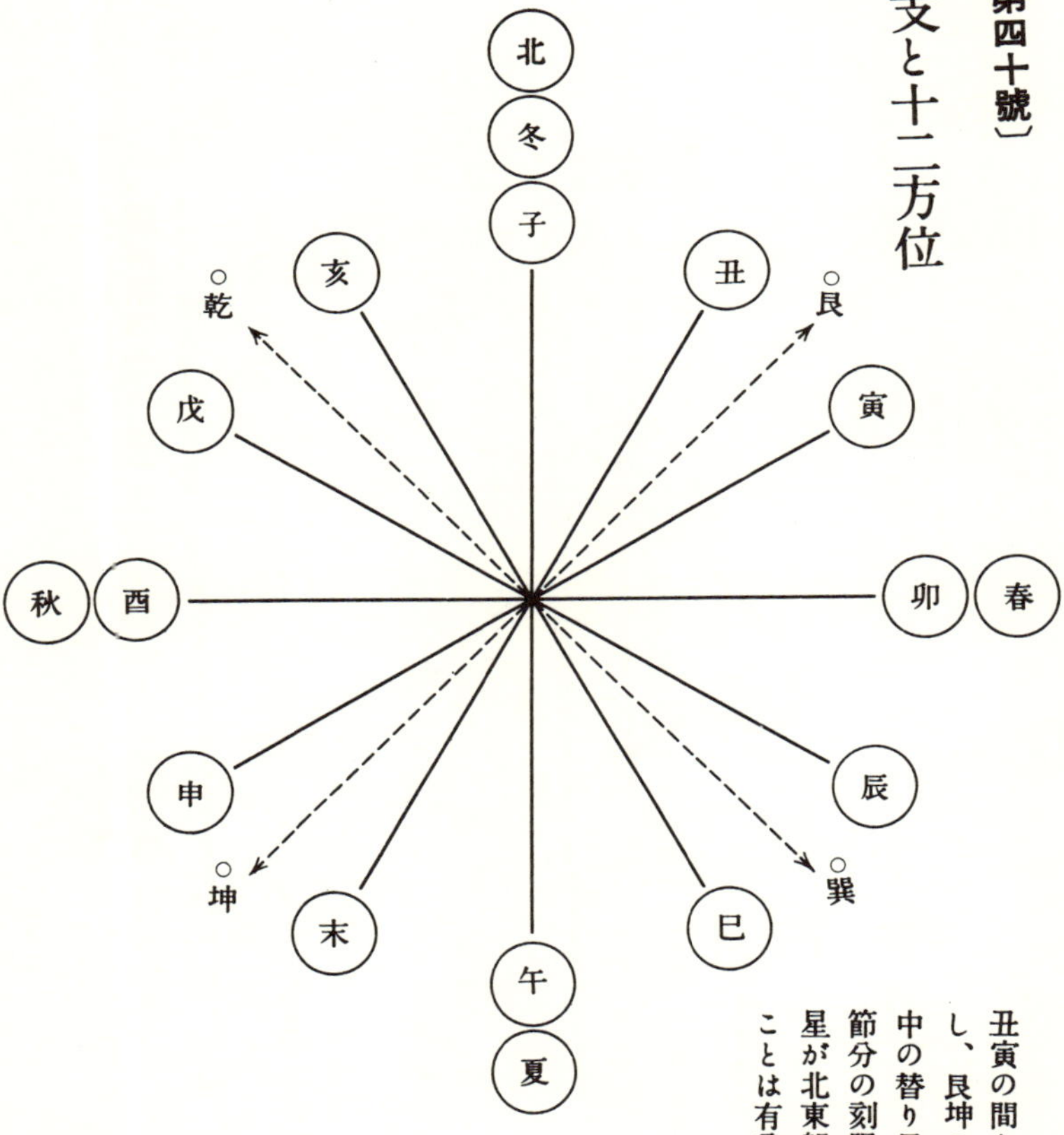

丑寅の間を艮とし、末申の間を坤とし、艮坤の基線をしいたのは、一年中の替り目である二月三日、四日の節分の刻限が北斗星の最縁端の揺光星が北東即ち艮に位置する時であることは有意義である。

〔圖解第四十一號〕

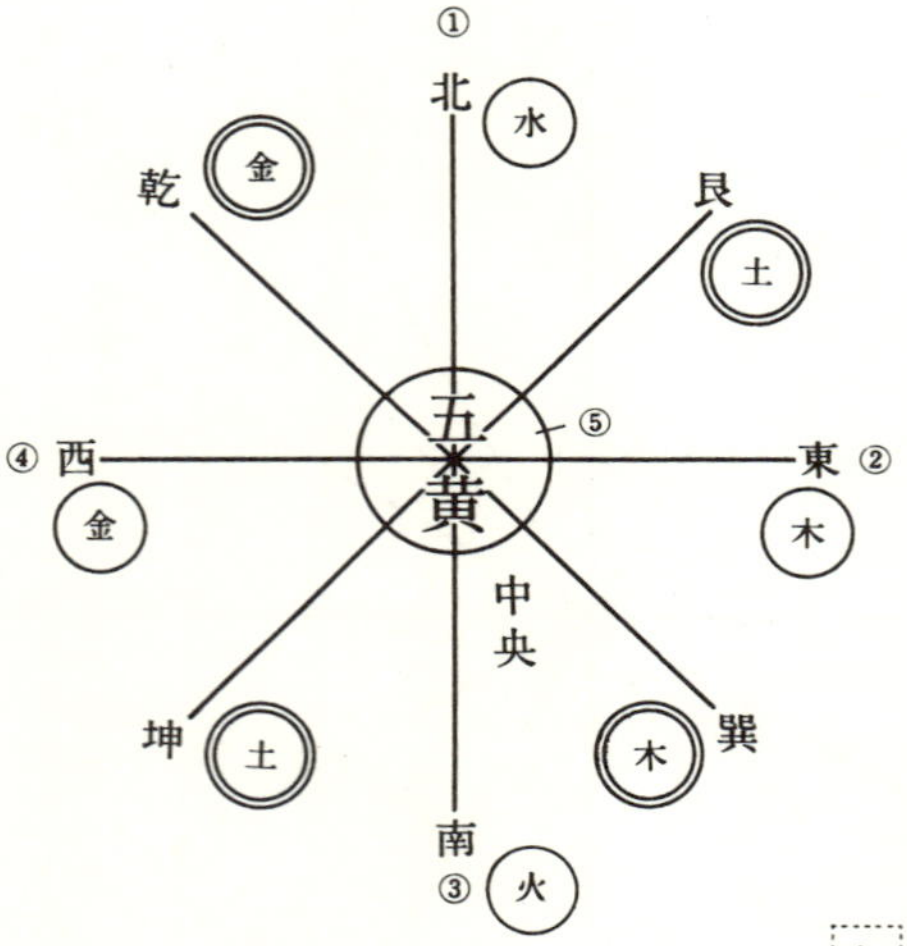

五行　九星

一より五までの數靈

五行　土、木、火、金、水、

一より九までの數靈

九星　土(3)木(2)金(2)火(1)水(1)

十幹陰陽の別

陽干		陰干
甲《きのえ》	木	乙《きのと》
丙《ひのえ》	火	丁《ひのと》
戊《つちのえ》	土	己《つちのと》
庚《かのえ》	金	辛《かのと》
壬《みづのえ》	水	癸《みづのと》

〔圖解第四十二號〕

大元靈三位一體の實在を示す

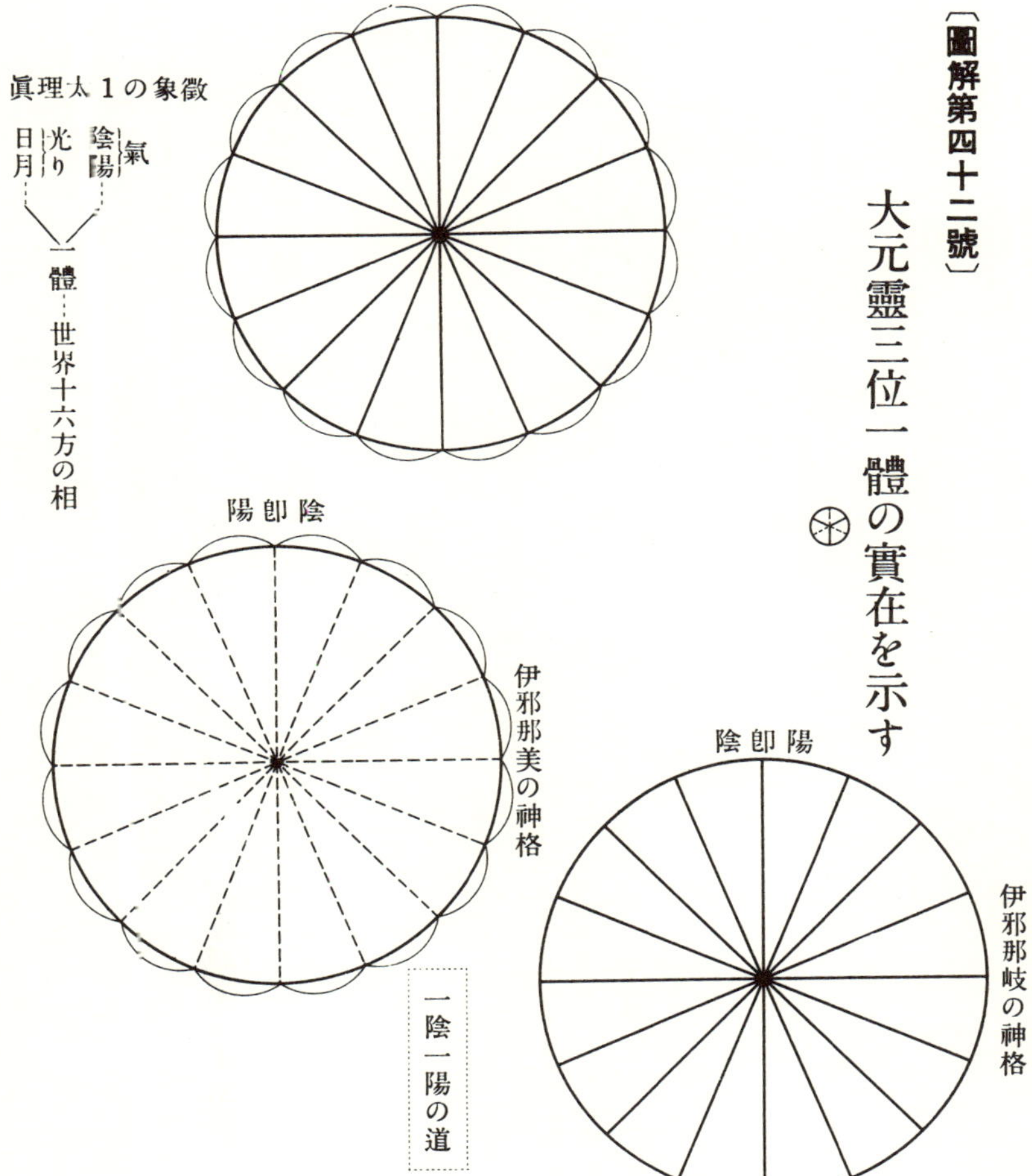

一ヒ靈
元靈（宇宙大元靈 葦牙 氣）
陽

二フ風
太初《はじめ》に言《ことば》あり
陰陽（萬神、萬有、萬生 萬象の神靈）
（靈神界）
陰

三ミ水
天宮（創造神靈）
陽

〔圖解四十三號〕

既成宗教……

佛教、彌陀教、

日蓮、親鸞

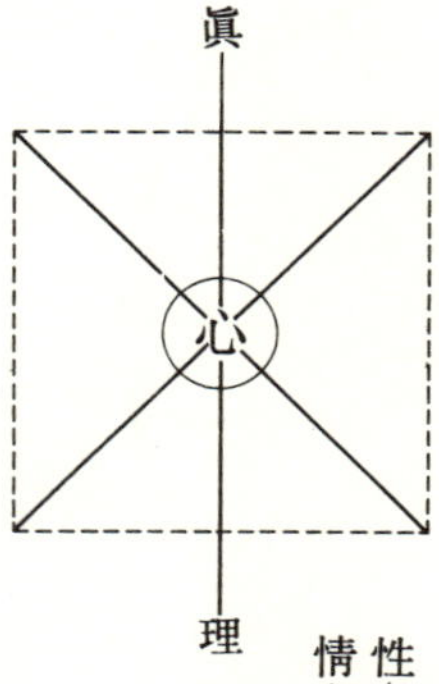

性／情＼質に重きをおいて説く

〔圖解第四十四號〕

既成宗教……密教

心理學……哲學

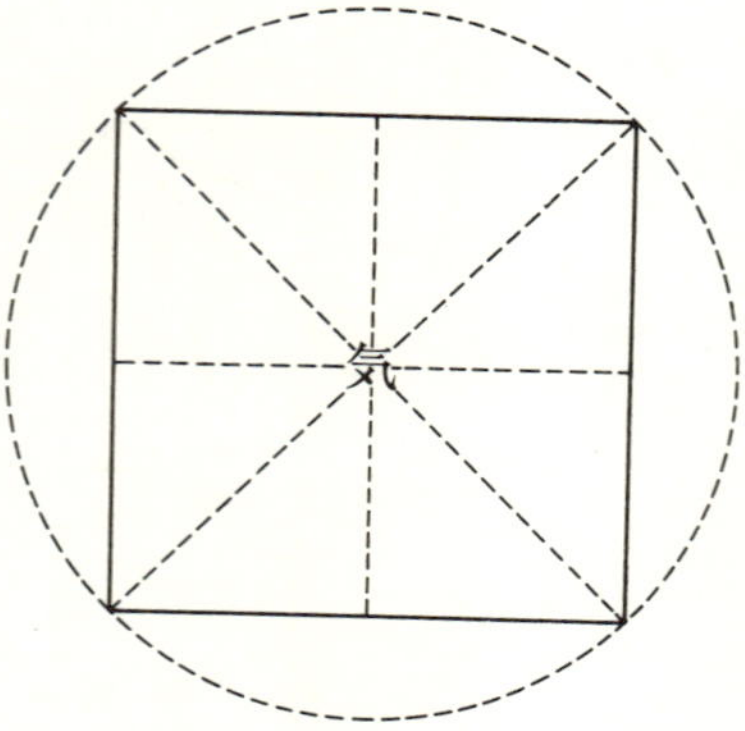

魄の教え

〔圖解第四十五號〕

天皇學……密教

皇道

魂の教え

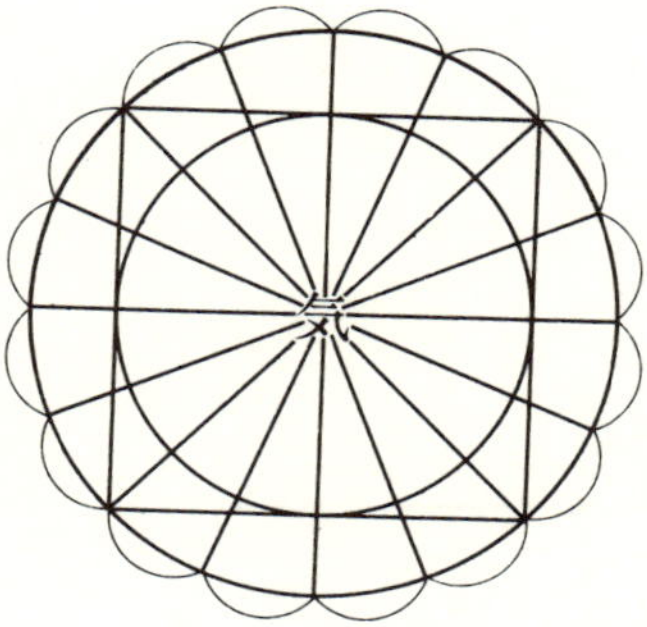

〔圖解第四十六號〕

天皇學

神道の教え

藝術をもつて呪教とした存在、これを人の道にもつてゆけば儒教となる。

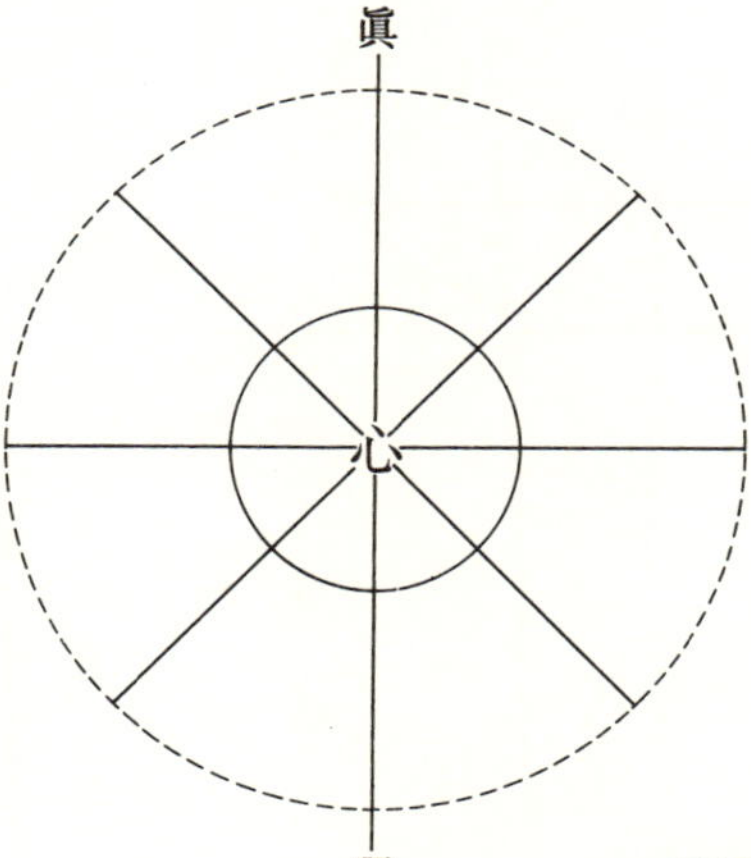

〔圖解第四十七號〕

天皇學

天道
基教
大乘佛教
物理學

物……我

事……神

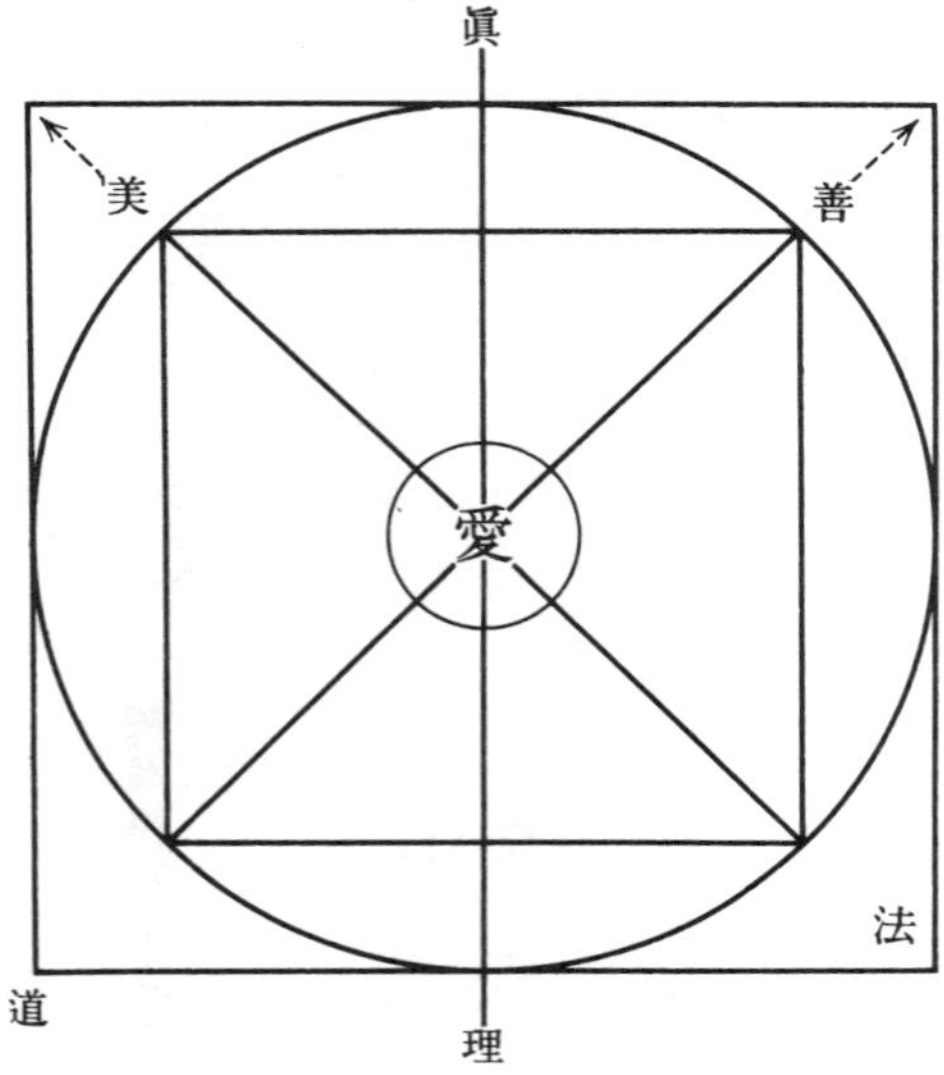

〔圖解第四十八號〕

言靈學における思想と言と數の正解

百十《もと》の教え
天地の律法 ｝等を學ぶに必要なる符號

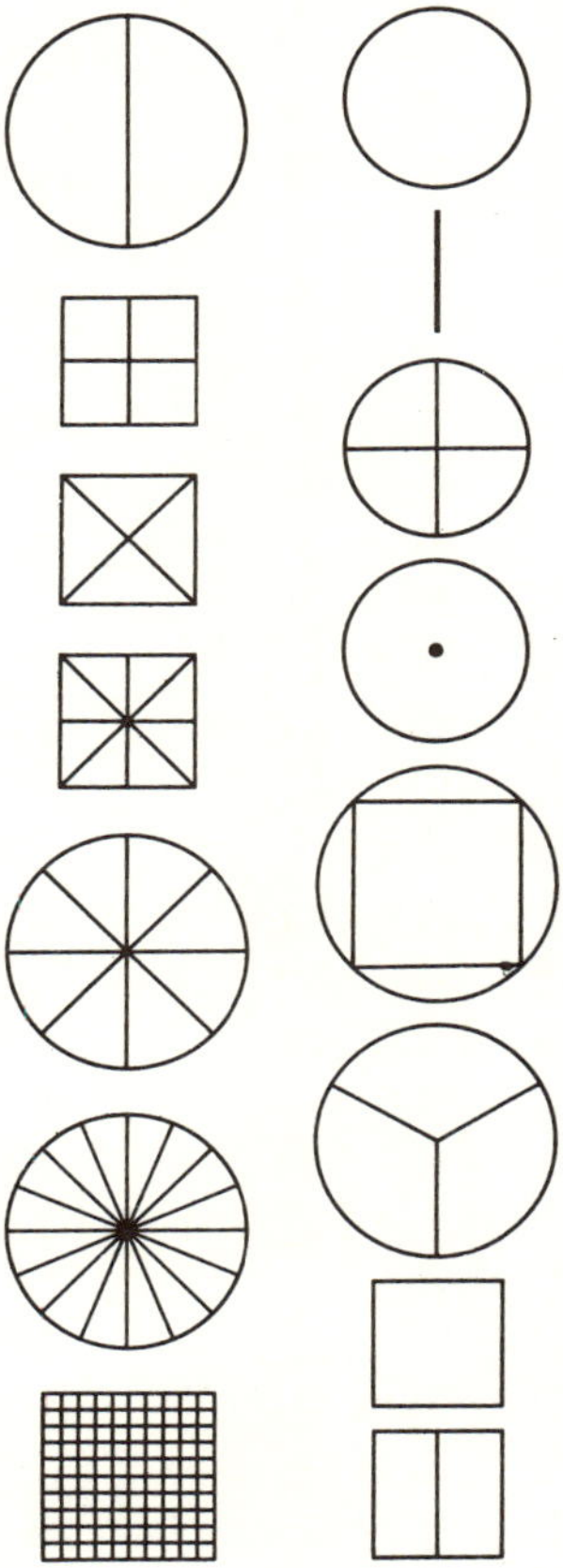

全宇、神靈、言靈、天皇、人靈、天地、法、眞、道、美、善、愛、理、神とキリストによる大和《だいわ》のくにの六つの線（これが結ばれて、ここに高天原成彌榮和の七ツの性が働いて、まことの世界をもたらす原動力卽ち手力男命《たぢからおのみこと》をうむこととなるのである。）

十六神靈、豐雲野。

誠《まこと》の天皇の親政《まつりごと》は、未だ曾て、行われていなかつたようである。何となれば、誠《まこと》の天皇の親政とは、天孫降臨の神勅と天壤無窮の神勅とによる、靈血統者が、天津日嗣の天皇の御《み》座《くらい》について、天職に仕え、人を指導し、國司《くにつかさ》となつて、人權を統制するのではなく、萬物を統治することをいうのであるからである。

聖書は神聖なる政《まつりごと》が行われる秋《とき》には、神と羔羊《こひつじ》の御《ひ》座《くらい》が、都の中にしめられると記している。

國民をあたかも、物質であるかのように取扱う政治《まつりごと》は、覇道の政治《まつりごと》である。對立のある世界には平和はあり得ない、世界の人が世界の人はみなはらからであるということを悟り、統治者も被統治者も、從來のように、人類が人類を統治することをやめて、人類が各々そのところを得て、相互に協力し、以つて萬物を統治すべきである。

世界の政治家たるものは、すべからく、どこまでも大和《だいわ》を固持し、百性（農家のことではない…あらゆる人生に、あらゆる幸福をもたらす性魂のこと）を愛し、生命《いのち》の水の流れに、天祐神護の徳の徳を注がなくてはならない。

日の本の國は、靈《ひ》の元《もと》の言靈《ことたま》のたすくる國、言靈の宮居である神宮のある國、言靈をもつて世をしろしめす、天皇のいます國である。よろしく、言の葉のまことの道をきわめ、天照皇大御神の御名《みな》によつて、御親の大神にすがる先天的潜在意識を、奮い起すべきである。

跋

國をうしなつて、凡そ二千年このかたの久しきにわたり、さすらいの民となつていた、イスラエル民族は、けなげにも世界のいたるところに、青山を見出し、すめば都の人となり、茨の道をたどりつつ、あらゆる發明を成して、世界の人類に多大の幸福をもたらしたのであつた。聖書によるとよらないとにかかわらず、彼らは實に偉大な民族であり、いかにも神選民族である。

そのイスラエル民族は、近頃漸く自國の建設に成功し、今やその王朝をたてようとして、行方不明となつているイスラエル王位繼承の、神寶を探すことに、やつきとなつているようである。

イスラエル民族は、神と人との間にかわされた、種々の契約をもつている筈なのである。イスラエル民族と契約をかわした神とは、はたして如何なる神であつたのだろうか。

今彼らが探し求めている神寶とははたして何であるのか。

その神寶のありかは、いつたいいづこなのであるのか。

世界の人みなの心の底には、知るも知らぬも、先天的に、御親《みおや》の大神を慕うてやまぬ意識が潜在しているのである。その意識の潜在していない人類は、おそらく一人もいないであろう。

萬靈、萬物、萬象、萬有の、御親の大神の意志が、天に於て成れるがごとく、地に於ても亦成らせたいという切なる祈りを誰もがもつているということについては、元より何人も異論のないところではあるが、天に於て、統一原理によつて成れる如く、地に於ても尙統一原理によつて成らない限り、地上の平和も、繁榮も、地上天國も、到來しないのである。神は自らたすくるもののみをたすくるということについても、誰も否定しないだろう。

わが八千萬同胞は、

言靈のたすくるくに、

不滅の遺産神宮のあるくに、
萬世一系の天皇のいますくに、
天壌無窮の神勅をもつくに、
の民でありながら、未だその言靈の意義をさえわきまえず、神意に正反した戰爭などを敢てし、遂に木葉微塵に敗北したにもかかわらず、イスラエル民族のように、二千年ものさすらいの旅をすることもなく、敗戰以來わずか數星霜にして、はやくも占領の手枷《てかせ》から解放され、新日本建設という恩惠と任務とが、とりあえず與えられているのである。
この時にあたつて、われわれ八千萬同胞たる者は、われわれのもつ大和魂とは、全世界の大和《だいわ》…永久的平和…天の時よりは地の利、地の利よりは人の和を期するたましいであるということを認識し、もつて神と人、人と人、國と國とを一つに結ぶことに、全力をあげなくてはならぬのである。
かのイスラエル民族は、エホバの神に對し、確乎不抜《かくこふばつ》の信仰をもち、エホバの神が成した約束を、身を以つて守り、エホバの神に一切を捧げているのである。彼らはくにをもたず、武力を備《そな》えず、營々として物理の奧義《おくぎ》をきわめ、世界の物質文明に對して、偉大な寄與をなしたのである。

それだのに、未だ唯一絶對の眞理をつかまえてはいないのである。イスラエル民族以外の世界の人類はまた、御《み》親《おや》の大神をもとめて、あらゆる宗教を樹立して來たのである。樹立して來てはみたものの、未だ御親の大神を見出し得ないで、單に唯心思想を進展させたに過ぎないのである。

眞理は神より出る靈波であつて、神の靈波をもつて顯現した言《ことば》が用いられない限り、神のことも、神靈のことも、言靈《ことたま》のことも人間には判らないのである。

われわれ日の本に住む日の本の人はみな、世界の人みなに先《さき》んじて、先づ不滅の遺産であるという神宮は、はたして何をもの語り、何を示し、何を意味しているのかということをわきまえて、おのが心の奧に往年ねむつていた、神の分靈《わけみたま》である、大和魂をたたき起し、

なかきよのとおのねふりのみなめさめ

なみのりふねのおとのよきかな

を上から讀み、下から讀み、有史以來はじめて、もつぱら國民の手によつてなされた、この第五十九回式年遷宮祭を記念して、この好機を逸せず、天に對し、世界に對して、犯した從來のおのが罪をくいあらため、全人類の御親の大神から遺された、かんながらの遺産をもつてすべからく世界の全人類に靈の元の光りである神明をわかち、神孫民族としての本分をはたすべきである。

聖書に曰く、

「たとえ、すべての奥義《おくぎ》と凡ての知識とに達し、山を移す程の大なる信仰ありとも、人もし愛なくば數《かぞ》うるに足らず。財産をことごとく施し、身体を焼かれるために、わたすとも、人もし愛なくば、何の益かあらん。愛は寛容にして慈悲あり、愛は妬《ねた》まず、誇《ほこ》らず、たかぶらず、非禮を行わず、おのれの利を求めず、いきどをらず、人の不義を念わず、不義をよろこばずして、眞理《まこと》の喜ぶところをよろこぶ。愛は長久《いつ》までも絶《た》ゆることなし、されど預言は廢《すた》れ、異言は止《や》み、知識もまた廢《すた》らん。それわれらの知るところ全《まつた》からず、われらの預言も全からず、全きものの來らん時は全《まつた》からぬもの廢《すた》らん」

と、世界を縦に横に結んで、高天原《たかまはら》のいやさかの世をもたらす原理を、言靈《ことたま》にもとめ、神業にたほれた百千萬の犧牲者の靈をもなぐさめつつ、ここにこのよき秋《とき》をことほぎまつる。

船橋市海神町の宣言舎本部に於いて（昭和29年）。１列目右から３人目が安田先生

豪州の聖公会キリスト教・セントポール寺院監督ロスコ・ウイルソンご夫妻と共に（昭和30年・明治記念館に於いて）
1列目中央が安出先生

句佛上人と中山博道名人、そして友人達と共に

近江神宮・横井時常宮司と共にご歓談中の岡本先生
（昭和56年・言霊の道・先覚者慰霊顕彰会にて）

岡本米蔵・安出ご夫妻。ロサンゼルスにて

友人と明治神宮ご参拝の折

書斎にて執筆中の安出先生

若き日の安出先生

復刻版

聖書正解

（昭和二十四年発行）

屏風　岡本為出筆

雲童正瑞

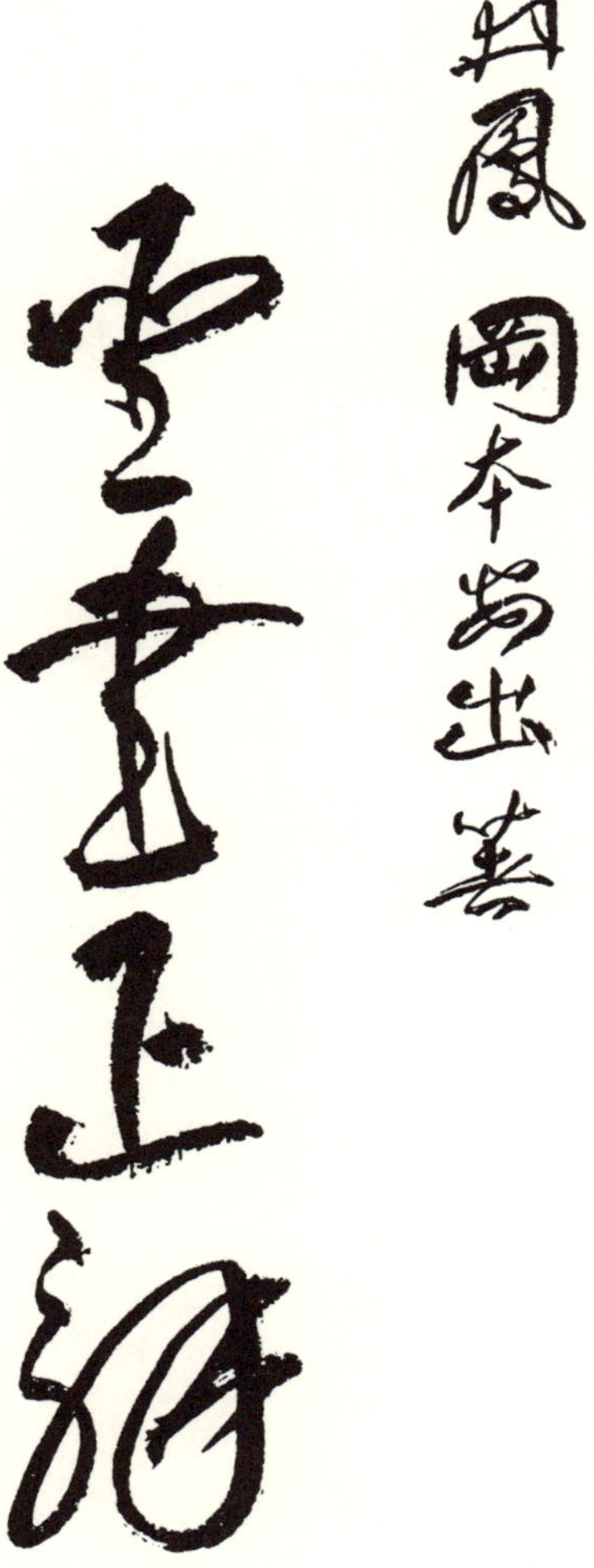

① 現在ノ砂面
② 入口
③ 現在ノ道路
④ 前足ノ間祭壇
⑤ 胸ノトコロタブレット
⑥ 柱
⑦ 光線ノ入ルトコロ
⑧ ピラミッドへ行ク
⑨ ピラミッドへ行ク
⑩ 入口
⑪ 円形拝殿
⑫ 秘密階段
⑬ 應接室スフィンクスノ眞下
⑭ 秘密ノ入口
⑮ ナイルへ行ク堤道

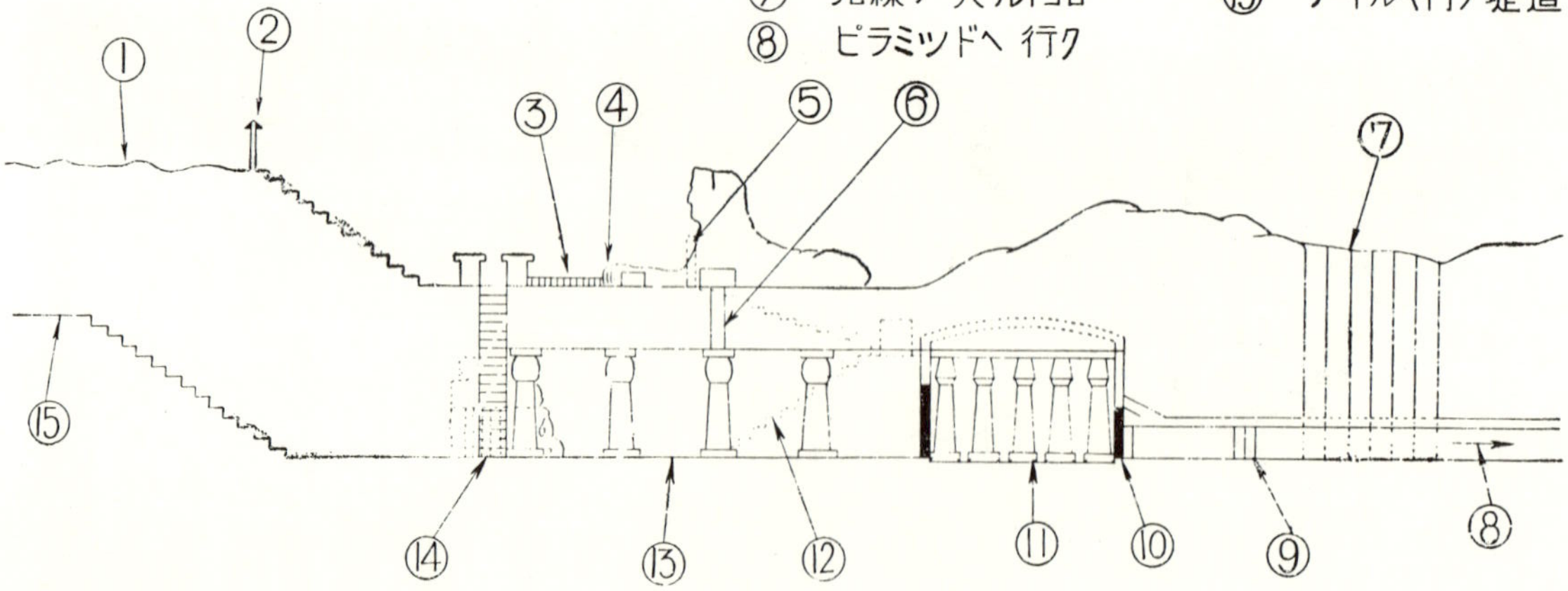

小引

敗戰後の日本は、基督敎國である米英諸國に占領されて、政治は元より、宗敎といわず、敎育といわず、悉く其の指導に俟たなければならぬのであるから、その英米諸國の思想、行動を支配する基督敎の敎理、敎義を載せた聖書の使命や、モーゼや、キリストや、聖母マリヤに就いての大要は誰でも心得て置かなくてはならぬのである。

聖書の使命とは云う迄もなく、天國を地上に建設することである。

モーゼは、偉大なる豫言者であり PENTATEUCH 卽ち創世記、出埃及記、レビ記、民數紀略、申命記の五篇の著者であり、世界の法律の御開山であり、イスラエル民族の救世主であり、キリスト型として出世した人である。

キリストは、神の子、人の子として、在世の當時から、約二千年後の今も尙、

小引

益々多くの人々の信仰の的となつている最大の豫言者である。

キリストの母マリヤは、『聖母マリヤ』或は『世界の母』としてたゝえられ、世界をあげて敬慕されている女性の典型であつて、女神として、世界の津々浦々に、或は畫像となり、或は彫刻となつて祀られている。

去りながら、その眞相に至つては、聖書に載つている程度以上には、殆んど知られていないのである。

まして神のこととなると、エホバが何であり、ゴッドとは果して何をさしているのか、分つていない。

聖書の記錄は、幾億年前の、宇宙創造から始まつているが、いわゆる世の識者は、之を經典として取扱い、研究に研究を重ね、幾多の星霜を經て、今になお、之をユダヤの民族史であるといつている以外、其の眞相を語る處へは達していないのである。

隨つて、其の要領を盡すことは、殆んど不可能に近いのであるが、見逃し難い事柄をまとめて見たのが此の一小册子である。若しもそれが、世の眞面目な神の探究者に、多少の參考資料ともなれば、元より幸の至りである。

昭和二十四年聖靈節

於　洛北大本山相國寺林光院

著　者　識

目次

目次

目次

發展の經路――輝ける曙の明星――愛と信仰と希望の永遠性――愛の世界相――アーメンとは
相生の途……163
生々進化の足跡――榮光の道――元君――明治時代――維新の御製五首――グラント將軍の來朝――將軍より陛下への親書――明治天皇崩御――封建思想の殘骸――身から出た銹――頂門の一針――生命の樹への道の鍵――今一尺を掘れ――國交の御製五首

目次（終）

聖書

モーゼと聖書

聖書は、世界の文學の中の文學であり、經典中の經典である。無慮二千年間、モーゼと、四十三名の豫言者とに依り、時代を追うて、一篇一篇と完成された六十六篇からなる一卷の書物で、終始一貫、極めて懇切に、唯一神エホバに對する證言を立てながら、自《おのづか》ら神と人との關係を明かにし、絕對の眞理を、經《たて》に緯《よこ》に釋《と》き、斷然未來を豫言せる唯一の書物であるが、あく迄も、いわゆる神秘的又は傳說的な信仰卽ち、信仰と云う假面を被《かぶ》つた似而非《えせ》信仰を、徹底的に排除して、堂々と、科學的に、之を研究したいのである。

聖書科學的研究の要

聖書讀者の種々相

聖書を讀むということが、一個の藝術ならば、是れを讀んで實行にうつすと云うことも、亦一個の藝術であるが、喜びを以て讀むということと、讀んで正解するということとは、自ら別個の問題である。

或る者は、讀むということの爲に讀むのであつて、その讀むということ以外には、何等の目的をも有《も》つていない。

或る者は、敎を得んとして、時折《ときおり》義務的に讀むが、さて讀んだ後、何を得たかを悟らない。

或る者はただ三千年の歴史を繙《ひもと》く心持で讀んで、物知顔《ものしりがほ》をすることを、唯一の誇りとし、又は人の讀むを似ねて讀むに過ぎない。

或る者は、ダビデの勇猛を讚美し、或る者は、ダニエルの沈着な態度に感服することを以て興《きよう》を沸《わ》かすために讀む。

又或る者は、他に讀む書物を持たぬので詮方《せんかた》なしに讀む。

或る者は、聖句を得ようとして讀み、或る者は、矛盾《むじゆん》を發見することを無上の樂《たのし》みとして讀む。

或る者は、信仰を試す爲に讀み、敎えられる代りに、自己の都合や主義に合せて、聖書を教えようとさえつとめている。

斯ういつた意味の、聖書の讀方に對する非難の歌まで歐米では流布された時代もあつた。

所が又一方には、各教の信條を集約して

各宗教の信條

ギリシャは、哲學的に、
節制にして、己れを知れ。
ローマは、
勇敢にして、己れを指揮せよ。
ユダヤ教は、宗教的に、
神聖にして、準據《じゅんきょ》せよ。
儒教は、
崇高にして、己れを正せよ。
印度教は、

聖書

離脱《りだつ》して、没念《ぼつねん》せよ。

佛敎は、

覺悟して、卽得滅私《そくとくめつし》せよ。

神道は、

虔敬《けんけい》にして、禁慾せよ。

マホメット敎は、

謙讓にして、没却《ぼつきやく》することなかれ。

唯物論者は、

勤勉にして、歡喜《かんき》せよ。

藝術愛好者は、

濶達《かつだつ》にして、推敲《すいこう》せよ。

キリスト敎は、

キリストの敎に從つて與えよ。

と、大同小異、異口同韻、天聲人語している。

目的《ゴール》を定める要

目的の港を定めざる船に順風なし、吾等は先ずゴールを定めてからスタートを切らねばならぬ。

世に最大なる宗教、キリスト教のゴールは果して何かと云えば、それは聖書にしるされた豫言によつて伺い知ることが出來るのである。

予言と淨土

聖書の中の豫言と云う豫言は、元より何れも實に正確であつて、百千年後の今日に至るまでに、其の豫言の、實現した事例は實に無數であり、又未だ實現していない事も無數であるが、吾々が關心を有ずるのは、人類の平和幸福の爲に、惡と云う惡が全滅して、此の地上に、極樂淨土郎ち、神の國が、やがて建設されるという豫言なのである。

予言とキリスト

聖書の凡ての豫言が、如何にキリストを中心として爲されて居るかと云う事は、キリスト自ら認識されて、

「ああ愚《おろか》にして、豫言者達の語りたる凡てのことを信ずるに心にぶき者よ、キリストは必ず此《これ》らの苦難《くるしみ》を受けて、其の榮光に入るべきならずや」（聖ルカ傳二四ノ二五―二七）

と言われている。

聖書の時代的區分

今假《か》りに聖書を、左の通り五つの部類に分けて見ると、

一、準備　PREPARATION　舊約聖書全部
二、顯現　MANIFESTATION　新約聖書の福音書
　　マタイ傳、マルコ傳、ルカ傳、ヨハネ傳
三、布敎　PROPAGATION　使徒行傳
四、說明　EXPLANATION　使徒書全部
五、成就　CONSUMATION　默示錄

となり、恰も山巓《さんてん》の水の一滴《しずく》一滴が、流れ流れて終に大海原へ出る河川のように、神の豫言の一言一句、それの現實化して行く道筋が、ま

ざと眼に見えるのである。

更に云いかえて見ると、イスラエル民族の裔《すえ》として、キリストが出世されるまでの事を、準備又は準備時代とし、キリストの誕生、成育、活躍、受難、昇天等の事を、顯現又は顯現時代とし、キリストの弟子達の傳道を、布教又は布教時代とし、キリストの教えに弟子達が種々解説を加えた文章を各教會に送つた事を、説明又は説明時代として、研究して見ると、流水の跡《あと》を追うて行くように、眼《ま》のあたり、新舊約聖書が、遂に一連となつて、成就又は成就時代となるのが見えるのである。

舊約聖書の内容

そこで、準備時代である舊約聖書を、又四つの部類に分けて見ると

一、救濟　二、組織　三、詩歌　四、説明

となるが、何れを見ても最後には、神の目的が、何處《どこ》までも、キリス

トを中心として、實現されるのだと云う事が瞭然《はつきり》と解《わか》るのである。

創世記以下申命記までの五書は、いつの世に於ても、イスラエルのみならず、眞に神を愛し、正義を重んずる人達がみな、經驗する運命そのものであると云うことである。卽ち

（A）創世記は、創造の書であつて、人間が生れて死ぬまでの經路そのもののように、「始に神」という言《ことば》に始まり、エジプトに於けるヨセフの「柩《ひつぎ》」に終つている。

（B）出埃及記は、亡國の民に對する、救いの物語である。

（C）レビ記は、救われた者の、神に對する態度である。

（D）民數記略は、約束の國へ入るまでの憂《う》き目に幾度となく直面する巡禮の體驗である。

（E）申命記は、先例を考慮して、將來を靜思させる說敎である。

バビロンやアッシリヤの遺跡の中にも、上代からの日本の傳說に

も古事記にも、その他の方面のものの中にも、陰に陽に、宇宙の創造や、モーゼ以前の事や、天變地異や洪水の事、その他いろ〳〵參考になる記録があつて、是等はみな一樣に、モーゼの記録の裏書をしているのである。

モーゼの記録以外、人類界の出來事に對しては、古くから、人の住んでいた國々に、殘されている事實を以て段々に認められている。地質學や生物學や考古學等は、科學の發展と共に、今日まで不可解なものとして片付けられていたものを、追々正解するようになつて來ている。

斯くて、モーゼの記録は、眞に靈肉完備した神の言《ことば》の顯現の縮圖であるとも云えるのである。

從つて吾々は、廣い心を以て研究し、研究した事を、己が血と肉とにすることによつて、世界を知ることが出來るのである。自分を知

人とは何

る爲には先ず、人とは何であるかを知らねばならぬ。

聖書では、人とは靈と心と體とであると教えている。而して

靈とは

(一) 人の體の中に在つて己れの事を知つているもの (コリント前書二ノ一一)

(二) 神の氣息《いぶき》であつて、人々に聰明《さとり》を與えるもの(約百《ヨブ》記三二ノ八)

(三) 人の靈魂《たましい》は、エホバの燈火であつて、人の心の奥を窺《うかが》う (箴言二〇—二七)

と録されている。

心とは

喜怒哀樂、欲望、愛情というようなものの住所《すみか》であると、ダビデは歌つているが、人の心は、無自覺な草木とは全然別な意識を意味した知覺を有するものである、獸も鳥も意識は有《も》つているが、

人間の持つている意識は、獸の心よりは遥かに廣く大きく深く高いのである（詩篇四二ノ一―六）

體とは

靈と心との住所であつて、靈と心とを除いた體を意味し、その體は傷つき易《やす》く、死に易いのである、靈と心とが體に在る内は、肉的、物質的、世俗的の自覺を得ることは出來るが、體の法と心の法とは常に戰つていて、朽《く》ちてゆく血肉だけでは、朽ちない神を嗣ぐことは出來ない（コリント前書一五ノ四七―五〇、ローマ書七ノ二三―二四、默示錄二〇ノ一五）

キリスト教宗派

キリスト教には、いくつもの宗派がある。そのうちに古代から救世主をまつイスラエルの舊教と、キリスト教徒によつて西暦四百年の頃からローマ法王の下に榮えて來た本派と稱するカトリック教と、ヘンリー王第八世當時から英國に榮えたプロテスタントと、それから分れたプロテスタントの各派とがある、現代では世界到るところ、キリスト教の教會のない處はない。

回教其の他の宗教

キリスト教に亞《つ》いで有力なのは、印度の囘々教である、それから東洋各地にある佛教、及び日本の佛教と神道とがある、なお見逃《みのが》すことの出來ないものに、全世界にみなぎる迷信の府というものがある、又その外には主義主張に對して運動している團體がある、言いかえて見ると、宗教も政治も經濟も、また爭鬪しながらも、夫々《それぐ》、最眞、最善、最美の世界を目ざして進展しつゝあると云い得るのである。

連合國の政治の基本

英國と米國とは、キリスト教國である、前者はなお一つの王國ではあるが、民主政治を行つている米國とは、恰も親子のような間柄にあつて、後者はその政治の上にも、山上の垂訓をもつて教書とまでしているのである。

中國も現在は、米英に學んだことのある人達がその政治の矢面に立つて、共和國としての中華民國を樹立しようと努力している。

この様に、連合四箇國の内、ソビエットを除く三箇國までが、世界の平和と人類の福祉のために、キリスト教的文明の精神を以て、政治を行つているのである。

キリスト教的文明の精神

而してそのキリスト教的文明の精神というのは勿論、聖書が教えている所であるから、其の事實を呉々《くれぐ》も吾々の念頭に置いておかねばならぬ。然るに聖書を悉くユダヤの歴史だといつて排斥したり、或は之を究屈《きゆうくつ》なものと考えることは、卽《や》がて聖書の使命を殊更《ことさら》に、暗黑へと追放する結果となるであろう。

由來、聖書は之を文字通りに讀んだ丈けでは解《わか》りにくい時がある、その時は、これを或は大乘佛敎の法華經の方便品《ほうべんほん》や比喩品《ひゆほん》と同様に解釋して讀む事によつて納得することも一方法であるが、聖書中の最も大きい謎《なぞ》と云われている左の十一項目の如き默示

默示十一項

一、キリストの說かれたる天國…（マタイ傳一三ノ三―五〇）

二、イスラエルの盲目…………（ロマ書一一ノ二五）

三、末の世に死を經ずして甦える（コリント前書一五ノ五一―五二）（テサロニケ前書四ノ一四―一七）

四、新約時代に於けるユダヤ人と異邦人とによつて一體となるキリスト教會に與えられたる奥義………………（エペソ書三ノ一―一一）（ロマ書一六ノ二五）（エペソ書六ノ一九）（コロサイ書四ノ三）

五、花嫁としてのキリスト教會…（エペソ書五ノ二八―三二）

六、吾らの中にいますキリスト…（ガラテヤ書二ノ二〇）（コロサイ書一ノ二六―二七）

七、神の奥義であるキリスト……（コロサイ書二ノ二三ノ九）

八、人類におよぶべきキリストの

顯現…………（テモテ前書三ノ一六）

九、不法の秘密の存在が除かれる（テサロニケ後書二ノ七）

（マタイ傳一三ノ三三）

一〇、七つの星…………（默示錄一ノ二〇）

一一、バビロン…………（默示錄一七ノ五―七）

是等を解《と》こうとするには、唯イエスキリストを心に迎えて、そのキリストの神言《みことば》に聽く以外に途はないのである。

人は信仰の進むにつれて、神の福音が獨り、書册の上にのみ錄《しる》されているのではなく、廣く、樹にも、石にも、花にも、雲にも、また星にも皆書かれてあることが知られ、其の限りなき惠を味うことが出來る。

神

聖書の中の神に就いて研究を始めるに先立ち、吾吾が日常使用して居る日本語の「神」という言《ことば》の謂《い》に就いて、一應、正して置くことにする。

字典での解釋

漢和大字典では、神とは、天の神又は人の精靈であると云つており、大言海では、神とは「隱身《かくりみ》」の意であるといつており、古事記では其の巻頭に、「獨神成坐而隱身也《ひとりかみなりましてかくりみにてまします》」といつて居る、天の神とか隱身《かくりみ》とか云えば、人は直ちに是れは肉眼では見えぬものだと早合點《はやがてん》して、其のものの正體を知ろうとはしないのである。

大言海や、神祇辭典等を探《さぐ》つてゆくと、天の神、隱身の神というのは、三柱《みはしら》の造化神卽ち、天津神《あまつかみ》、國津神《くにつかみ》、八百萬神《やおよろずのかみ》のことであるということまでは分るが、それ以上のことは、全然分らないのである。

神社の祭神いろ〱

日本の民族史に據《よ》ると、皇祖皇宗乃至《ないし》歴代の天皇は元より、皇室又は國家に對して功勞のあつた人達で神社の祭神となつているのが普通であり、さては日月星辰、風雨雷霆、水火金石、山河草木、鳥獸魚介に至る迄、苟くも不思議で畏るべきものは、正邪の隔てなく祭つたりしている。

佛のいろ〱

神といえば直ぐ佛《ほとけ》を連想する、佛とは覺者《さとれるもの》という謂《いゝ》であつて、梵語《ぼんご》の BUDDHA 釋迦牟尼《しやかむに》のこと、佛像のこと、轉じて慈悲深い人、柔和な人、おひとよし、死んだ人等にもつかつているのである。

正名と神佛

神や佛は、そのよび名を一〱《いち〱》、正《たゞ》すことによつて、その正體が何であるかが解《わか》るが、隱身三柱《かくりみみはしら》の造化神という以外の、神や佛の名はいずれも、東西古今に行われている靈魂不滅の信仰から來ているのであつて、主觀的、宇宙的大元靈《だいげんれい》を自覺して發動した人々に、その往生後、諱《いみな》したものである。

舊約聖書に現われた神

舊約聖書の、神位（DEITY）、神格（DIVINITY）を現わした神の名稱を次に掲げて見る。

神＝三位一體創造主《つくりぬし》の神　（創世記一ノ一）

神エホバ＝永遠より永遠に亙《わた》りて自ら生存示現《じげん》する神　（創世記二ノ四）

至高神＝天地を占有《せんゆう》する神　（創世記一四ノ一八）

主エホバ＝主《おも》なる神　（創世記一五ノ二）

全能神＝力の神　（創世記一七ノ一）

とこしえの神＝時代より時代へと亘《わた》つて、永遠に在《いま》す神　（創世記二一ノ三三）

萬軍のエホバ＝萬軍の指揮權を有する神　（サムエル前書一ノ三）

等があるが、何れも三位一體を指しているのであつて、（創世記二ノ七

神のはたらき

一五）では人の造主であること、（同二ノ一六―一七）では生殺與奪の權威であること、（同二ノ一八―二四）（同三ノ一六―一九）（同二二・二三・二四）では人に對する統治者であること、（同三ノ八―一五）（同二一・二二）では人の罪の贖主《あがないぬし》であること等を明かにしている。

エホバに對する神の別名

更に、神エホバに對しては

1、エホバ予備《そなえ》主《ぬし》　JEHOVAH-JIREH　（創世記二二ノ一三―一四）
2、汝の醫《い》者《しゃ》　JEHOVAH-RAPHA　（出埃及記一五ノ二六）
3、エホバ唯旗《わがはた》　JEHOVAH-NISSI　（出埃及記一七ノ一五）
4、エホバ吾平安《へいあん》　JEHOVAH-SHALOM（士師記六ノ二四）
5、エホバ吾牧者《ぼくしゃ》　JEHOVAH-RA-AH　（詩篇二三ノ一）
6、エホバ吾儕《わがともがら》　JEHOVAH-TSIDKENU　（エレミヤ記二三ノ六）
7、エホバ此《こゝ》に在《いま》すJEHOVAH-SHAMMAH　（エゼキエル書四八ノ三五）

等の御名もあつて、出埃及記一九ノ三、同二〇ノ一―二、エレミヤ記三一乃至三四は神エホバが、イスラエル民族に對する聖約者であると錄《しる》している。

父と子と聖靈の三位一體

新約聖書の神とは、舊約聖書の神の顯現、卽ち、『神の子キリスト』又は父と子と聖靈《せいれい》とであるが、キリスト自らは、どこ迄も、父である唯一神の證明《あかし》をたてゝ、サドカイ人らの質問に對しても

「『我はアブラハムの神、イサクの神、ヤコブの神なり』と言いたまえることを未だ讀まぬか、神は死にたる者の神にあらず、生ける者の神なり」（マタイ傳二二ノ三二）

と答え、又ひとりの學者の問に對しても

「神は唯一にして他に神なし」（マルコ傳一二ノ三二）

と答えていられる。

なお、最後の訣別《わかれ》の際には、弟子達に向つて

「汝ら往きて、諸々の國人を弟子となし、父と子と聖靈との名によ

りて、バプテスマを施し、わが汝等に命ぜし凡ての事を守るべきを教えよ（マタイ傳二八ノ一九）

と、父と子と聖靈の三位一體の御名を用いて、廣く世界のはてまでも、唯一神の顯現たるキリストの證明《あかし》を立てよと、嚴しく命じられているのである。

聖マタイは、父と子と聖靈の三位一體の顯現について

「イエス、バプテスマを受けて直に水より上り給いしとき、視よ、天ひらけ、神の御靈《みたま》の、鴿《はと》の如く降りて己が上にきたるを見給う、また天より聲あり、曰く『これは我が愛《いと》しむ子、わが悅《よろこ》ぶ者なり』（マタイ傳三ノ一六）

と錄《しる》している。

聖ヨハネは、ヨハネ傳一三乃至一七章に亘つて、キリストとその弟子十二名とでとられた最後の晩餐《ばんさん》の卓上、並にユダを除いた十一名

我は道なり眞理なり生命なり

の弟子を伴つて、ゲッセマネの園《その》への途上、オリブ山での御物語をつぶさに録《しる》しているが、その中に、キリストは
『我は道なり、眞理《まこと》なり、生命《いのち》なり』
『神を信じ、我を信ぜよ』
『我を見しものは、父を見しなり』
『言《ことば》は己れによりて語るにあらず、父我に在《いま》して、御業《みわざ》をおこない給うなり』
『我を信ずる者は、我なす業《わざ》をなさん、かつ之よりも大なる業をなすべし』
等々と云われ、父と子が一體であることを、弟子たちに悟《さと》らせ給い、その上に
『眞理の御靈なる助主《たすけぬし》を、汝らに與えられんことを、父に請《こ》わん』
といつて、聖靈のことを說《と》かれ、續いて

『我は、眞のぶどうの樹《き》、わが父は、農夫なり、汝らは枝《えだ》なり』

受難と聖靈

といつて、父なる神と、キリストと、キリストを信ずる者との因縁《いんねん》をのべて、來らんとする、御自身への迫害のこと、キリスト去りて後に來る、弟子たちへの遭難のこと、聖靈《みたま》の世界に對する御はたらきのこと、聖靈《みたま》が如何にだん〱に、キリストの現《あら》わされなかつた事を現わし給うかということ、並に目前に迫る十字架の受難、復活、昇天、再來等のことについて、父と子と聖靈の三位一體の謂《いゝ》を細々《こまごま》と物語つていられるのである。

聖ポーロ唯一神の證言

新約聖書の、布教時代の花形使徒、聖ポーロは、次のように云つて、唯一神の證言《あかし》を立てゝいる。

「世界と、其の中のあらゆる物とを、造り給いし神は、天地の主に在《まし》ませば、手にて造れる宮に住み給わず、自ら凡ての人に生命《いのち》と息《いき》と萬物《よろずのもの》とを與え給えば、物に乏《とも》しき所あるが如く、人の手にて、事《つこ》うることを要し給わず、一人《ひとり》よりして諸種《もろ〳〵》の國人を造りいだし、之を地の全面に住ましめ、時期《とき》の限りと住居《すまい》の界《さかい》とを定め給えり、これ人をして神を尋ねしめ、或は探《さぐ》りて見出す事あらしめん爲なり、されど神は我等おのおのを離《はな》れ給うこと遠からず、我らは神の中に生き、動《うご》きまた在るなり、汝等の詩人の中の或者どもも、『我らは又その裔《すえ》なり』と云える如し、かく神の裔なれば、神を金・銀・石など人の工《わざ》と思考《かんがえ》とにて刻める物と等しく思うべきにあらず」（使徒行傳一七ノ二四—二九）

と、終始一貫して、唯一神を說いている。

新舊兩約書には、神とは何であるかということを、いろ〳〵に解《と》いているが、今爰《こゝ》に其の重《おも》なるものを擧げて見ると

聖書中に解かれた神

一、言　　ヨハネ傳一ノ一

二、靈　　ヨハネ傳四ノ二四

三、光　ヨハネ第一書一ノ五
四、愛　ヨハネ第一書四ノ一六
五、眞理　ヨハネ第一書五ノ七
六、美　詩篇二七ノ四
七、生命の水　ヨハネ默示錄二二ノ一七、イザヤ書五五ノ一
八、神聖　出埃及記三ノ五、詩篇九七ノ一二、默示錄四ノ八
九、正義　ローマ書三ノ二一
一〇、神秘不可思議　ローマ書三ノ二一
一一、不可解　ヨブ記五ノ九、傳道之書三ノ一一
一二、永遠の生命　出埃及記三ノ一四―一五
一三、不死　テモテ前書一ノ六ノ一六
一四、力　ヨブ記九ノ四、詩篇八一ノ一
一五、生命の泉　詩篇三六

一六、全智全能　コリント前書一ノ二四

一七、全知　ヨブ記二六ノ六、同三四ノ二一

一八、不變　詩篇三三ノ一一

一九、遍《へん》在《ざい》者《しや》　箴言一五ノ三

二〇、隱《かくり》身《み》　ヨハネ傳一ノ一八、ヨブ記二三ノ八―九、ヨハネ第一書四ノ一二

二一、雷電　出埃及記一九ノ一

二二、火　イザヤ書四ノ四

二三、風　ヨハネ傳三ノ八

二四、油　イザヤ書六一ノ一

二五、雨　詩篇七二ノ六

二六、露　詩篇三三ノ三

二七、鴿《はと》　マタイ傳三ノ一六

二八、聲《こえ》　イザヤ書六ノ八、ヨハネ傳一六ノ一三―一四

二九、封印《しるし》　ヨハネ傳一五ノ一、コリント後書一ノ二二

三〇、農夫　ヨハネ傳一五ノ一

三一、善　出埃及記三四ノ六、詩篇二五ノ八

三二、王ノ王主ノ主　テモテ前書六ノ一

三三、立法者　イザヤ書三三ノ二二、創世記二ノ一六―一七、同九ノ六、出埃及記二〇ノ一

三四、審判者《しんぱんしゃ》　士師記一一ノ二七、テモテ後書四ノ八

三五、聖約者

1. 對人類　創世記一ノ二八
2. 對アダム　創世記三ノ一六
3. 對ノア　創世記九ノ一
4. 對アブラハム　創世記一五ノ一八

5. 對　モーゼ　出埃及記一九ノ二五
6. 對イスラエル　申命記三〇ノ三
(パレスチナに於て)
7. 對　ダビデ　サムエル後書七ノ一六
(以上舊約)
8. 新　約　ヘブライ書八ノ八

等であるが、就中その最も大切なのは、元より言《ことは》なのである。

物心兩樣の文化

或は云う「世界の文化は進歩した」と、又「したとは云えない」と、蓋《けだし》し前者は物質文化を指し、後者は精神文化を指して居るのである、故に眞の文化の使命は未だ達成されてはいないと云える。

科學は宗教の殘骸《ざんがい》であるとか、宗教なき科學は惡魔を作るとか云われているが、學問道德の極地は結局《けつきよく》宗教に入らねばならぬのであつて、宗教卽科學、科學卽宗教という一如の境地へ達してこそ、始めて文化の物質面と、精神面とを、同じ歩調で進めて行くことが出來るのではあるまいか。

文武の位置顛倒

回向院的實相

今日迄の人の世は、多くの場合に於て、武が文を征服して來たのである、武が文を征服する間は、世界の平和も、人類の福祉も招來しない、個人も國家も、家族も社會も、皆互に勢力を争い、遂には彼の世界大戰を二回迄も繰返し、なお今に、東西各國虎視《こし》眈々《たん〱》、猜疑心と猜疑心との葛藤《かつとう》、恰も回向院の樣相を呈して世界の人類は落付くひまもないのである。

そして宗敎、政治、法律、敎育、藝術、科學、經濟、文學さては國家、主義、主張等いづれも、ケーオスのどん底に耽溺《たんでき》している、是れ皆文武の位置顛倒の結果であつて、彼《か》の原子爆彈の威力は、人類界の存亡を左右するものだとさえ云われている。

原子爆彈が、果して人類界の存亡を左右する最後のものであろうか、その以前に、外に何等の威力も出ないのであろうか、人類界が始まつて以來今日まで、人間は神というものに賴《たよ》つて來たのではなかつたか、神は無能になつて了《しま》つたのだろうか、信仰は人に無量壽を與えるものであると云つたではなかつたろうか。

斯く收拾の出來ないまでに、狂亂した世界の實相の中から、どうすれば、人皆まことの幸福を發見出來るであろうか……

空の眞理

八萬四千の法門を凝縮《ぎようしゆく》した般若心經は、人生の空を說いている、哲聖ソロモンも、その傳道の書に於て果敢《はか》ない人生について、凡て空であると說き、人は生れて働き、苦樂をなめて死ぬものであるから、神を畏れ、その誡命《いましめ》を守ることが諸《すべて》の人の本分である、神は一切の隱れたところの善惡をも、ともに審《さば》き給うのだ、と書いて居る、誠に、いずくにか神のやどらぬ影があろう……何處に行くも其處にジュピターがある。

「誠」の光

聖ポーロは

「造られた者が、虚無《きよむ》に服するのは、己が願からではない、服せしめる者による、然し造られた者にも、滅亡の狀態から解放されて、自由に入る希望が存《のこ》されている」

と說いている。

神がイスラエルの家にあたえた聖約が成就される時には

「我が律法《おきて》を彼らの念《おもい》に置き、その心にこれを記さん、また我かれらの神となり、彼等は我が民とならん、彼らまた各人《おのおの》その國人に、その兄弟に教えて、汝主を知れと言わざるべし、そは小より大に至るまで、皆我を知らん」

と聖書にあるのを見ても、誠の光りは、隅《くま》なく世を照らすものであることを、立證しているのである。

中國でいう

根本大本體とは

大極、天、寥天一、上帝、自然、大素、大宗師、虚無、
無名、玄々皇帝、

印度でいう
火水金土空、或は、地水火風空、梵天《ぶるはん》、極微、阿頼耶《あらや》、眞如、
佛陀、法身、

希臘の
ゼウス

猶太の
エホバ

ペルシヤの
ドロアスター

その他、イーラ、ファラオ、叡知《えいち》、イデア等、種々異つた名を用いて、
神は論じられ、且つ信仰されているが、何れも統一ある宇宙的實在の、

民族の努め

根本大本體を神と云つているのである。

以上述べたように、各民族には、夫々尊信する經典があり、又國史とか民族史とかがあるのであるから、その中にある文化の發展した經路を再檢討し、その源を正し、唯物、唯心の文化をして相互に補益せしめる爲に、人自ら先ず神と爲《な》り切り、寶を天に積む覺悟で、各々自由の基地から、總合的觀念の範疇、卽ち靈的思想的の超原子爆彈を、見出すことに努力すべきである。

例えば、言語《ことば》や文字の發生の源を、探知《たんち》する事によつて、老子や、釋迦や、孔子や、孟子や、キリスト等が、何の爲に何を說かれ、そして是等聖賢の敎が、どう云う風に、其の發祥地から東西に擴つて、世界の文化に貢献《こうけん》したか、其の文化の發展途上に於て、いかなる對立思想の災禍迫害があつたか、斯かる對立思想の二大潮流をして、如何にすれば、車の兩輪の如く相扶けつゝ、同時に同方向へ進めしめる事が出來るか、如何にすれば、政治、宗教、經濟の各方面に亘り、眞善美そのまゝの統一的絶對神を、見出し得るか、等を考えて見るべきではなかろうか。

抑も、宗教というものは、全大宇宙の天律天則を垂示《すいじ》するものであつて、人間の言《ことば》と行《おこない》とをして一體たらしめるには、『先ず言《ことば》とは何ぞや』と云う事を明らかにしなくてはならないのである。

言行一如

言は神、神は言

聖書には

「太初《たいしょ》に言《ことば》あり、言は神と偕《とも》にあり、言は神なりき、この言は太初に神とともにあり、萬《よろず》の物《もの》これによりて成り、成りたるものに一として之によらで成りたるはなし、これに生命《いのち》あり、この生命は人の光《ひかり》なりき、光は暗黒《くらき》に照る、而して、暗黒はこれを悟《さと》らざりき、されど、これを受けしもの、神の子となる權をあたえたまえり、斯かる人は血脈《ちすぢ》によらず、肉の欲《ねがい》によらず、人の欲《ねがい》によらず、ただ神に

よりて生《うま》れしなり」（ヨハネ傳一ノ一―一三）

「人はエホバの口より出《いづ》る言《ことば》によりて、生《な》るものなり」（申命記八ノ三）

「天地《あめつち》は過ぎゆかん、されど我が言は過ぎ往く事なし」（マタイ傳六ノ六三）

「我は我に賜《たま》いし言を、彼らに與え、彼らは之を受け、わが汝より出でたるを眞に知り、汝の我を遣《つかわ》したまいし事を、信じたるなり」（ヨハネ傳一七ノ八）

「汝すこしの力ありて、我が言を守り、汝我が忍耐の言を守りし故に、神汝らを守りて、地に住むものどもを試みるために、全世界に來らんとする試練《こゝろみ》のときに、免《まぬが》れしめん」（默示錄三ノ八―一〇）

等と、種々に『神は言《ことば》なり』という事を立證《あかし》している。

そこで全大宇宙は神であり、神は全大宇宙であるという事を、科

學して見ると、

無色無質、唯一絕對、神と人、萬有及び、これらを律するあらゆる法則を包括する隱身《かくりみ》卽ち眼に見えぬ神、

アーウン
アーミン
ナアーモ
ナームモ
カンナガラ
アーメン

と稱えられている大元靈

がその御意志のまゝに

天　時間、空間、物質(元素)、靈質、

地　日月星辰、大地、土木水金火、動植物、

人　卽ち靈と心と體の三位一體たる萬物の靈長と稱する人類、並に

萬事文《よろずことふみ》、を支配して、その凡ての言行を司《つかさ》どつている事がわかる。

人間の行を司るカァーマ

人間の行を司るものは、言《ことば》である。言を司るものは念《おもい》である。念を司るものは良心である。良心の別名はカァーマ（KARMA）であつて、魂魄ともいう、魂魄の別名は、吾人の體内にたえずいます神なのである。而して吾々の體外なる宇宙の森羅萬象、肉眼で見えるもの、見えないもの、何一つとして生きていないものはないのであるから、その生きとし生けるものに、心をもたないものはなく、その心に神のいまさぬ心はないのである。

神の國實現の時

その神の司る言《ことば》が神であるという事を、世界の人皆が認識して、その神である言と行とが全く一つに成つた時に、神が、眼に視えるのである。世界の人々が、その神を目に見る時に、地上に、神の國が實現するのである。

此の神の國のことを、釋迦は、彌勒《みろく》の代と云い、ヨハネは祉福千年と云い、基督教徒は、キリストの再來、ユダヤ民族は、メシヤの降臨といつているのである。

聖約

創造と年代

全大宇宙の創造が始まつて以來、或は三千六百十五億有餘年だの、人祖の出現以來、三千三百五十億年だの、日本の始祖—皇祖皇宗以來、仁《に》仁《ゝ》杵《ぎの》尊までが、百七十九萬二千四百有餘年だの、アダム以來、約六千年、神武東征以來、二千六百有餘年などと、いろ〳〵時代の年數に就いて、推定したり臆測したりする人はあるが、これ等の年數や、人類の發祥、言葉、文字、文化、善惡等の發生について、斷片的な論議を聞いても一向に分らない、併し人は、全大宇宙が、その中心の一つの生命線から律動する螺《ら》波《は》線《せん》をもつて、球狀的に放射傳播する靈質の微粒が元《もと》で、それが電子となり、更にその電子が物質化して、日月星辰、大地となり、進んで諸物諸靈の出現を來したということ、又最後に、人類そのものが創造されたということ、及びその物質凡ては、中心から配置された諸物諸靈の管理下にあるということ、並にその中心の生命線たる大元靈の、意志の範圍外には、一歩も出ることが出來ないということ丈けは認識している。

太初より神は、おのが法則のもとに、實に億兆の年月をついやしながら、絶えず全大宇宙に、創造、自由、限定、統一の環《たまき》を繰返し繰返し、凡てのものを律して、生育し化育しつゝ、その實を擧げていられるのである。

創造―自由―限定―統一の環

斯うした進み方で、久遠の生命が無限の時代をつくつたと同様に、神言《ことば》の歴史即ち地球の過去張を開いて見ることによつて、地球そのもの及び世界の人類は、みな大元靈の仕組のまゝにÆON《イーオン》 AFTER《アフター》 ÆON《イーオン》(永劫《えいごう》)の創造、自由、限定、統一の環《たまき》を繰返し繰返しつゝ、無始のいにしえより無終の未來へと進んで行くものと、信ずる事が出來るのである。

神聖の御座所

聖書の、天地創造の物語については、創世記第一章一節に、神が数百億年の悠久期間《ゆうきゆうきかん》に於て、靈質と物質と時間と空間とをつくられたこと、そしてその創造した天地が「神聖の御座所」であることがわかる。

宇宙創造の七時代

そして二節以下には、神が地球對大宇宙の構想を練《ね》りに練つて、順次時代を別けて創造されたことが物語られている。即ち

第一時　光と暗との別……………………（創世記一ノ二―五）

第二時　穹蒼《おゝぞら》の下の水と上の水との別……（創世記一ノ六―八）

第三時　土と水の別、青草の發祥…………（創世記一ノ九―一三）

第四時　晝と夜の別、地を照す光明の出現（創世記一ノ一四―一九）

第五時　水には魚介の類つばさのある諸の禽鳥《とり》の類の發生……………（創世記一ノ二〇―二三）

第六時　地には家畜、昆虫、鳥獸の類及び

最後に人類の發祥…………………（創世記一ノ二四―三一）

第七時　神の安息……………………（創世記二ノ一―三）

斯くして神は、創造と云う仕事を了《お》え、この凡てのものを人類に與えて、その後の創造を人間に委《ま》かされたのである。

物質不可入性の原則は適用せず

さて、神と靈と物質の世界とは、夫々相異つた空間を占有《せんゆう》しているように考えられるが、事實は三つのものが、同時に同一の空間を占めているのであり、時代も亦、同一空間に存在して、其の目的の爲に、一連の作用をなしているのである。

萬事文《よろずことふみ》の創造

聖書の、天地の創造に續く、エデンの物語りは、萬事文《よろずことふみ》の創造であると見なければならぬ。

創造主に絶對服從卽ち信仰

時代時代に應じて、創造主はその創造物に對して、絶對の權威を現し、どこ迄も之に絶對の服從を要求している、人間が創造主を知り、

人類進化の道程

其の意志に絶對服從するという觀念を持つ事を信仰と云い、そうした觀念を生み出す力をつくる事が、宗教でなくてはならぬのである。

アダムの當時から、今日まで聖書によると、神は人類に對して七つの時代を宣言されている。卽ち

(一)　罪の無い純眞な時代（INNOCENCY）

神が人を創造《つく》つて、これ等を祝し、生めよ繁殖《ふや》せよ、地に滿《み》てよ、之に服從せよ、と命じられた自由自在の時代（創世記一ノ二八）

(二)　良心的卽ち信仰上の自由な時代（CONSCIENECE）

善惡を知る樹の實を喰つてはならぬという、神命に背く事によつて、既知の神意に從う事の善と、背く事の惡とを知る良心的な時代（創世記三ノ二三）

(三)　任意的政治時代（HUMAN GOVERNMENT）

洪水を以て爲された神の審判の後、ノアによつて始まる人が、人

の世の政治をする時代　（創世記八ノ二〇）

（四）　契約の時代（PROMISE）

アブラハムに對する、神の聖約は、神の意志の發祥で、何等の條件はついていない、エジプトへ行つたイスラエルの子孫は幸福を失つたが、聖約は續けられていたのである、但しシナイ山頂でイスラエル民族は、神の律法《おきて》を授つた時からこの聖約の時代は終つた。（創世記一二ノ一）

（五）　律法の時代（LAW）

此の時代はシナイ山に始まつて、キリストの十字架で終つている、イスラヱル民族がエジプトを出て沙漠にさまよい、長い歴史を綴るうちに、彼等は度々律法《おきて》に背いた行《おこない》をした、神の審判《さばき》は、彼等の上に、亡國の民として現われて、此の時代は終つた。（創世記一九ノ八）

（六）　恩惠の時代（GRACE）

これは人間が善良なる行をしたからというのではないが、全く救世主である神の慈悲と慈愛に預るところなのである、律法《おきて》のもとには、神は正義を要求し給うが、慈悲と慈愛のもとには、人に正義を與え給うのである、法律はモーゼに關するものであり、慈悲はキリスト及び信仰に關するものである。（ヨハネ傳一ノ一七）

（七）　成就の時代（FULLNESS OF TIMES）

神が人類に最後の條件として、降し終うた時代であつて

（A）　キリスト王國の建設によつて、正義の政治が實施され、壓迫や悪政が消えてなくなる時代　（エペソ書一ノ一〇）（イザヤ書一一ノ一—四）

（B）　最後的神の審判の時　（マタイ傳二五ノ三一—四六）（使徒行傳一七ノ三〇—三一）（默示錄二〇ノ七—一五）

（Ｃ） 奮闘努力の後にくる安息と報酬を受ける時　（テサロニケ後書一ノ六―七）

（Ｄ） 苦難が榮光にかわる時　（ローマ書八ノ一七―一八）

（Ｅ） イスラエルの盲目がさめ、その折檻《せつかん》が許され、轉換と復歸の時　（ローマ書一一ノ二五―二七）（エゼキエル書三九ノ二五―二九）

（Ｆ） 大地に於ける天國の建設の時　（默示錄一九ノ一五―一六）

（Ｇ） 神の子等の示顯により束縛の世は終つて救護される時　（ローマ書八ノ一九―二一）

以上述べた七つの時代に對しては、こゝに亦七つの舊約と一つの新約とがある。卽ち

〔舊約〕

（一） エデンの聖約、人類は純眞であることとによりて、幸福であること　（創世記一ノ二八）

（二）アダムの聖約、罪に落ちた人類に對する、救の約束（創世記三ノ一五）

（三）ノアの聖約、人爲政治が許されて、人の世の政治は人に移されたこと（創世記九ノ一）

（四）アブラハムの聖約、イスラエルの基礎がつくられるにつれて、アダムの聖約が度を增して裏付けられること（創世記一五ノ一八）

（五）モーゼの聖約、人類の處罰（創世記一九ノ二五）

（六）パレスチニアンの聖約、イスラエルの悔悟による復歸（申命記三〇ノ三）

（七）ダビデの聖約、イスラエルに對してダビデ王國の永續が約され、ダビデの子孫の爲に、これがキリストによつて建設されるということ（サムエル後書七ノ一六）

【新約】

（八）無條件で人類に與えられた最後の不變的な約束、卽ち信者に對するキリストの救《すくい》と福祉との約束、である。

聖約とキリスト

そこで、是等八つの各聖約とキリストとの關係はと云えば

第一、最初のアダムが失つた凡てのものを贖《あがな》うべき人として生れたキリストは、第二のアダムにあたる人。

第二、女の苗裔《すえ》として、普通の人間と同様に、この呪《のろ》われた世の苦難に服従せしめられる人。

第三、ノアの子シエムの子孫として、出現した最大の人。

第四、アブラハムの後裔《すえ》として生れた、死を厭《いと》わなかつた人。

第五、イスラエルの呪を身に引受けた罪なき人。

第六、ユダヤの土地に生を享《う》け、ユダヤ人として一切服従した人。

第七、ダビデの苗裔《すえ》であり、長であり、主であるべき人。

第八、その犧牲によつて、建設される地上の天國に於て、全世界は歡《よろこ》びと幸福とに滿たされ、エルサレムが都となり神政復古が行われる時の、ダビデ王系の王の王たるべき人。

と云う事になるのである。

上述の如くバイブルを通じて宗教的に時代と聖約と、キリストの存在とを結び合わせて見ると、我々の眼の前には、さながら其の豫言の通りの世界が、次から次へと現れて來る。

天文地文の世界

一方、我々の世界を物質的に見ると、そこには自然界の神秘、天體の運行、極《はてし》を知らぬ時間と空間とのひろがりがあり、人文の發達は、自然界の組織的記述學や天文學や地質學の發達を促《うなが》し、全大宇宙の遠い昔のことや、近くは石器鐵器時代の探究も進み、此の地球上に第一第二第三の氷河期があつた事も分り、五十萬年前の世界地圖の想像さえ綴られて來るのである。

これ等の説によると、太陽は單なる一つの星に過ぎないものであり、その年齢は八百億年であるとか、近年發見された一つの星は二萬億年の昔からあるものであるとか、地球は二千億年古いのだとか、世界は舊原始時代、原始時代、中世時代、近代の四つに別たれて、先ず舊原始時代の頃から生物として貝類が現れ、それが進化して魚類の出現となり、進んで森住動物となり、漸く原始時代の頃、或は中世時代に至つて、地にはうもの猛獸等が現れ、近代に至つて人猿の祖が出現して、これ等が追々進化して、人類となり、人類が出現した頃に始めて、世界も亦我々の眼に見え、知識にうつる様なものとなつたと云つている。

神の運營卽ち法則

斯くて物質的に見た我世界も亦、生々進化して止まないのであるが、其の進化發展の徑路《けいろ》には實に整然たる法則があつて、嘗《かつ》て寸毫《すこし》の違算もないことは、所謂、眞理の探究を司る科學の證明する所であるが、その眞理こそは測《はか》り知れない神秘であつて、神の運營に外ならないのである。

悪　魔

悪魔の名称

悪魔の名稱に

サタン
神と人との仇、（ペテロ前書五ノ八）

アバドン
ヘブル語、底なき坑の使、

アポルオン
ギリシャ語、底なき坑の使、（默示錄九ノ一一）

ベルゼブル
エクロンの偶像、悪鬼の主、（列王紀略下一ノ二）（マタイ傳一〇ノ二五）（マタイ傳一二ノ二五）

ベーリアル

邪僻《よこしま》なる者、（申命記一三ノ一三）（サムエル前書一〇ノ二七）

悪魔

此の世の君、（ヨハネ傳一四ノ三〇）

空中の權を執《と》る宰《つかさ》、不從順の子らの中に働く靈の宰《つかさ》、（エペソ書二ノ二）

というのがあつて、是等の名稱自體は、何れも眞の宰《つかさ》たる靈の地位を横領してその働きをいどむものであることを示している。

サタンは、エデンの園に於て、ねがえりを打つ爬虫《はちゆう》卽ち蛇となつて、エバを欺《あざむ》いたと錄《しる》されているが、此の場合の蛇という言葉は、文字通りの蛇であると解すべきではない、これはその時に存在していた人を欺《あざむ》いた最も美しい生物で、神に呪われて破門の宣告を受けた生物のことを云うのである。（創世記八ノ一四）

然らば、その生物とは果して どんなものであるかを探つて見よう。

(一) ケルビムという、太初に創造《つくら》れた四つの生物の一つ (エゼキエル書一ノ五)

(二) 神の聖《きよ》き山にあつた完全に整《とと の》えられた印《しるし》、智慧に充たされ、美の極みをつくしたケルビムであつたが、罪のために追放され地上に落ちたもの (エゼキエル書二八ノ一二―一九)

(三) あけの明辰《みようじん》とうたわれていたにも拘《かゝわ》らず、北の極《はて》なる集會《つどい》の山へのぼつて至上者《いとたかきもの》と成ろうとして地上に落されたもの (イザヤ書一四ノ九―一三)

(四) 至上者《いとたかきもの》をさし置いて、己が至上者《いとたかきもの》と成ろうとしたところに、罪というものを大地に發生させたもの (イザヨ書一四ノ一三)

(五) 追放されたもの (ルカ傳一〇ノ一八)

（六）空中の權をとる宰《つかさ》（エペソ書二ノ二）ほゆる獅子のようなもの（ペテロ前書五ノ八）

（七）エデンの園で蛇に魅《みい》つたもの（創世記三ノ一）

（八）エバとアダムを欺《あざむ》いて、アダムを罪に落し、アダムによつて全人類を罪の子として、死に至らしめたもの（ロマ書五ノ一二—一四）

（九）神がアダムに爲し給うた聖約にあるような救主の出世によつて、最後に亡《ほろ》ぼされるもの（創世記三ノ一四—一九）因《ちなみ》に、斯く悪魔は世の始めより、神と神の創造物とに逆《さか》らいつゝ、今もなお世を荒《あ》らしているのである。

（一〇）今の世の組織をつくつたもの（默示錄一三ノ八）卽ちサタンのつくつたその組織は、暴力、貪慾、利己主義、享樂主義、覇道《はどう》の邪悪の原則のもとに、起工されたものである、悪魔はキリストを試《ため》し、キリストに此の權力を與えようとして、キリ

ストに退《しりぞ》けられたのである。(マタイ傳四ノ八―九)

(二)前述の組織の上にたつた此の現世《うつしよ》の君主である　(ヨハネ傳一四ノ三〇)(ヨハネ傳一六ノ一一)

(三)神の像《かたち》であるキリストの、福音の光を照さなかつたもの　(コリント後書四ノ四)

(三)死の權力《ちから》をもつもの　(ヘブル書二ノ一四)

(四)神の前に夜となく晝となく、兄弟を訴《うつた》える者、卽ち天より追放されて、地上に落ちているが、今なお神の御前に往來《ゆきゝ》を許されている者　(默示錄一二ノ一〇)

(五)自信ある人を試《ため》すことを許されたもの　(ヨブ記一ノ六―一一)(ルカ傳二二ノ三一―三二)(コリント前書五ノ五)(テモテ前書一ノ二〇)

(六)前記のような人を試す力は、萬能ではなく、この力はキリストによつて制裁を加えられているもの　(ルカ傳二二ノ三一―三二)(ヨ

ハネ第一書二ノ一）

(一七) 苦難の時代の始めの頃になると、神に近付く事を禁じられるもの（默示錄一二ノ七―一二）

(一八) キリストの降臨によつて、一千年間しばられるべきもの（默示錄二〇ノ二）

(一九) 一千年の後には、暫く又自由を與えられるべきもの（默示錄二〇ノ三・七・八）

(二〇) 最後のいどみに敗戰して、火の海に滅すべきものというのであつて、其の特質は

悪魔の特質

一、押《おし》の強い無禮なもの、（ヨブ記一ノ六）（マタイ傳四ノ五・六）

二、高慢者《こうまんもの》、（テモテ三ノ六）

三、有力者、（エペソ二ノ二）（エペソ六ノ一二）

四、邪惡者、（ヨハネ第一書二ノ一三）

五、悪意者、(ヨブ記一ノ九)(ヨブ記二ノ四)
六、狡猾者《こうかつもの》、(創世記三ノ一)
七、欺瞞者《ぎまんしゃ》、(コリント後書一ノ一四)(エペソ六ノ一一)
八、殘酷者、(ルカ傳八ノ二九)(ルカ傳九ノ三九—四二)(ペテロ前書五ノ八)

神の司配權を奪う

以上悪魔の名稱や性質等から約《つず》めて見ると、悪というものの根本は、創造主たる神の創造された最美の生物が、神の司配權を奪《うば》おうとして、之に成功した所から始まつたものである事がわかる、併しこれも萬能の神が、かゝる欲望を起させたのであつて、考えて見ると、その最美の生物が自分の不覺のうちに、そうした欲望を、神から焚《た》き付けられたのであると云う事が出來る。(ヨブ記一ノ六—一二)(ヨブ記二ノ一—六)

人を試みる

神はサタンに、人を試みることを許されたのであり、サタンは本來非常に有力なものである、キリストはユダヤ人に向つて、悪魔は最初から人殺者《ひとごろし》であり、虚僞の父《おや》であると斷言されている。（ヨハネ傳八ノ四四）（列王記略上二二ノ二二）

此のサタンである所の神靈こそ、神靈界及び人類界に、混亂と鬪爭とを發生せしめた悪魔なのである、この混亂と鬪爭とが實に人類界興亡の歴史を生んだのである、そしてこの悪靈に對立しているものが、善神、善靈、善人なのである、故に大きな心を以て世界を眺めると、世界は全く一つの大きな劇場であつて、善人も悪人も皆その大劇場の、舞臺におどらされている俳優であり、此の俳優が舞臺を退いた時には、も早や人は善悪のない世界へ歸るのである。

斯くして、人類各自の希望《のぞみ》も宗敎の敎えも詮《せん》ずる所は

わけ登る麓の道はことなれど
　同じ高根の月を見るかな

人類界興亡の
歴史を生む

同じ高ねの月

である。

いま、幾百千億年以前に於ける全大宇宙の意志なるものの發露によつて、宇宙本體の剖判《ほうはん》が成つて追々と、時代に時代を經て、凡ての創造時代が終つたとする、そして其の終つた時、神は凡ての創造を統一されたとする。

そして其の時、人間の世界は誠に幼稚なものであつたので、その進展の爲に、凡ての創造を神は人に與えられたとすると、人間は各自本來の面目を發揮しその能力を以て、樣々な試練に直面する、斯樣にして人は今日まで、幾多の苦辛と天則とを經驗して、やつと此所まで、漕付《こぎつ》けたのであるが、今やまさに人類界は、徐々《じょじょ》に天律天則を理解しつゝ、眞の調和時代に向つて邁進すべく運命付けられているのであるが、然らば天律天則とは何をいうのであろうか。

天則天律とは

天則とは、自然の法則、即ち天地の原則を云い、

天律とは、自然の原因と結果のことを云う、
卽ち則とは天理、律とは事物を處置する正しい筋道をいうのである。
キリストはその弟子達に
『我らに負《お》うところの凡てのものを、我らが免《ゆる》せば、我らの罪をも、
また免《ゆる》したまえ』
と神に祈ることを教えられた。
日本の神道でも、天津《あまつ》太祝詞《ふとのりとの》大祓祝詞《おゝはらいののりと》に「天津罪、國津罪」と云う文句があつて『罪という罪は、御贖物《みあがないもの》を大川に持ち退《の》き、祓戸《はらいど》四柱の神の智慧の水に祓い却《さ》れ』とある。
しからば、罪とは何であろうか。

罪とは

罪とは誰もが知つているように、制度を無視すること、法律を破る、犯す、背く、という事であり、善と悪との境を乗越えること等をいう。

天則違反の罪に由つてエデンの園から逐出されたアダムとエバの二人と其の子孫とは、爾來キリストの出世まで、苦しみの世に、いばらの道をふむべき運命を授けられ、樂園《パラダース》の生命《いのち》の樹へ行く道は閉されて了つたと創世記は錄しておる。

世界の哲學者や神學者は、神靈界に於ける天律違反という罪が、だんだん神靈界並に人類界へ及んで、遂に神靈界の混亂と、人類興亡の歴史を生んだのであるといつている。

敬神家と慘苦

ヨブ記を讀むと、この世に於ける敬神家のたれもがふむ道について、あきらかである樣に、神は、サタンに大地の支配權を與えられたのであるが、同時に人類にも亦自由を許されていることが解る、つまり現世に人として生きているものは、サタンの支配する此の大地にあり乍ら、神に仕えようと、サタンに仕えようとそれは自由なのである。併し惡魔大王であるサタンは、人類をしてどこ迄も神を無視させる事に努めるのであるから、敬神家は常に悪魔大王の怒にふれて悲慘な目に逢わされるのである。

神の愛と愛慾

新約の時代に於て、キリストはどこ迄も、神の愛について説かれている。

愛とは、宇宙萬神萬生の靈的戀慕《れんぼ》性をいうのである、萬有のそれは引力と名付けられている、ところが、愛そのものは萬靈萬物の調和の原動力であるにも拘《かゝ》わらず、調和を破つて墮落した不自然の愛は、愛慾の爲に爭鬪を起す、そして其の爭鬪を調和せしめる爲に壓力が必要となる、この壓力は卽ち權力《ちから》であるが、是れ亦愛慾の爲に調和を破る支配慾と化するのである。

天變地異と文化の湮滅

人類が地上に於て、我慾を露骨にして以來、地上に幾度か大變動が起つている、その存在について議論のあるミューの大陸や、アトランティスの大陸も、實はいつかの昔に、突如として海底に埋沒されて了つたのである、種々の天變地異の爲に、人類の多數が滅亡した事もあり、世界の文化の淵源であつた言語や文字、乃至《ないし》祭祀、法律其の他人間生活の萬般に亘る、最初の文明が顚覆《てんぷく》又は湮滅《いんめつ》した結果、今日到る處に、其の文化の片影《へんえい》が、わずかに其の名殘りを見せているのである、見渡す限り、いづくの國に於てもその武化されて了つた文化は、群雄割據《かつきよ》して爭鬪又爭鬪を繰返しながら、人類の社會を益々不幸と昏《こん》冥《めい》との沙漠に追いやつているのである。

老子—釋迦—孔子—孟子生る

紀元五六十年の頃、楚《そ》に生れた老子は、幽玄な道義心について力說し、綏靖天皇の御代に天竺に釋迦が生れ、荘嚴な佛教哲學を說き、又同じ頃、魯に孔子が生れて、嚴肅《げんしゆく》な倫理を說き、更にまた孝安天皇の御代に、孟子が世に出て、王道を說いたのである。

そこで佛教と儒教とが起つて、老子以來二千五百年來今に至る迄、如上の聖賢の教えは、その發祥地から東に西に別れて、段々擴つて行つたのである。

キリスト、マホメット生る

一方に於て、空前の救世主キリストが垂仁天皇の御代に、ユダヤの國に生れ、愛の説法を下し給うたのである、その後推古天皇の御代にイスラム教の樹立者マホメットが生れている、此頃に始まつた儒佛基回教等は、最近に至る迄、何れも兩半球の文化の發展に甚大な貢献をしたのである。

神聖な文化

全世界は、みな平和の世界を目指して統一をもくろんで前進しているのであるが、世界の平和と人類の福祉とは、神聖な文化に依るべきである、さらば神聖な文化とは如何なるものであらうか、今日迄の凡ゆる宗教やイズムや主義主張は、なぜ人類の求める眞《まこと》の實を結ばせなかつたのであろうか、之を顧る時、我々は、我々の感情に走つた迷信的な型に囚《とら》われた有害な宗教からはなれて、理性に富んだ政治的價値のある、眞善美のあふれて活氣のある、生きた宗教を求めなくてはならないのである。

律法の誡め

愛慾や、支配慾より生ずる肉の行爲《おこない》卽ち淫行《いんこう》、汚穢《けがれ》、好色、偶像崇拜、呪術《まじない》、怨恨《うらみ》、紛爭、嫉妬《ねたみ》、憤恚《いきどおり》、徒《と》黨《とう》、分離、異端《いたん》、猜忌《そねみ》、醉《よい》酒《どれ》、享樂《きょうらく》、等はみな律法の戒めている所で、之を行う者は神の國を嗣《つ》ぐことは出來ない、眞善美の愛の果實は、喜悦、平和、寛容、善良、忠信、柔和、節制、等であつて、世に是等のものを禁ずる律法はないのである。

欲望によつて發生する爭鬪は、それ自體が終始することなく、必ずや爭鬪の反逆を伴うものである、己れに出でたるものは必ず己れに歸るという事實は、凡ゆる方面に立證されているのである。

噓も方便

佛法に、噓も方便、と云う言葉があるとか、今日までの世界の宗教は、其の當事者が余りにもその方便を使い過ぎたのではなかろうか。

近頃、世の中は何もかも「嘘」でかたまつている、個人も團體も、政治も經濟もみな嘘の盥廻《たらいまわ》しである。

嘘が方便として横行する世の中は、妥協《だきよう》の世界であり、暗黒の世界である、この妥協暗黒の世界を明朗化するにはどうすれば可《よ》いか、暗い處には惡草がはびこり、人心は憂欝となり、善根は絶《た》たれて了う。

嘘の排除

聖書に、誠を以て神を呼ぶ者に神は近つき給う、と教えられている、嘘の排除は「誠の道」に誘導するより外に途はないのである、サタンよ退け主たる汝の神を拜し唯だ之れのみに事うべしである。

いざ吾々は、惡に染つた現世から人類を救う爲に、神の御意《みこゝろ》に隨い、己が身を以て人類の罪の贖をなし給うたキリストの教の眞相について、科學的に之を考えて見よう。

イスラエル民族の由來

アブラハムの聖約

神がアブラハムに、後世「アブラハムの聖約」として知られている聖約を授けられたのは、實に彼が七十五歳の時のことであつた。（創世記一二ノ一―四）

此の聖約を嗣《つ》ぐ者は、アブラハムの靈的血統的の子孫卽ち、一方はアブラハムの血統的子孫と、一方は神の言《ことば》とキリストの救と、キリストを王の王とする神政復古の世の來る事を信ずる靈統的子孫とでなければならなかつた。

聖約の時代とは試練の期間をいうのであつて、聖約そのものは神より出た永久的のものである、イスラエル民族に與えられた試練の期間は、シナイ山に於て彼等が律法《おきて》を受けた時に終つているが、アブラハムの聖約そのものには七つの條件があつて、血統的にも靈統的にも、成就されたことと未完成になつているものとがあるから、此の章に於て、イスラエルとは何であるか、何を吾々は知らねばならぬかを記しておこう。

アダムの後裔アブラム

イスラエル民族とは、ノアの洪水で名高いアダムの後裔《すえ》であつて、ノアから十代目のテラという人の三人息子《むすこ》の一人で、其の名を當時アブラムといつておつた人に始まり、其の人の孫のヤコブというのが、イスラエルという名を授かることによつて、その民族史はつずられているのである。

先に記したように、神は或る目的の爲に、自發的且つ無條件で、アブラムを選びアブラムを新にアブラハム（多くの人の父）と命名して、人類に對する福祉の基礎《いしずえ》を築かれたのであるから、アブラハムは信仰の上に於て、神に選ばれる資格を有つ靈的人物の典型であるとい

イサクと其の母サラ

うことが出來る。

アブラハムには八人の子供があり、正妻のサラの間に出來たイサクという愛息《まなむすこ》が約束の子、卽ち御靈《みたま》の子であつて、其の母サラは正妻卽ち本妻であるから、神より賜つた恩惠《めぐみ》の授り者であり眞のエルサレムの典型である、恩惠とは自然的であつて、束縛《そくばく》のない自主的ということであり、眞のエルサレムの典型とは、約束の子の母ということである、世の中には、正しい夫《つま》をもつていない女に出來た子供の方が、正しい夫《つま》のある女に出來た子供よりも多い場合も少くないが、アブラハムの場合に於ても其の八人の子の中の、イサク唯だ一人が祝《めぐみ》の子であつて、キリストの心を心とした信仰に活《いき》るアブラハムの聖約を、受け嗣ぐ人の典型でもあつて、死に至る迄從順なキリストの象徵でもあり、又御靈《みたま》によつて生れる人の象徵でもあつたのである。

アブラハムの他の七人の中の一人イシマエルは、長子として生ま

イシマエルの出生

れたのではあつたが、不幸にしてその母がアブラハムの正妻サラの侍女であつて、サラがエジプトから呼寄せた奴隷のハガルと云う婢女《はしため》の子であつた、婢女の子はただ肉のみによつて生れた子であるから、約束によつて生れた正妻サラの子イサクと共に、アブラハムの業《わざ》を嗣《つ》ぐことは許されなかつた、しかし神の祝《めぐみ》は彼にも及び、彼は別家を立ててイシマエル族の始祖となつたのである、アブラハムの正妻サラが歿した後に、アブラハムはケトラと云う女を後の妻に迎えた、このケトラは六人の子を產んだが、アブラハムは既に凡ての祝《めぐみ》と巳が有《も》てるものの凡てを、イサクに嗣がしてしまつていたので、イサクは全く靈統的にも血族的にもアブラハムの嗣子となり、ケトラの六人の子は各ゝ又別家して、新しい種族の始祖と成つたのである。

アブラハムの信仰

イサクは全世界の主として、世に立つべきキリストの典型でもあり、父のアブラハムはその子キリストを犧牲《いけにえ》にして、世の人に與え給うた天の父なる神の典型であると、聖書は録している。

神がアブラハムに「その子イサクを燔祭《ばんさい》の供物（BURNT-OFFERING）として献くべし」と命じ給うた時、イサクの代りに燔祭にのせられた牡《お》綿羊《ひつじ》があつた、その牡《お》綿羊《ひつじ》は我々の罪の爲に、十字架にのつた犠牲としての、キリストの象徴である。

神は既に「イサクより出る者は、アブラハムの裔《すえ》として稱《たゝ》えられるのである」と約束されていたのであつたが、信仰によつてアブラハムは、その獨子《ひとりご》のイサクを献げ、イサクが殺されても、神は必ず之を蘇生《よみがえ》らせて全うし給うものと信じて疑《うたが》わなかつた程信仰の深い人であつた、これを世に死人のよみがえりの象徴というのである。

後妻ケトラ

アブラハムの先妻のサラが、靈的に約束の子の母の典型であるように、後妻のケトラは、アブラハムの祝《めぐみ》が悉くイサクにうつされた後の妻であつたので、其の六人の子等の母として、イスラエルの富とパレスチナの聖約によつて復歸するイスラエル族の、血統的の母としての典型となるのである。

アブラハムと其の家族

斯く神に選ばれたアブラハムと其の家族は、どうなつたかと云うと、長男イシマエルが、野に落ちてイシマエル族の始祖となり、次男イサクは、靈統的血統的正系者として家の嗣《あとつぎ》となり、三男以下八男までの子等は、各〻分家して各種族の始祖となつた。

エソウとヤコブ

アブラハムは其の嗣《あとつぎ》のイサクに、血族のうちのリベカという女を妻に選んだ、リベカは豫言されていた通りに、エソウとヤコブという双兒《ふたご》をもうけた、その豫言は

「二つの民、汝より出でゝ別れ、一つの民は、一つの民よりも強く、大《あに》は小《おとうと》に事えん」

と言うのであつた。

双兒《ふたご》はすく〳〵と生立ち、兄のエソウは巧《たく》みな獵師となつて野に

住む人となつた、弟のヤコブは質樸《すなお》な人で天幕のうちに住む人となつた。

やがて、弟のヤコブは兄のエソウから、家督權《かとくけん》を求めた後に、其の父を欺《あざむ》いて、父が兄に與えんとした凡ての祝《めぐみ》を奪つた。

弟のヤコブは、兄の家督相續權には、エデンの當時、神がアダムに爲したもうた大切な聖約の祝《めぐみ》が含まれていることを知り、且つ之を信じていた、しかるに兄のエソウは、この家督權は自分の爲には、何の益にもならないといつて、之をかろんじていた、それで彼は僅か一皿の紅《あか》い羹《あつもの》と、その相續權とを取換えてしまつた。

斯様に、エソウの相續權は、弟ヤコブのものとなつて、大《あに》であるものが小《おとうと》であるものよりも信仰うすく、野性的であつたことを立證した。

そこで神は、長子のエソウよりも、一層神に對する信頼を有《も》つていたヤコブをあくまでも祝《めぐみ》たもうたのである。

ヤコブが父を欺いて、凡ての祝《めぐみ》を奪つたことを知つたエソウは、ヤコブを殺して了《しま》おうとした、之を知つたヤコブは、兄の怒を恐れて母の里ハランの地へ逃《のが》れ、散々な苦勞を重ねた、ハランへ行く途次《みちすがら》、一夜石を枕に野宿した、その夜、神は、天の使が天へ屆《とゞ》くような長い梯子《はしご》を昇《のぼ》つたり降《くだ》つたりしている夢を、彼に見せて

ヤコブの神告

「……汝が往く所で汝を守り、此の地へ引きかえすべし」

と告げたまうた、ヤコブはこの神言をかたく信じて、十四年の長い年月の間、ハランに在る伯父に事えて、伯父から其の二人の娘と、二人の侍女とを授かつたのであつたが、いろ〳〵當時の複雜な風習と女達の有《も》つ感情の縺《もつ》れから、ヤコブはその奴隷となつて、遂に一夫多妻の人生を餘儀なく送らせしめられて、ハラン逗留二十年の中に妻のレアによつて、四人の男子

妻ラケルの侍女ビルハによつて、二人の男子
妻レアの侍女シルバによつて、二人の男子
再び妻レアによつて、二人の男子と一人の女子
妻ラケルによつて、一人の男子

合せて十一人の男子と一人の女子とを順次に擧《あ》げたのであるが、實のところ、ヤコブがハランに到着した頃から、最も愛し最も慕つたラケルは、レアの妹であつたので、彼の妻として望んだ時には與えられず、七年間伯父に事《つか》えて、その姉レアとその侍女とを授けられ、又七年間事えて後に、始めてラケルとその侍女とを授けられたのである。

ヨセフの出生

　ヤコブは終始ラケルを愛したが、他の女達によつて十一人の子供の父であつたにも拘らず、ラケルにはまだ子供を授らなかつた、だがその試練の過ぎた後に神はラケルを祝《めぐ》み給うて、こゝにヨセフが生まれた。

此の時、ヤコブの喜びはたとえ方もない程であつた、間もなく彼は巳が生れた郷里、カナンの地へ歸つて吾家《わがや》を興すことを決心し、許されて一先《ひとまず》、ハランよりあと凡そ三日の旅という處へ移り、エホバの命を待つて妻子を始め、家畜や僕達《しもべ》を引連れて、更にその旅路にのぼつた。

併し、ヤコブがその伯父に無斷で旅立つた事や、兄のエソウに前以て歸鄕を知らせた等のことによつて、思いがけない日數を道中に費した。

イスラエル十二支の始祖

或夜の事、ヤコブが一人の強い男と角力《すもう》をとつて、勝つたことに由《よ》り、神はヤコブに、其の名をイスラエル(神と人とが力をくらべて、勝つた)という謂《いい》と呼ぶように命じ給ひ、アブラハム及びイサクに與えた地を相續することをも、許して彼を祝福したもうたのである。

斯樣に、神の祝福を惠まれたヤコブの愛妻ラケルは、又一人の子ベンヤミンを產んで、こゝに始めて、イスラエルの十二支と稱えられる民族の始祖の勢揃いが出來上つた。

エジプトに於ける
イスラエル民族

ヤコブの一族カナンへ帰る

イスラエルと名付けられたヤコブが、其の十二人の男子と一人の女子と、四人の女と僕達及び家畜類を引連れて、古郷カナンへ帰る途上、ラケルは難産の爲に死んだので、ヤコブは泣く泣く、その屍《かばね》をエフラタ（後のベテレヘム）に葬つた。

一族がやがてカナンの地のヘブロンに着いて、父イサク、兄エソウ等に、歡び迎えられた時、イサクは百八十歳の高齢に達していたので間もなく、喜びに滿されたまゝ歿し、その子エソウとヤコブとによつて葬られた。

斯うして、イサクに與えられた神の惠は、エソウとヤコブに及んで、エソウは肉的にめぐまれ、數限りのない多くの子孫の中より、多

くの王族を出し、弟のヤコブは、靈血統的にイサクの嗣となり、幸福にその一生をヘブロンの地で暮すこととなつた、

併し其の頃も亦、好事魔多《こうじまおゝ》しのたとえ、ヤコブが餘りにも、母のない幼いヨセフとベンヤミンとを、可愛《かあい》がり過ぎた爲に、その異母兄はこの二人の弟を非常にねたんだ。

ヨセフの奇禍と其の一生

そのねたみが、益〻增長し、或る日の事、ヨセフが不思議な夢を見たことを告げたので、兄達は端《はし》なくも殺意をおこして、やつと十七歳に成つたばかりのヨセフを、洞穴《ほらあな》へ放《ほ》り込んだあげくに、僅に銀二十枚で奴隸として彼を賣りとばして了《しま》つた。

賣られたヨセフは、エジプトへ連れて行かれた、兄達は血に染つたヨセフの衣を父に見せて、ヨセフは狼に喰い殺されたといつわり告げたのであつた。

ヨセフは、その後間もなく、エジプト王の重臣ポラバルに買われ

て其の家の大切な役目を勤める身となつたが、會〻《たまく》誤解されて獄に投ぜられた、其の時獄に囚《とらわ》れていた二人の王臣の夢を審判《さにわ》してうまく當てたので、二年後、獄から出されて、パロウ王の爲に夢判斷をすることとなつた、その判斷がまた適中したので、非凡な存在を認められ、一躍エジプトの宰相となり、やがて王の夢の解説の通りに、エジプトに七年の豊作が續いた上に、その後に來た七年の饑饉にも備えてその食糧をも貯えた。

エジプトへ移住の端

　エジプト及び隣國が、長い間饑饉に惱《なや》まされたので、カナンに住んでいたヤコブは、エジプトへ十人の兄弟を使わして、穀物の援助を求めた、この事に依つてヨセフと、その十一人の兄弟との再會の糸口が開かれ、次から次へと、逸談美談の繪卷物がくり廣げられて、遂にはイスラエルの家族一門七十名が、エジプトに移住することゝなつたのである。

イスラエル民族の實相

アブラハムの孫のヤコブが、弟でありながら、神の祝福を授かつている事實は、全く彼の靈統的血統的の賜物であり、ハランに於ける彼の苦境は、今日も尙引續いて、世界に散在して苦しみ且つ惱みぬいているイスラエル民族の實相でもある。

一、惠まれた土地に住めなかつたこと、
二、禮拜の場所を惠まれていなかつたこと、
三、惡しき者と見做《みな》されたこと、
四、去りながら神の聖約に守られていたこと、
五、約束の地に戻《もど》されたこと、

等々、ヤコブの行動は、イスラエルの史蹟の縮圖でもあつたのである。

エソウの生涯

イサクの子エソウがエドムと呼ばれていたので、その子孫はエドム人と呼ばれているが、聖書では、イスラエルの王を第二位におき、

エドムの王を第一位においているのは何《な》ぜであろうか。

勿論、エソウはイサクの長男であり、前《さき》に活《い》ける者となつて、父イサクの恩恵《めぐみ》を受くべき人であつたので、彼は血統的にイサクの祝《めぐみ》を受けて榮えたのである。

神を嗣ぐもの

人には肉體があると同時に、又靈體がある、肉體は土より出でて土に屬し、靈體は神より出でて神に歸するのである、そこでエソウは人として、土に屬した最高の幸福をその父祖より受けたのであつて、弟のヤコブは信仰によつて、靈血兩統を嗣いだのである。
肉に活《い》きるものは、一度は榮えても亦必ず朽《く》ちゆくものであるが、靈に活《い》きるものは、必ず永久《とわ》に榮え往くのである。
見よ、前のアダムと後のアダム「キリスト」とを
見よ、カインとアベルとを　（ヘブル書一一ノ四）
見よ、カインの後裔《すえ》とセツの後裔《すえ》とを　（創世記五ノ三）

見よ、ソウロ王とダビデ王とを（サムエル前書九—三一章）

見よ、イスラエルと眞のキリストの信者とを

ヨセフとキリスト

惠まれたヤコブの愛妻ラケルの子のヨセフとベンヤミンとは、キリストにさも似ているではないか、その似ている點は

一、ヨセフはその父ヤコブに最も愛されていた、キリストも天に在ます父なる神に最も愛しまれた。

二、ヨセフもキリストも、兄弟に嫌《きら》われた。

三、ヨセフの嗣子《あととり》であるといふ主張も、キリストの世嗣《よつぎ》であるという主張も無視された。

四、ヨセフに對してもキリストに對しても、その兄弟は彼等を殺そうと企てた。

五、ヨセフは殺されるところであつたが救われた、キリストは一たん殺されたが甦《よみが》えられた。

六、ヨセフは異邦人《とつくにびと》の花嫁をもつた、キリストは異邦人に祝《いわ》われた。
七、ヨセフは兄弟を許《ゆる》し彼等を祝福した、キリストはユダを許し、

終りの日には凡ての人を祝福された。

等々何れも、キリストの降誕、受難、復活等に對するヨセフの存在は、實にキリスト其のまゝであつた。

ベンヤミンの生涯

ベンヤミンの生涯を見ると、彼が呱々の聲をあげた時、餘りに其の母を苦しめたので、母はベノニ（吾が苦しみの子）と名付けたが、父は彼をベンヤミン（最も優れた者）と名付けた、その誕生時に母を苦しめた事と、イスラエル十二支のうちの最も優秀な種族の始祖となつた事とは、靈血統的にキリスト型と云い得るのである。

イスラエルであるヤコブは、その十二人の子の各〻に對して、豫言しており、その名の謂《いゝ》の通りに、又その豫言の意義の通りに、何《いず》れも運命ずけられていたのであつた。

眞の愛に活《い》き、その愛に苦しんだラケルの子、ヨセフとベンヤミンとは、優秀な實を結ぶ神の選民としての典型であつた。

イスラエル民族の繁榮

アダムとノアの直系、アブラハムに始まつて、その子イサク、その子ヤコブに及んだ神の祝福は、いかにも廣く永く靈統的血統的兩面に及んでいるのであるが、ヤコブの子ヨセフが其の兄弟に嫌われて、遂に奴隷に賣られた事が、因緣《いんねん》となつて、イスラエルの一門七十名が、エジプトへ移住することになる迄の物語りは實に世にまたとないエピソードでもある、此のエジプトへの移住以來、長い年月の間に、イスラエルの一門は彌增《いやま》しに殖えて、神の祝福のまにまに、どこ迄も大きく強くなつて、其の國に滿榮《みちさか》えて行つたのである。

イスラエル民族の衰微

やがて、エジプトの王も、ヨセフもヨセフの當時の人達もみな死にたえて、幾度か王位もかわり、ヨセフ時代のエジプトの華《はなや》かさは次第に衰微し、新しい王族によつて支配される國となり、イスラエル民族も遂に奴隷扱されて人々の苦しみ益〻加わり、果ては惡王の計いによつて、重勞働を課せられることとなり、生まれて來る男の子等は、悉く殺されるような運命にまで陥つたのであつた、そこで神は、モーゼを選び、イスラエル民族をエジプトより救出し、アブラハムへの約束に基いて彼等をカナンの地へかえされた、その民族史は、創世記の第十一章から使徒行傳へかけてつぶさに書き録《しる》されている。

イスラエル民族の使命

イスラエルとは、神兵 SOLDIER OF GOD の意が含まれていて、此の民族が神に選ばれたのは

一、彼等が當時の人類の中で、最も數の少い民族であつたこと
（申命記七ノ七）

二、神がアブラハムに約束せし事を果す爲に、イスラエル民族をエジプトから救出されたこと　（申命記七ノ八）

三、神がイスラエル民族に、其の使命を果させるべく之を選び給う

たのであつて、その使命とは

(A) 神をはなれた偶像崇拝の世界から救われたイスラエル民族として、絶對に神に服從し、どこまでも唯一神の證を立てること

(申命記六ノ四―五)(イザヤ書四三ノ一〇)

(B) 神に事えることの幸福を世の人に示すこと　(申命記三三ノ二六―二九)(歴代志略上一七ノ二〇―二一)

(C) 神託(ORACI ES)を受けて之を保存すること　(ロマ書三ノ一―二)

(D) 此の世の救主《すくいぬし》メシアを出世せしめること(ロマ書九ノ四―五)

(註) イスラエル民族は七つの特權をもつている。

イスラエル民族の特權

(一) 神の子とせられたこと

(二) 榮光を受ける約束のあること

(三) 律法を授かつたこと

（四）禮拜の式典を授けられたこと
（五）種々の聖約のあること
（六）よき先祖のあること
（七）肉によつて出で給うたキリストのあること、キリストは萬物の上にあつて永遠《とこしえ》に讃《ほ》むべき神であること。

等をいうのである。

イスラエル民族の滅亡

エジプトよりの救出

エジプトの苦境から、モーゼに救出されたイスラエル民族の物語りは、人類の救《すくい》ということに對する範疇である、卽ちエジプトの束縛から、イスラエル民族は神の手によつて救出され、モーゼの聖約と律法のもとに、一つの國民として神意のあるまゝに顯示《けんじ》されているのである。

罪の生活に入る

ところが、律法に服從する生活を體驗している中に、又すつかり罪の生活に落ちて了《しま》つたので、こゝに犧牲の型として、神と人との間に祭司が立つことになり、罪をおかした者は、禮拜と祈禱とによつて淸められる特權を授けられたのである、

出埃及記

出埃及記の物語りは凡そ二百年間の出來事卽ちイスラエル民族がエジプトを出た當時の實相と、エ

ジプト城内を出でて紅海を渡つてしまふ迄の道中、並にシナイの山巓《さんてん》で律法を授かつたまでの事を錄《しる》している。

神はシナイ山で終つたアブラハムの聖約時代に對して新《あら》たに、モーゼの聖約を降し、イスラエルに律法を授けられたのであるが、如何に神が天幕の中から聲をはげまして、その民族と共に在《いま》したまい、その民族をしてひたすら神に近ずかせ給うたかということに就いて、モーゼは、レビ記に

レビ記

一、供　物

二、供物に對する法式

三、奉　献

四、警　戒

五、聖なる神に對する民族の淨化

六、贖　罪

七、神と人との關係
八、祭　事
九、敎　說

の九つの箇條を錄している。

出埃及記に終つたイスラエルの物語をモーゼの死に至るまで、詳《くわ》しく錄しているのは、民數紀と申命記とである。

民數紀略

民數紀は重《おも》にイスラエル民族の、沙漠中に於ける彼等の困苦と、道義心の不足から起る失敗とを取あげて、人間の神に對する務めと、生活のあり方を說いている。

申命記

申命記は、イスラエル民族のモーゼより授《さず》かつた律法に對する心得、及び神の選民たるものの權利と義務等を說き、ヨシュアに至つて、モーゼの歿後ヨシュアがイスラエルの統治者として、その後《あと》を嗣《つ》いで目的の地カナンに入り、そこで始めて十二種族に對しての領土の分配に就いての一伍一什《いちぶしじゅう》と、ヨシュアの最後《さいご》までの民族史とを記している。

祭司出る

イスラエルが、乳と密とが流れていると云われたカナンの地に入つて以來、追々墮落と爭鬪とをことゝするようになつたので、神は更に祭司や士師《さばきつかさ》をして、イスラエルの行政を司《つかさど》らせ給うたのである。

神はレビ族から祭司が出ることを定められていたので、モーゼの兄アーロンから、これが始まり其の位はエリの代まで世襲されていた。

エリの後《あと》はサムエルが嗣ぐのであるが、サムエルはエフレイム（ヨセフの系統）の人であり、その母ハンナは當時まれな篤信家であり、サムエルは此のハンナの「神の約束の子」であつたので、幼い時からハンナはサムエルを神に事えさせるべく、エリの下《もと》に預けていた。

幼いサムエルは、祭司エリの悪事もその二人の子の士師《さばきつかさ》らの悪事も知らず、日々無邪氣にシロの天幕に入つて、神への祭物《そなえもの》の世話をしていた、ある眞夜中の事サムエルは、自分の名を呼ぶ聲を三度聞き三度ともそれはエリの呼聲であると信じて、エリの許へ馳せ參じたのであつたが、エリは三度とも自分が呼んだのではないと云つてサムエルを床《とこ》に就かせ、若し又、四度その聲を聞く時には「主よ語りたまえ、僕《しもべ》こゝに在り」と答えよと敎えた。

サムエル祭司エリの悪事を知る

果せるかな四度目の呼聲は、又もやサムエルを床の中から飛起させた、その時サムエルは敎えられた通りに「主よ語りたまえ、僕こゝに在り」と答えた、すると神は、エリとエリの子等は悪疎《あくらつ》な人達であることと、神はやがてイスラエルの中に、一つの大《おゝい》なる事を爲すであらうと告げられた。

神殿盗まる

翌日サムエルはエリにきびしく聞き糺《たゞ》されて、凡てを打開《あ》けたのである、豫言の通りサムエルが漸く成長した頃、突如としてイスラエルは、敵ペリシテ人に攻めよせられ、エリの子二人はその戰で殺されて了《しま》い、續いてシロの天幕の中の神殿もペリシテ人に盗まれて、エリは驚きと歎きによつて卒倒して死んで了《しま》つたのである。

士師《さばきつかさ》サムエル

サムエルは、イスラエルの最期《さいご》の士師《さばきつかさ》であり、始めての筆蹟を世に殘す豫言者祭司（PROPHET-PRIEST）となつた有名な人である、サムエルが祭司となるまで行われていた士師《さばきつかさ》の政《まつりごと》は、イスラエル民族の要求によつて王政となり、サウルがベンヤミンの系統から出た最初のイスラエルの王となつた。

サウル王となる

エルサレムを都とす

サウル王が罪惡の爲に罰せられた後、ヤコブの四男ユダの系統からダビデが王位を嗣いで、さきにエリがシロの天幕より盗まれた神殿を取戻してエルサレムに持歸り、そこを都と奠《さだ》めてイスラエルの政《まつりごと》を行うた。

詩聖ダビデ、ソロモン宮殿を立つ

アブラハムの正系としていやがうえにも祝《めぐ》まれたダビデは、詩聖として名を世に知られたのであつて、エルサレムの神の宮居と燔祭壇《はんさいだん》とを築くにあたり、神の前に多くの血を流した罪とけがれの爲に、宮居を建てる事は許されなかつたが、その用材や門の扉の釘鎹《かすがい》に用いる鐵・銅・香柏等、凡てのものを調えて歿したので、其の子ソロモンが位に卽《つ》き、之を建てたのである。

ダビデ族とユダ民族の爭い

ソロモン王は智慧の權化《ごんげ》と稱《たゝえ》られた王であつたが、その子レハバームの代になつて、彼とユダ家の子ヤラバームとの爭ひから、イスラエルは、我が南北朝時代と同樣、二派に別れ、ユダ民族は夫れ以來、ダビデ王族に向つて謀叛《むほん》をつゞけたのである、爾來約三百年間に亘《わた》つて、ユダ民族はユダに、イスラエル民族はサマリヤに都をもつて、各ゝ政を執《と》つた。

其の間に

オバデヤ以下予言者出現

一、オバデヤ、ヨエル、イザヤ、ミカ、ナ・ハム、ハバクク、セバニヤ、エレミヤ等の豫言者がユダに出現し、アモス、ホセヤ等の豫言者がイスラエルに出現して、ユダとイスラエルとに神託を降した。

二、ユダのアマジヤ王の代、アマジヤがイスラエルの王ヨアシと爭つた爲、ユダにあつたエルサレムの神宮は、イスラエルに取られてサマリヤへ持歸られた。

イスラエル王國亡ぶ

三、イスラエルの王ホセヤの代に至つて、イスラエルは三年の長い間、アッシリヤに攻められて、遂に王は禁錮《おしこめ》られて、イスラエル王國は亡び、國民は捕えられて所々方々に散らされなくてはならぬ運命に陷り、再び國を興し得ないまゝとなつている。

バビロン起る

四、ユダの方は、ヒゼキヤ王が位に卽《つ》いて、ダビデ王の言やモーゼの律法等を嚴守して、神に事えたが、バビロンの王族と交際している中にエホバ神に對する冒瀆《ぼうどく》が行われたので數代後のエコニヤ王の代に、バビロンのネブカデネザル王に攻められて、敗北し、ユダ王族以下國內にある能力者は皆バビロニヤに捕えられた。

ユダ國亡ぶ

五、ネブカデネザルは、有名無實のユダ國にゼデキヤを王に立てたが、王の止む所なき惡事の爲に、神の怒にふれ、ガルデヤ人によつてエルサレムは焚かれ、貴い物はみな破壞されて了つた。

異邦人の統治擴大

等の事があり、エルサレムを中心とする政權は、バビロニヤに移り、バビロニヤが亡んでペルシヤ、マセドニヤ、ローマ等の勢力權內へと、聖書のいわゆる異邦人の統治が擴大され、イスラエル民族はヘブライ人と呼ばれ、ユダヤ人と呼ばれるようになり、常にペルシヤとエジプトとの鬪爭の板挾みとなつて、鐵床《かなとこ》と鐵槌《かなづち》とに打ちくだかれるような苦痛を嘗《な》めなくてはならない民族と化して行つた。

勿論、イスラエルは七度《たび》も七つの偶像崇拜國と戰つて敗北し、そ

イスラエル民族の敗亡

の都度、神に救われて居るにも拘らず、神選民族として責任を果すことをしないで、今もなお、血統的にも靈統的にも敗北のまゝの像《すがた》であるが、エルサレムが幾度か再建されたように、イスラエル王國のキリストに依る再建と民族の幸福に對する多くの豫言者とキリストによりてなされている豫言の現實化される日を、イスラエル民族並にキリスト教信徒は信じて俟つているのである。

聖母マリヤとキリスト

舊約聖書は、準備の書で、新しい時代に對する諷示《ふうし》であり型であつて、新しい書物に對する序文でもある。

新約マタイ傳の筆頭の句を見ても、直に舊約聖書を想ひ起さずにはいられない、實に舊約聖書なしの新約聖書は意味をなさないのである、更に復活されたキリストの姿を偲《しの》ぶと、如何に豫言者達がキリストに就いて物語つているかと云う事を弟子達や民衆に説かれたか、また如何に其の苦難と榮光と神託とを、徹底的に弟子達に認識せしめられたか、而して唯一神の證明《あかし》を立てる爲に、エルサレムを始め世の津々浦々へ、キリストの名によつて許される悔改めの宣傳をせよと命じられたか、といふ事を思出さずにはいられない。

復活のキリストを偲ぶ節々

エルサレム神殿の再建

イスラエルがバビロンに捕えられ、バビロンが亡びペルシャが覇権を握《にぎ》つた時、ペルシャのクロス大王はユダヤ人に對して、エルサレムの神殿《みやい》の再建を許し、散らされたイスラエル人の歸國を許したので、イスラエルの支族の一部はエルサレムに歸つて、神殿の再建に從事したのであつた、その後間もなくエレミヤの指揮によつて、今に其の名残を止めている彼のエルサレムの城壁は造られたのであつて、時は西暦前四百四十四年の昔である。

舊約聖書の飜譯

それより約百八十年の後、エジプトの王がアレキサンドリヤの都に、ユダ族の最も優れた七十二人の博士達を籠らせて、七十二日の間に、ヘブライ語やカルデヤ語の旧約聖書をギリシヤ語に譯させた。

ローマ大帝國の創建

西暦以前六十六年の頃から、エルサレムを中心とする諸國は、ローマに追々統一されていつたのであつて、ジユリアス　シイザーがその覇權《はけん》を握《にぎ》る事によつて、ローマ大帝國が出來上つた、シイーザはエドムの王アンチパタルをユダの行政官とし、自分の子ヘロデをガラリヤの知事にした。

ヘロデ王とキリストの誕生

ヘロデは、沙翁のクレオパトラで有名であるユダヤの内輪もめの爲に、シイザーが殺された後改めてユダヤの王となつた、ヘロデが王位に卽いた時に、ダビデの故郷ベテレヘムにキリストが誕生されたのである。

パレスチナの住民 人種間の爭鬪

當時のユダヤ國卽ちパレスチナでは、土着のユダヤ人と、エジプトからモーゼに連れられて來た新しい民族の、ヘブライ人と呼ばれていたイスラエル民族と、その民族とアリアンとの混血と、パレスチナの北東地方に住つていた遊牧人種と、東西地方に住つていたエジプト・フニシヤ・ギリシヤ等の人種と、ガラリヤあたりに住んでいて各種族から嫌われて異邦人と呼ばれていた人種と、アッシリヤ・バビロン・ガルデヤの雜種とがいた、尙その外ユダヤ人の中にも、エルサレムの中央に團體をなしていたパリサイ人や、サドカイ人がいた、是等の凡ての人の間には、各〻異つた言語が用いられていて、宗教上、政治上、人種上に關して、絶えず爭鬪を繰返していたのである。

エルサレムの衰微と偶像崇拜

エルサレムの純眞さは見るかげもなくなり、祭典は行われず、唯一神に歸依する者は、秘かに會堂を建てゝ集會を催し、聖書を讀んで辛《から》うじて祖先から傳えられていた神の言《ことば》を守りつゝ、約束の救主キリストの降臨を待つていたが、これ以外の人は皆、利己的行動をとり、偶像崇拜が到る處に榮えた。

パレスチナの國情

斯うした複雜なパレスチナの雰圍氣の中に、三つの異つた事實があつた、それは常に

(一) 相爭う各人種が一樣に異分子卽ち異人種を嫌つたこと、

(二) ヘブライ人はあく迄も仲間同志相扶け相勵まして、斷然、ローマの支配下にあつても、自主的な政治を行い、神の選民として優

遇される事を強要し、政治界や經濟界に於ても相當に羽振りをきかせていたこと、

(三) 政治、財政、宗教等の牛耳を執つていたユダヤ人は實は職業的ユダヤ人であつて、ギリシャ語を語りギリシャ文化を重んじたローマの官僚でもあつたこと、

である。

キリストの血統

ユダヤ國にダビデの裔《すえ》として生れたキリストの兩親については、種々《いろいろ》な說もあるが、實は血統的にはアリアン人種であり、宗教的には全パレスチナの人類から最も嫌われていた異人種であり、思想的には神秘的結社の一員であり、法律的にはユダヤ人だと云われている。

キリストの兩親についての佳話

キリストの兩親について、專ら歐米人間に傳えられている美しい物語を、玆に記しておこう。

秘密結社エシーン

エルサレムの門外に一つの寺院があつた、これはエシーン教といつて、史上では紀元前二百年の頃、パレスチナに始めて現れたものとして知られている秘密結社の一つであるが、實は西暦前千三百六十年の頃のエジプトの王アクナァトンに始まつたとも云われる一種の文化協會の變化したもので、ユダヤ思想やキリスト教思想が多分に這入《はい》つた唯一神教秘密結社であつて、今も尙エジプトに其の本部をおいている。

ガラリヤの邊《ほとり》に多く住んでいた人達は異人種といわれて非常に嫌われていたが、是等は殆ど此の結社に屬していた人達であつたと云われている、エジプトの結社はヘリオポリスと呼ばれていたので、このエルサレム門外の結社もまたヘリオと呼ばれて居つた、當時の同じ流れを汲んだ結社がカアメル山上にもあつて、それは有名なものであつたらしい。

エルサレム門外のヘリオの結社に、ヨエキムという祭司がいて、その妻をアンナといつた、二人は神聖な式典に基いて日夜神に仕えていた。

ヨエキムと妻アンナと娘マリヤ

或年のこと、アンナはかねてより、去る賢者から聞いていた通り、太陽が天秤宮へまわつた時刻に、可愛《かあい》い女の子を生んだのでこれをマリヤと名付《なず》けた、両親の喜はたとえようもなく、二人はこの子をやがて結社の鳩として、神殿に奉仕させることを約した。

ヨエキムとアンナとは、マリヤが生れて六箇月に成つた時、或る賢者の前へ連れて行つた、賢者は多くの人の前でマリヤに對する豫言をした、赤ん坊のマリヤは聖殿へ連れて行かれて、東向きに立たされたが、ツカツカと七歩《なゝあし》進んでひざまずいた、母親のアンナは之を見て驚き、マリヤを抱《だ》きあげて大聲で

「生きとし生ける神がいますかぎり、吾が子が此の神殿に來て、神

の御前《みまえ》に奉仕する迄は必ず土を踏ませぬであろう」

といつて、神を讃美しながら誓《ちかい》を立てゝ、ヘリオの記録官に向つて

「よく聴《き》け、スクラブスたちよ、十二の國の聖《きよら》かな鳩は今我がふところに在り」

と歡びの聲をあげたのであつた。

その夜は立派な宴會が催されて、十二の國の十二の神殿へ、その日の出來事が報告された、アンナは常に白い布を敷いて、マリヤの足が土につかぬ様にして育てた。

マリヤに對する神示

ヨエキムとアンナとは、マリヤが滿三歳の日を迎えた時、結社へ連れて行き、いよ〳〵結社の聖殿に仕える巫女《みこ》となる式典を擧げた、ヴァージンとしてのマリヤは、こゝに祝《めぐ》まれて美しく成長し、日々神殿に於けるつとめをはたしていた、マリヤがヴァージン　メリーと稱《たゝ》えられる由來はこゝに在るのである、賢者はマリヤが十二歳の時、ヨ

エキムに向つて、聖殿に這入《はい》つて、マリヤに對する神示を仰げよといつた。

ヨエキムは祭司長であつたので、服裝をとゝのえ、神殿の奥の院に入り先ず祈りを捧げて、愼《つゝ》ましく神靈と言《ことば》をかわした、時に

「ヨエキム、ヨエキム」

と自分を呼ぶ聲がして

「同志のうちの、やもめというやもめを皆よび寄せ、集つた者を一つの室に入れて各〻一本の聖杖《きよきつえ》をもたせ、神の與えたまう驗《しるし》の來るのを待つべし」

と又

「その驗《しるし》を受くる者は、我が選ぶ者なれば、この者に妻としてマリヤを與えよ」

とのお告《つげ》を受けた。

聖殿に於て神示を受けたヨエキムは、それ以來日を定めて、國内のエシーンのうちの、やもめというやもめをヘリオの結社に集めることとした、やがて其の日は來た、ヨエキムに選ばれて結社に招かれたやもめの數は、實に百四十四人であつた。

ヨエキムは、是等の人々を聖殿の祭壇の前に列せしめ、一人々々に杖をもたせて默禱をさせていた、すると一羽の白い鳩が舞込んで來て、居並ぶ一同の頭上をクルクルと飛びまわつた、間もなく其の鳩は、末席に居た一人の老人の上を二三回まわつて、其のもつ杖の上に止つたのである。

聖殿の中は莊嚴を極め、つどいの人達は何事がおわすかと緊張していた、時は刻一刻とせまつて行く、鳩は悠々《ゆうゆう》とあたりを見廻している、人は默禱を捧げている。

バッと羽ばたきをした鳩は、バタバタと二三回飛廻つて、又もとの老人のまわりへ來て、その人の頭に止つたかと思うとたんに、鳩はいづくへか飛去つた。
　ヨエキムは眼をあけて、あたりを見廻し、末席にいた老人に向つて
「ヨセフよ、神は今汝を選び給うたのである、此の寺院にながらく奉仕した聖殿の鳩マリヤという娘こそ、今日只今汝の妻として定められたのである」といつた、ヨセフは驚きの餘り、自分は既に年老いており二人の子供もある事ゆえ、そのように若く美しい妻を迎えることは、到底不可能であるといつて幾度となく辭退した、ヨエキムは怒の眼をかがやかして、タータン、アビラム、コーラのように、神の言をきかぬ者は亡ぼされるであろうといつた、ヨセフは青くなつて途方《とほう》にくれたが、遂に承諾した、そして間もなくマリヤはヨセフの家に引取られた、

ヨセフ神に選ばる

ヘリオスの神殿で使用した布は、悉く聖殿の乙女の手で織られたものであつた、丁度此の年も青赤緑紫の布を織る乙女らのくじびきがあつた。

乙女達はこぞつてくじを抽《ひ》いた、マリヤも抽《ひ》いた、マリヤは赤と紫の布を織ることになつたが、彼女はこの糸を携《たずさ》えてヨセフの許へ行つたのであつて、日夜懸命に機織に精勵したのであつた。

キリストの人格史

さて、こゝで一言のべて置きたいことがある、それは外でもないが、聖マタイ、聖マルコ、聖ルカ、聖ヨハネの四聖は、アルハでありオメガであり久遠《くおん》の生命《いのち》でもあるキリストに就いての福音傳を、キリストの宗祖人祖から書き現《あらわ》して、其の誕生、生立、言行、死、復活、昇天等をもつて、王、僕、人の子、神の子の四重人格をもつキリストを表現して書いたのであるから、福音傳四書は、正確な立派なキリストの人格史ではあるが、キリストの傳記ではないということである。

四聖＝マタイ、マルコ、ルカ、ヨハネ

序に、四聖について略記しよう。

（一）聖マタイは、異人種の住むガラリヤのユダ國の人で、常に人民から好《す》かれぬ税務吏として、ローマ政府に仕えていた人である。

（二）聖マルコは、バァーナバスの甥《おい》であり、同じくマリヤといつた人の息子《むすこ》であつて、キリストの弟子達と密接に親《したし》んだ人である。

（三）聖ルカは、アンチオケの町のユダヤ人で、追放されたヘブライ人の裔《すえ》とも云われた人である、このアンチオケは偶像崇拝で有名であるが、最初にキリスト教會の出來た町である。

（四）聖ヨハネは、ゼベダイの子ヤコブの兄弟といわれているが、實はキリストの從弟《いとこ》であり、後にはキリストの母に事えた、特に弟子中の最年少者でもあり、キリストから愛《いつく》しまれた美男子であつた。

さて、マリヤの夫ヨセフは、エシーンの集團に屬して居たが、非常に建築の技術に富んだ人であつたと云われている、マリヤが嫁《とつ》いできた頃は、遠方に家を建てゝいたので、常に留守勝ちであつたのである。

エシーンの記錄によるキリスト

　エシーンの熱心な信者は、神通力に富んでいて、日本での神おろしとか神靈交通とかいつたような事も出來たのである、マリヤもヨセフも、エシーンの優秀な人物であつた、從つてキリストの誕生について錄《しる》されている聖書の物語りは、神秘的でもあり、一般人には寧《むし》ろ不可解な出來事であるかのように聞えるのである、輓近、種々《いろ〳〵》と其の實相を探究しようとする者が、出現しているようでもあるが、まだ其の眞相はつかめないのである。

エルサレムの學問所での議論

　エシーンの記錄によると、イエス　キリストとして知られたマリヤの子は、ヨセフと名付けられ、カアメル山の豫言者の學校に學び十二歳の時エルサレムに詣でて、學問所で議論をして學者達をおどろか

インドで佛教哲學の攻究

せたのであつたが、間もなくエジプトのヘリオポリスから派遣されて來た二人の賢者に連れられて、インドの東岸ヤガナ（今日のPuri）という處へ旅立たれたのである、當時の旅は時日を要したので、途すがらキリストは賢者からいろいろ教えられ、一年有餘のヤガナ逗留中に、佛教哲學の奧義を確得されたのであつた、

ラマーとの心交

ヤガナの師ラマーとキリストにまつわる美談佳話はいくらもあつて、兩者の心交は端《はし》なくも、パレスチナに在つたエシーン教團と、ヤガナの學問所とを結付《むすびつ》けたのであつた。

ベナレスで自然科學やヒンズー教の研究

キリストはヤガナを出てガンジスへ向われたが、途上數箇月をベナレスに費《ついや》された、ベナレスでは自然科學や物理學を學び、ヒンズー教の奧義をも獲得されて、こゝに凡ゆる病氣を癒《いや》すことをも習得されたのであつた、その頃の印度に於ける進んだ文化、法律、藝術等に關する學識を廣く把握する爲に、所々方々へと出かけられ、遂に又ヤガ

ラホールの高僧の訪問

父ヨセフの訃報と母への慰狀

ナへ立歸つて二三年勉强されて、カタの町へ出られ始めて、師として全然新知識を發表されるようになつて、世に其の名聲が高まり、ラホールの高僧の訪問を受けたり、又その德望の高い爲に、ヒンズーの仲《なか》間《ま》の學生や敎師から嫉《ねた》まれたり、色色と苦辛を嘗《な》められたのである、丁度その頃、パレスチナから密使が飛來して、父ヨセフの訃報《ふほう》を傳えた、當時、キリストが御母上マリヤに宛《あ》てゝ手ずから認《したゝ》められた美《うる》わしい御慰めの章《ふみ》というのが、今も尙保存されて居る。(次頁參照)

ペルシヤ、チベットの訪問

カタの町をあとにいよ〳〵チベットに行かれる途上、キリストはペルシャに暫く逗留されたが、こゝでは御誕生の折《おり》星に導かれて東から寶物を持つて訪ねて來た三人の賢者のうち一人がいたので、大に歡迎を受け、こゝに凡そ一年程滯《とゞま》つて勉學されることとなつた、此の間に修得されたものは、今も我が禪宗で行《や》つている無言の行《ぎょう》卽ち座禪であつたのではなかろうか。

" Beloved Mother :

Be not grieved, for all is well for father as with you. He has completed his present work on earth, and has done so nobly. None in any walk of life can charge him with deceit, dishonesty, nor wrong intention. In his period of life here he has completed many great tasks and is gone from our midst truly prepared to solve the problems that await him in the future. Our God, the Father of all of us, is with him now as He was with him heretofore ; but even now the Heavenly Hosts guard his footsteps and protect him on his way. Therefore, why should you weep and suffer ? Tears will not conquer your grief, and your sorrow cannot be vanquished by any emotion of your heart or mind. Let your soul be busy in meditation and contact with him who is gone, and if you are not idle, there will be no time for grief.

When grief throbs through the heart, and anguish causes you pain, permit yourself to rise to higher planes and indulge in the ministry of love. Your ministry has always been that of love, and in the Brotherhood you can find many opportunities to answer the call of the world for more love.

Therefoıe, let the past remain the past. Rise above the cares of earthly things and give your life to those who still live with us here on earth. When your life is done, you will find it again in the morning sun, or even in the evening dew, as in the song of birds, the perfume of the flowers, and the mystic lights of the stars at night. For it will not be long before your problems and toils here on earth will be solved also, and when all is counted and arranged, you will be ready for greater fields of effort and prepared to solve the greater problems of the soul. Try, then, to be content until I come to you soon and bring to you richer gifts than any that you have ever seen, and greater than those made of gold or precious stones. I am sure that my brothers will care for you and supply your needs, and I am always with you in mind and spirit.

Your son.

From "The Mystical Life ef Jesus", by H. Spencer Lewis
F.R.C., Ph. D.

ユーフレテ、チグリス、バビロン巡り
ヘリオポリスへの遠征

後キリストは、ユーフレテへ赴《おもむ》かれて、アッシリヤの先哲高僧と會見され、カルデヤからチグリス、チグリスからバビロンへと巡《めぐ》り巡つて、曾《かつ》てイスラエル民族が虜《とらわ》れの身であつた頃、如何に殘酷な目にあつたか、豫言者ダニエルが如何なる穴に閉込められていたか等、つぶさに遠き祖先の困苦の跡をも訪《たず》ねて、アテネの都へ趣《おもむ》かれ、更に供養を積まれて、アレキサンドリヤのエシーン、ヘリオポリスへとひたすら遠征の道を辿《たど》られたのである。

アクナァトン王に始まつたヘリオポリスの學府は、専ら自然哲學に重きをおいて、唯一神に歸依していたものであつて、エジプト文明の根城《ねじろ》であつたと云われている、嘗《かつ》てイスラエルの十二支が、ヨセフに招かれて以來百有餘年、エジプトの王朝が新しく變つて、イスラエル民族が苦しめられていた時、エジプトの女王が河から拾いあげて育てたヘブライ人の子モーゼも、實は當時の世界最高の學問を、このへ

リオポリスに於て受けたのであつた。

祖師として優遇

マスターの尊稱

救世主としてピラミッド聖殿での擧式

イエスキリストという言の意義

キリストが此の學府に入られてからは、偉大なる祖師として堂々たる住居を呈せられ、其の庭園には四季おり〳〵の美しい花が咲き、珍らしい鳥もさえずり、さながら自然法爾の涅槃の城であり、こゝに森嚴な御旦夕を過されたのである、僕《しもべ》もあつて御不自由なく、世の救主としての仕上の域に達せられ、いわゆる畫龍點睛期の人としての凡ゆる試練を嘗《な》めつくされて、「マスター」と云う尊稱を授かり、前代未聞の權威として仰がれ、始めて救世主として、ピラミッドはスフィンクスの奥深い聖殿に於て、莊嚴な式典が擧げられ、こゝに我々の最大の豫言者、神の子、人の子、イエス　キリストと云う御名《みな》を獲得せられ、人としての三十年間の修業を終らせ給うたのである、イエスとは救い主と云う謂《い》であり、キリストとはギリシャ語の「メシヤ」即ち油をそゝがれた者という謂《い》である。

洗　禮

モーゼやエリヤは、常に山へ登つたが、キリストは常に野に下りられた、パレスチナへ歸られ、從兄《いとこ》のバプテスマのヨハネが、ヨルダン河のほとりで「天國は近ずけり」「くいあらためよ」「我よりも偉大《おヽい》なるものが來る」とキリストの降臨を豫言している所へ現われ、御自らヨハネより洗禮を受け、其の後三年間萬古に比類なき聖なる活動をせられて、天に在《いま》す父なる唯一神の證明《あかし》を立てられたのである。

傳道中の出來事

キリストの傳道中の出來事は四つの福音書に錄されて

(一)十二の弟子を選び給うたこと、
(二)天國の福音を宣《の》べつたえ、諸々《もろもろ》の病人を醫《いや》し給うたこと、
(三)パリサイ人に反對され給うたこと、
(四)苦惱と受難の豫言をなし給うたこと、
(五)最後の晩餐の儀を示し給うたこと、
(六)ユダに裏切られ給うたこと

こと、

(七) 弟子達に置去られ給うたこと、
(八) アナス、カヤパス、ピラト、ヘロデ王等の前に引出され給うたこと、
(九) ピラトによつて無罪の判決を受け給うたこと、
(一〇) 群集の望みによつて十字架にかけられ給うたこと、
(一一) 墓所に入られ給うたこと、
(一二) 復活し給うたこと、
(一三) マグダラのマリヤに現われ給うたこと、
(一四) トマスを始め他の弟子達と會合され給うたこと、
(一五) ペテロにわが羔羊《こひつじ》を養えと命じ給うたこと、
(一六) 雲間に隱《か》くれて見えずなり給うたこと、

等々があるが、成された事に

(一) 十二歳にして學者や長老に、驚くべき質問を發せられたこと、

（二）悪魔に試され給うたこと、
（三）山上の說敎、
（四）エルサレムの宮殿の掃除、卽ち殿中で牛羊鴿等を賣る者、兩替する者等を追出されたこと、
（五）ニコデモスに人が生れ變るべき事に就いての敎訓を與え給うたこと、
（六）サマリヤの女に井戸ばたで、久遠《とこしえ》の生命《いのと》の水に就いて敎訓を垂れ給うたこと、
（七）ユダヤ人がイスラエルの王として、キリストを支持せんとしたこと、
（八）兄弟に嫌われ給うたこと、
（九）人々にエリヤの生れかわりだとか、ヨハネの再來だとか、豫言者の一人であるとか、エレミヤだとか、メシヤだとか、種々《いろいろ》な噂《うわさ》

を立てられ給うたこと、

(一〇) バプテスマのヨハネに使を遣わして、細々《こまぐ》と御活躍ぶりに就いて述べ給うたこと、

(一一) ヨハネの事に就いて、彼がその時までに現われた豫言者中の最も優れた者であるという事を立證し給うたこと、

(一二) パリサイ人の家で、香油を以て一人の女に御足を浄《きよ》めさせ給うたこと、

(一三) カペナウムの町にて税金を納め給うたこと、

(一四) 弟子達に謙遜という事を教え給うたこと、

(一五) ガラリヤを去られてユダの地に行き給うたこと、

(一六) 離婚に就いて說き給うたこと、

(一七) ヘロデ王を狐だと呼んで叱責し給うたこと、

(一八) 一女《いちおんな》の罪を許し給うたこと、

(一九)エルサレムの悪事を歎《なげ》き給うたこと、

(二〇)マルタとマリヤの姉妹に就いて大きな教訓を與え給うたこと、

(二一)幼子を呼寄せ給うたこと、

(二二)ザァカイ收税人の長《おさ》と食事をなし給うたこと、

(二三)ベタニヤのラザロの家で、マグダラのマリヤが御足に香油をぬつて拭《ぬぐ》うたこと、

(二四)驢馬《ろば》に乗つてエルサレムへ行き給うたこと、

(二五)いちじくの樹を呪《のろ》い給うたこと、

(二六)數名のギリシャ人が會見を求めて來たこと、

(二七)パリサイ人への御答、祭司長への御答、サドカイ人への御答、

(二八)祭司長老等の謀略《はかりごと》におとし入られ給うたこと、

(二九)過ぎ越しの祭にのぞまれてい最後の晩餐をとられて、ユダの反逆心をあばき給うたこと、

(二〇)ペテロに豫言し給うたこと、
(二一)弟子達に對する愛を示し給うたこと、
(二二)弟子達の足を洗い給うたこと、
(二三)祈りに就いて教え給うたこと、
(二四)ゲッセマネの園で苦しみ給うたこと、
(二五)役人の捕虜になり給うたこと、
(二六)十字架にかゝり給うたこと、

等々、いづれも熱と血と涙とでつゞられた神の顯示そのものであつたのである。

聖母マリヤの事蹟

聖書の中の聖母マリヤについて細《くわ》しく記す必要はないが

(一)天の使ガブリエルに見まわれたこと、
(二)天の使の言《ことば》を信じ神を讚美されたこと、
(三)バプテスマのヨハネの母、即ち従姉《いとこ》のエリザベスをおとずれら

れたこと、

(四)戸籍の登録の爲に、ヨセフに伴われベテレヘムに趣《おも》むかれて、旅舍《はたごや》でキリストを御生みになつたこと、

(五)牧者《ひつじかい》におとずれられて、みどり子を見せられたこと、

(六)東の賢者からみどり子への寶物を受けられたこと、

(七)モーゼの法律《おきて》に從つてキリストに割禮を授けられたこと、

(八)潔《きよめ》の日にみどり子を、エルサレムへ携えて行かれ、犧牲《いけにえ》を供えられたこと、

(九)ヨセフと共にヘロデ王を恐れてエジプトへみどり子を連れて行かれたこと、

(一〇)ヘロデが歿した後、ナザレへ歸られたこと、

(一一)キリストが十二歳の時、ヨセフと偕《とも》にキリストをエルサレムへ連れて行かれたこと、

(三) キリストと偕《とも》にガラリヤのカナへ結婚式に招かれて行かれ、始めてキリストの奇蹟をまざと見られたこと、

(三) 十字架の下にあつて、キリストの受難を目撃されたこと、

(四) キリストの代りにヨハネを、今後マリヤの子とせよ、と云われた言を聞かれ之を固く守られたこと、

等以外には別に錄されていないのである。

マリヤヨハネ日本訪問説

エシーンの記錄やユダヤ人がもつている記錄の外には、餘りマリヤの事もキリストの事も錄《しる》されていないようであるが、一説にはマリヤもヨハネも日本へ來られたことがあると云つている。

キリストの處刑について

歐米の歴史には、ヘロデ王の時代にポンテオ　ピラトがいたという事、ヘロデ王が妃と王女とにせがまれてバプテスマのヨハネの首を刎《は》ねさせた事、七十年後エルサレムが完全にローマの手に落ちて、パレスチナにユダヤ人が一人も居なくなつた頃、テトス王はキリストと

云うユダヤ人がいてパレスチナに於て、ユダヤ人やヘブライ人に「有害且つ悪性の迷信を流布して極刑に處せられた」といつたような事を書いているのみである。

キリストを極刑に處したのはユダヤ人ではない、若しユダヤ人であつたとすれば、石を以て打殺したはずである、何となれば十字架刑は、ローマの法律による刑罰であつたからである。

當時のヘブライ人種は非常に虐《しいた》げられていたので、キリストのような賢者を、イスラエルの王に立てようとした事が却《かえ》つて災《わざわ》いしたらしい、シイザーの子ヘロデが位に卽《つ》いていたのであつて、イスラエル民族の中より偉大な人の出る事は、許されぬ事情のもとにあつたのである、十字架に記された文字が物語つているように、キリストの罪というのは「ユダヤの王」と云う事であり、キリストの教が悉くローマ政策に反していたので、ローマがキリストの思想に恐れを抱いていたのである、十字架にかける事は極刑であつて、受刑者が息《いき》を引きとる頃にはその人の脛《はぎ》を折る習慣があり、息が絶えた後も、幾日も幾日も之をさらしものにしたのであつた、兵卒が來て、十字架にキリストと一緒にかゝつた二人の惡人らの脛を折つたが、キリストは絶命されているものと思つたか、聖書にもその御脛の事は錄していない、のみならず一人の兵卒が現れて、鎗《やり》でキリストの脇《わき》を突《つ》いた、其の刹那《せつな》に、アリマタヤのヨセフと其の弟子達とが驅付《かけつ》けてきて、キリストを十字架から降ろして、ヨセフが作つた墓穴へと運んで行つたのである、その裏面には、ローマからの飛報があつて、執行猶豫の命が着《つ》いたからであつたとも傳えられている。

キリストの復活と昇天

キリストは人事不省に陥《おちい》られたが、ヨセフの墓穴に這入られて後、正氣にかえられたことを甦《よみがえ》りと言ひ傳えているのではないだろうか。

復活された後のキリストは、カアメル山上に於て度々弟子達と會見されて、四十日の後、昇天されたと云つているが、その實は、爾來二千有餘年間に幾度も聖書が書きかえられているのであつて、教理教義以外の事は今に倘判然《はつきり》しない事が多いのである。

ヨハネ默示錄鮮明の要

而してキリスト教が樹立されるまでには、多くの年月を經ており、今日なお種々《いろいろ》と揣摩《しま》臆測《おくそく》を逞《たくま》しくする者の多いのは遺憾な事ではあるが、ヨハネが「神は言《ことば》なり」といつているのであるから、此の一句を生命として、創世記の物語と、ヨハネの默示錄とを、科學的に分析して見れば、キリストの再來という言《ことば》の謂《いい》も亦おのずから解し得るのではなかろうか。

ギザのピラミッド

千古の不思議

今日エジプトの國に在つて、世にギザのピラミッドといつて知られている三角型のように見えるピラミッド、これは實は四つの三角型が四角の上に築かれているのであつて、これを建てた人達と、特に其の由來を教えられた人達の外には、おそらく唯、大きい不思議な物がそこに立つているということ以外は、全然知らなかつたのである。

エホバを祭る一つの柱

「その日エジプトの地の中にエホバを祭る一つの祭壇あり、その境にエホバを祭る一つの柱あらん、是れエジプトの地にて、萬軍のエホバの徵《しるし》となり證《あかし》となるなり」（イザヤ書一九ノ一九―二〇）

エホバの休徵《しるし》と奇跡《ふしぎ》

「汝の謀略《みはかり》は大なり、汝はことを成すに能《ちから》あり、汝の目は人のこどもらの諸々《もろ〳〵》の途をみそなわし、おのおのの行《おこない》にしたがい、その行爲の果によりて之に報いたもう、汝休徴《しるし》と奇跡《ふしぎなるわざ》をエジプトの地に行いたまいて今日までにいたる……」（エレミヤ記三二ノ一九—二〇）

等はたぶん此のギザのピラミッドを指して云つた言であろう。

最初のピラミッド

　紀元前三千百年の頃のエジプトには一階建の土屋があつたに過ぎないが、その百年後の頃からボツボツ二階建の家だの、ピラミッドが人の眼につくようになつた、最初のピラミッドは後に判明された通りイムホテップと云う偉大な智者がヅォォサール王（King Zoser）の爲に築いたものであつた。

ギザのピラミッド建つ

　紀元前二千九百年頃から、クレフ王のピラミッドが築かれ、それよりまた百五十年後に、ギザのピラミッドが築かれたのであるが、エジプトの傳説によると次のような話がある。

傳説のピラミッド

　或る一艘の船が航海中に難船して、乗船者も船ももろ共に沈められたが、一人の水夫がどある陸地に打ちあげられた、氣が付いて見ると自分は木蔭に運ばれていた、餘り空腹であつたので、一寸歩いて見たところ、そこに無花果《いちじく》の木があつて實が澤山なつていた、葡萄も澤山なつていたので、遠慮なく之を喰べた。

その後、その水夫は段々と奥地へ行つて見た、するとそこに立派な宮殿があつて、智慧のあふれた王樣とその臣達がいて、種々不思議な事を見せて呉れた、王樣は大變な親切な方であつて、此の水夫を三箇月の間宮殿に住わせて、種々の事を教えた、その上に王樣は水夫に新しい船と多くの寶物とを賜わつて、彼をエジプトへ歸國せしめた。

水夫はエジプトへ歸つて、自分が教えられた數々の事を後《あと》の人達に殘し置く爲にピラミッドを築いた。と、又或る方面の文献によるとピラミッドとは「エノクの柱」であると云つている、聖書にもエノクは神樣と會話したと書いてあり、年齢三百六十五歳であつたと云つている、三百六十五と云う數字は一年の日數にも當り、ピラミッドが「エ

「エノク」の柱

ノクの柱」と稱せられる理由の一つには、之を造つた人が、エノクの後裔《すえ》であつたかも知れぬ。

宇宙の眞理の象徴

近年に至つて、ピラミッドは「アメンの室」「秘められたるものの家」「光の家」等々、種々の名稱をもつて知られているようであるが、實にこのキザのピラミッドは宇宙の眞理に對する象徴なのである。

考古學と神祕

考古學も隨分進歩して來つゝあり、エジプトのピラミッドの物語る眞理の眞髓、メキシコのユカタンに殘る太古の遺跡、滿洲、印度、インドネシヤ、並に日本國內にある凡ゆる神秘的なもの、等々を解剖することによつて、太古の姿も、現在の枝葉のすべても、明らかになつて來るようである。

世界史略

文化の發祥

最近發刊された『世界史』によると、太西の著者達によつて、六千年間の世界の動きが明かにされているが、それ以前の事は空白と臆測とであつて、文化の發祥並に言語に就いても、古いところで、フィニキヤ、カルデヤ、舊ヘブライ位に見え、國を成した民族といえば、同じくフィニキヤ、カルデヤ、スメリヤ、バビロン、メソポタミヤ、エジプト等が擧げられているのみである。

時代の推移

アッシリヤ、ギリシャ、ローマ、イスラム等が旺盛であつた時代から、それらの國々が悲惨な爭闘を續け、あられもない宗教戰が勃發したりして、久しく其の爲に悩み、漸くギリシャ文藝復興《レネイサンス》時代が見えたと思うと、間もなくフランスの革命、スペイン、ポルトガルの海外發展、海上權爭い、英國の隆起から、米國の新天地の開發となり、遂に米國が第一世界戰爭に參加して、繁榮している所まで書かれている、この世界史は謂《い》わばパレスチナを中心として發展した泰西威力の進展史とも云えよう。

東洋では、印度にも中國にもマレイにも、日本にも古い歷史があつてそれらの歷史も同じ樣に、その國內にあつた幾つかの王朝時代を中心とした勢力の變遷に就いて錄している。

世界勢力

現今では、第二の世界戰爭の結果、世界の勢力はソビエット、中國、英國、米國の四大國に集中され、經濟的にも軍事的にも、將《は》た宗敎的にも、連合國と云う名の下に其の大乘的羽振りが示されている、

生死巖頭の日本

敗戰後の日本は、連合國代表の米國の占領下に在つて、過去と未來との分岐點に其の運命を任《まか》せているのであるが、吾々國民は奮起して新しい日本を建設するか、徒に私慾の奴隷となつて滅亡の一路を辿るか

正に生死の巖頭に立つているのである。

今試に、一萬年位以前から今日に至る東洋と西洋と日本とに於ける、時代と文化の變遷を概觀する爲に左に一覽表を掲げる、一萬年以上の事は氷河期に屬し茫漠として、生物創造の年代も亦不明である。

時代と文化年表

時代と文化年表

東洋	西洋	日本
東シベリヤ舊石器時代文化 北支那舊石器時代文化 北支那細石器文化 インド舊石器時代文化	ヨーロッパ舊石器時代	不詳
○新石器時代 黃河の流域に移つた漢人の祖先が母系中心の家を作つて村落を營んでいた	○新石器時代 穀物の耕作、牧畜、舟、家、宗教、藝術の進歩	○新石器時代文化 ○縄紋式土器文化 ○原日本人出來 ツングース人 モンゴリアン人
○伏義の盛時（紀元前二、九一〇）	○エジプト古王國の創建（前四、四〇〇）	

世界史略

○神農の盛時　(〃二、七八〇)
○黄帝支那統一　(〃二、六四〇)
○堯　(〃二、三五五)
○舜　(〃二、二四二)
○禹(夏)　(〃二、二〇五)
○商　(前一、七六六)
アーリアン族がんじす河畔に侵入　(〃一、五〇〇)
○殷　(〃一、四〇一)
○周起る　(〃一、一二三)
殷人を奴隷として農工業大に進む
○印度神政政治　(前八〇〇)
○春秋時代　(〃七七〇より)
○釋迦死す　(〃五一七)
○孔子生る　(〃五五一)
孟子生る　(〃三七一)
○戰國時代　(〃四〇〇より)
○秦　(〃二四九)
焚書坑儒　(〃二一四)

○エジプトに太陽暦あり　(〃四、二四一)
○バビロニアの創建　(〃四、〇〇〇)
○エジプトにピラミッド建つ　(〃三、七〇〇)
エジプトに貨幣あり、象形文字印刷を始む　(前三、〇〇〇)
○エジプト第十二王朝　(〃二、四六六)
○バビロン王古バビロニア統一　(前二、二五〇)
エジプト第十五王朝　(〃二、二〇〇)
エジプト新王國の建設（第十八王朝）　(〃一、七〇〇)
ヘブライ酋長パレスチナに移る　(〃二、〇〇〇)
アルファベットの始　(〃一、九〇〇)
ギリシャエーゲ時代　(〃一、六〇〇より)

インドネシアン人
アイヌ人
其他
結合して稲作農業行わる
○彌生式土器文化　(前五〇〇以上)
○神武天皇即位　(前六六〇)

倭の使後漢に至る　(五七)
○神功皇后攝政　(二〇〇)
○古墳文化時代
仁徳天皇大に開墾を行い、呉、新羅、高麗と交通す　(三五〇)
○大和朝廷統一擴張期
倭王、宗に使をつかわす　(四二一)
日本、百濟を再建す　(四七六)
○氏族制
○祝部土器文化
都を山城にうつす　(五一八)
○佛教傳來　(五五二)

○前漢（建國）（〃二〇六）
○朝鮮（新羅）（〃五七）
○後漢（〃二三）
印度カニシカ王即位（一四〇）
○三國（魏、呉、蜀）（二二〇）
○西晋（二六五）
大學を建つ（三三七）
○東晋（三一六）
佛法百濟に渡る（三八四）
佛教中國化
佛教ビルマに弘まる（四〇〇）
○南北朝（四一九）
六朝藝術
○隋（五八八）
中日國交（六一七）
中國文化圏成立
○唐の建國（六一八）
律令を定む（六三七）
佛教を道教の上にす（六九一）

○エジプト最大版圖（〃一、五三〇）
鐵の發見（〃一、四〇〇）
モーゼ　エジプトを去る、シナイ山十戒（〃一、三二〇）
○ギリシヤ英雄時代（〃一、四〇〇—一、一〇〇）
ヘブライ人パレスチナの故土を征服す（〃一、二五〇）
トロヤ戰爭（〃一、一八四）
アテネ統領政治（〃一、〇六六）
○ヘブライ　ソロモン王（〃一、〇一五）
ペルシヤにドロアスター在り（〃一、〇〇〇）
○王政時代
ヘブライ王ソロモン死し、國分れてユダヤ王國とイスラエル王國とになる（前九七五）
○スパルタコルゴス時代（〃八三〇）
○ローマ建國（〃七五三）

○飛鳥白鳳時代（五九三）
聖德太子攝政
十七條憲法成る（六〇四）
○大化改新の詔（六四六）
大寶律令成る對馬より銀出る（七〇一）
大安麻呂古事記を作る（七一二）
○奈良時代
佛教興隆
莊園制
○平安時代
○大陸文化の日本化時代
延喜式成る（九〇七）
僧の武裝を禁ず（九八八）
○院政の始（一、〇八六）
○武士興起（源平時代）
庶民佛教興起
○鎌倉時代（一、一九二）
道元入宋（一、二二三）
親鸞淨土眞宗をひらく（一、二二四）

新暦を作る（七二二）
○五代（九〇七）
帝權伸張
○宋（北宋）（九六〇）
律學博士を置く（一、〇九五）
書畫算學を置く（一、一〇四）
南宋始まる（一、一三四）
僞棨の禁（一、一九七）
蒙古ジンギス汗遠征（一、二〇六より）
○元クブライ卽位（一、二六〇）
蒙古日本に寇し破る（一、二八一）
○東西文化融合時代
○明建國（一、三六九）
倭寇始まる（一、三六九）
○高麗亡び朝鮮を建つ（一、三九二）
漢民文化復興
朝鮮諺文を作る（一、四四六）
ポルトガル人廣東に作る（一、五一六）

ローマ平民議會（〃四七一）
アレキサンドルの東征、ペルシヤ帝國亡ぶ（〃三三一）
○キリスト教興隆
シリヤ王國建設（〃三一二）
エジプト王、舊約全書を譯せしむ（〃二八四）
シーザー殺さる（〃四四）
○イエス キリスト生る（〃四）
キリスト刑せらる（三〇）
マタイ福音書を著す（三八）
使徒エルサレムに宗教會議（五二）
キリスト教徒ユダヤ教徒に迫害さる（九二）
エルサレム破壞され、ユダヤ人世界に散る（一三五）
ローマ建國一千年祭（二四八）
ギリシヤ、アジアの都市地震壞滅（三四〇）

日蓮法華宗を始む（一、二五三）
蒙古來襲（一、二七四）（一、二八一）
○武家文化成立
元弘の變（楠正成擧兵）（一、三三一）
○南北朝時代
建武中興（一、三三四）
北畠親房神皇正統記を作る（一、三三九）
○南北朝合一（一、三九二）
南蠻船渡來
商人及貨幣經濟擡頭
太田道灌江戶城を築く（一、四五七）
○室町時代
○東山文化
○戰國時代
○織豐時代
ザビエル鹿兒島に來り布教（一、五四九）

フィリッピン　スペインに取らる　(一、五六五)
○西洋文化傳來
○清太祖瀋陽に都を定む　(一、六二五)
洋暦始まる　(一、六二九)
明亡ぶ　(一、六六一)
○清時代
天主教を禁ず　(一、六六九)
臺灣清に屬す　(一、六八三)
英人來りて互市す　(一、六九八)
清國使ロシヤに至る　(一、七一二)
康熙字典成る　(一、七一六)
キリスト教徒を嚴飭す　(一、七二三)
スエーデン人來る　(一、七三二)
清の人口二億五百六十萬人　(一、七六四)
阿片戰爭起る　(一、八四〇)
南京條約　(一、八四二)

○歐米勢力の進出
ゲルマニア民族大移動始まる　(三七五)
○ローマ帝國分裂　(三九五)
○西ローマ
○ゲルマン文化時代
ローマ法王レオ一世　(四四〇)
○マホメット生る　(五七一)
○ビザンチン文化時代
紙の製法アラビヤより歐州に傳わる　(七一六)
偶像崇拜禁止流行　(七六六)
○サラセン黄金時代　(七八六)
ノルマン始めて英國に侵入　(七八九)
○封建制
東ローマ時代
英七王國王朝
○ロシヤ帝國の起源　(八六二)
ケンブリッジ大學創立　(九一五)

○キリスト教會隆盛
○近世社會の成立
庶民文化興隆
○徳川時代
徳川光圀大日本史に着手　(一、六五七)
湯島に聖廟を移す　(一、六九〇)
○文運の伸張
武家の窮乏
外國交涉
文明開化運動
○明治帝御生誕　(一、八五二)
ペルリ上陸　(一、八五三)
アメリカと和親條約を結ぶ　(一、八五四)
安政大震災　(一、八五五)
ハリス下田に來る　(一、八五六)
洋書取調所を開成所と改名　(一、八六三)
○明治天皇卽位　(一、八六七)

慶應義塾建つ（一、八六七）
長髪賊の亂（一、八五〇）
始めて蒸汽船を造る（一、八六八）
朝鮮問題日露議定（一、八九六）
義和團山東省に起る（一、八九九）
○文化政治の衰退
日本及各國の刑法を譯す（一、九〇四）
萬國郵便同盟加入（一、九〇六）
新生活運動
○清亡ぶ、支那革命軍起る（一、九一一）
孫文大統領就任宣誓（一、九一三）
對獨宣戰（一、九一七）
○中華民國
新憲法發布（一、九二三）
印度タゴール中國に來る（一、九二四）
中國國民黨大會（一、九二四）
蔣介石、中國統一の爲北伐
（一、九二六）

神聖ローマ帝國の建設（九六二）
第一次十字軍（一、〇九九）
イギリス國會創立（一、二六五）
マルコポーロ東洋漫遊（一、二七一）
フランス國會創立（一、三〇二）
○ギリシャ文藝復興（一、三三五）
コロンブス　アメリカ發見（一、四九二）
マルチンルーテル宗教改革を始む（一、五一七）
ザビエル印度に至る
コペルニクス太陽中心地動説（一、五三〇）
英人日本に航す（一、六一三）
○ニュートン宇宙引力發見（一、六六六）
英人クライブ印度に至る（一、七四四）
フランクリン雷光電氣の研究（一、七五二）

○明治時代（一、八七〇）
藩制改革
郵便局始まる（一、八七〇）
自由民權運動
東京大學開く（一、八七七）
天津條約成る（一、八八五）
○帝國憲法發布（一、八八九）
帝國議會第一回召集（一、八九一）
○日清戰爭（一、八九四）
日英同盟成る（一、九〇二）
○日露戰爭（一、九〇四）
明治天皇崩御（一、九一二）
○大正時代
○軍國主義
○第一次歐州大戰起る（一、九一四）
關東大震災（一、九二三）
ラヂォ開始（一、九二五）
紀元二千六百年(建國祭)（一、九二六）
中國統一完成（一、九二八）

満洲事變　（一、九三一）
上海事變、シャム革命　（一、九三二）
日華事變起る、首都を重慶に移す　（一、九三七）
ノモンハン事件　（一、九三九）
○太平洋戰爭終る　（一、九四五）
共産軍の進出
國民軍、國共軍に壓倒され、蔣介石下野　（一、九四八）
上海を始め物價狂騰國民塗炭の苦を嘗む

ハーグリーブス紡績機發明　（一、七六七）
ワット　蒸汽機關改良　（一、七六九）
○アメリカの獨立宣言　（一、七七六）
○フランス大革命　（一、七八九）
○共和制
○第二共和制
ターピン「種の起源」著す　（一、八五九）
アメリカ南北戰爭終る　（一、八六五）
第一回國際勞働者會議　（一、八六九）
エジソン電燈を發明す　（一、八七七）
○第三共和制
第一回國際オリンピック大會（アテネ）　（一、八九六）
ハーグ萬國平和會議　（一、八九九）
ライト兄弟飛行成功　（一、九〇三）

○昭和時代　（一、九二六）
滿洲事變起る　（一、九三一）
五・一五事件（昭和七）軍の政治力增す　（一、九三二）
國際連盟、日本と決裂　（一、九三三）
二・二六事件（昭和一一）防共協定　（一、九三六）
○第二次世界大戰　（一、九三九）
太平洋戰爭　（一、九四一）
敗戰（昭和二〇・八・一五）　（一、九四五）
インフレ、國民生活不安定
○新憲法發布　（一、九四七）
○民主主義運動の熾烈なるに從ひ、共産運動の勃興（參照）樋口清之教授著「新世界年表」

キューリー夫人ラジュウム發見（一、九〇四）

ブルガリヤの獨立宣言（一、九〇八）

南阿連邦成る（一、九一〇）

○第一次世界戰爭（一、九一四）

パナマ運河完成（一、九一四）

世界大戰終る（一、九一八）

ドイツ共和制布く、チェッコスロバキア國成る（一、九一八）

○國際連盟成立（一、九二〇）

ワシントン會議（一、九二一）

○ソビエット社會主義共和國連邦成る（一、九二二）

ツータンカーメンの古墳發掘（一、九二二）

ジュネイブ國際勞働會議（一、九二四）

リンドバーグ太平洋横斷飛行（一、九三一）

日米無線電話開通	（一、九三四）
○第二世界戰爭始まる	（一、九三九）
太平洋戰爭終る	（一、九四五）

國家組織の傾向

ざつと略説したものであるが、以上表示されている所の現代への歴史を見ると、世界の人類はいづれもが、種族から民族、民族から國家、國家から共和制を布《し》く合衆國へと統合されつゝあるが、唯一つソビエットという連邦は東西兩洋にまたがつて、獨裁的な共產主義で、默々と國內の發展と對外勢力の充實とに向つて邁進しているようである。

神は曾て一度だけ世界を創造したのではなく、その永遠の創造主であつて、吾々人類を導く光となつて今《いま》も尙各自の裡《うち》に在して、神の國の創造を續けられているのであるから、人類凡ての念願は、何れの民たるを問わず、平和と繁榮とに在ることは慥《たしか》である、輓近國境の無い世界《ウォールド》國家時代《ゼネレイション》（World Generation）の思想が洋の東西から勃興しようとしていることは注目すべきことであり、此所に歴史は一大轉換を來すべき運命にあるものと云えよう。

ウォールドゼネレイション

ヨハネ默示錄

キリストの出現を證明せる書

ヨハネが默示錄を書いたのは、西暦九十六年の頃であつた、默示錄は、ヨハネが神の啓示を受けて、この神の奥義であるキリストとは何であるかという事と、そのキリストが何處《どこ》から何《ど》うして出現するかという事の證明《あかし》を立てた書《ふみ》であるが、その書《ふみ》はすべて默示である爲、讀んで字の通りであつても、その文法が呪文《じゅもん》體であるから非常に解りにくいのである。二千年後の今日、未だ猶その奥義を極めた學者が出ていないのである。

ロゴスの意義

ヨハネがその福音の書の巻頭でいつた「言《ことは》」とはギリシャ語で「ロゴス」(LOGOS)ということである。

ロゴスとは、理《ことわり》のことと、ことばのこととの二義を兼ねた道《みち》であつて、靈肉ともに、神或は神を表わす言《ことば》、又はキリストを代表する言《ことば》である。

聖書は、ロゴスのことを

(一)『神の能力《ちから》、神の智慧であるキリスト』(コリント前書一ノ二四)

(二)『神がとこしえより、キリストをもつて定められた神の意志、卽ち神のうちに世々隱されている奧義を語る豐な智慧と政治と權威』(エペソ書三ノ九—一〇)

(三)『神の奧義であるキリストには智慧と知識とのすべての寶が藏《かく》されている』(コロサイ書二ノ二—三)

(四)『命《いのち》の言《ことば》』(ヨハネ第一書一ノ一)

(五)『靈《みたま》』(ヨハネ第一書五ノ七)

(六)『神《かみ》の言《ことば》』『眞《まこと》』(默示錄一九ノ一一—一六)

であると錄している。

ヨハネは、キリストの降臨に就いて「見よ彼は雲のうちにありて來りたもう」と豫言している、この場合の雲も、言《ことば》を表現していると見れば、神靈の中にあるイエス　キリストは神であり、耳に聞くことも出來、眼に見ることも出來る君《きみ》でなくてはならぬと云えよう。

ヨハネは「言は肉體となりて、我らの中に宿りたまえり」と云っているが、キリストに向つて神を見せよと云つた者があつた時、

『我を見し者は、父を見しなり』

と答えて、キリストは靈肉共に神の代表者である事を證言された。

この證言によつて、何故にキリストは宇宙の眞態の縮圖卽ち、道であり、眞理《まこと》であり、生命《いのち》であると云われたかを知らねばならぬ。

キリストは更に

『我を信ずる者は、わがなす業《わざ》をなさん、かつこれよりも大なるわざをなすべし』

神の代表者

と云われたではないか、キリストが口にされた言《ことば》は、己《おのれ》によつて語るのではなく、神が己に在《いま》して、言行《みわざ》をなしたものであるといわれたのである。

眞理の御靈《みたま》を心に宿して敎えを說かれたキリストが「肉體となつて我らの中に宿つた靈徒《ひと》」卽ち『神の子キリスト』であつたのである。

世界の思想戰

遠い昔に始まつた世界的思想戰は、唯物唯心論によつて成長し人類の平和を奪つたが、對立鬪爭は文化の向上を計つて行つた、文化の向上を見つゝある中に、社會主義の登場があつて、人類間には種々な禍害が勃發して、苦惱の世界が展開して來た、唯物主義がはびこつて、唯心論者を悉く葬つて了つた、そこへ出現したのが赤化思想である、この思想は純眞な思想を攪亂しようとして大にその威を振出《ふるいだ》したのである。

赤化思想の陰謀に乘ぜられた國家社會の出現は、あたかも全世界の實權を殆ど掌握して了《しま》うかに見えた時、キリストが現われ、赤化思想は根絶されるかと思われたが、實相に於てはそう行かなかつた、キリストは羔羊《こひつじ》の指導原理の內容を全世界に發表された、併し是れは法令化されたものではなかつたので、唯物唯心の法城はなか〳〵くずれなかつた、是等はいくら理論に敗けても、益〻苦しまぎれに反抗して、愈〻世界戰爭をまき起す原因を作つて行つた。

世界思想の審判

こゝに始めて羔羊《こひつじ》の純眞な思想は學理的に取扱われて來て、世界思想の審判が始まり、舊思想は根本的に棄てられ、ヨハネの豫言している通りに、凡ゆる思想的な出版物は、生命の書の眞理に照らされて審判され、正しくないものは全部燒き棄てられなければならぬ運命に逢着しているのである。

ヨハネは、まだ其の上其の眞理を現わした思想の指導原理の象徴となるものの、姿と所在とを明かにしているようである。

世界語の源

世界の言語《ことば》の源《みなもと》は、今日まで神かくしのまゝ、所謂天の岩戸じめのまゝ、實相の世界卽ち人類の歷史の興亡と共に、その變遷を見つゝ、各種の姿でもち傳えられて來ている。

思想發展の經路

歷史によると、人類思想の向上發展の經路は、ざつと一千年每に、新陳代謝しているようであり、更に理の上から割出した計算法によると、人間の思想の發達の始めは、遲々としているが、年月を重ねるに隨つて、この新陳代謝も早く行われる、そのように、言語白法時代を二千年と見れば、音字呪法時代は三千年、文理祭祀時代は千二百年、義字道德時代は七百年、經典宗敎時代は五百年、書寫專制法時代は三百年、印刷議會時代は二百五十年と、順次に速度を加えて來ている、そしてさゞれ石の思想が完成して巖となる迄はざつと八千年の日子を要するものと推定される、獨裁政治ラジオ時代へ入つてはこの新陳代謝は非常な勢で進展して、世界第二戰爭が終つたことによつて、此の時代も卽刻終りを告げなければならぬ。

而して世界的平和卽ち大地に於ける天國を來らしめるには、聖書のいう新しい天地凡ゆる豫言を今日に綜合した新らしい天地を見出さねばならぬのである。

見よ、天は記號に充ち地は符牒に滿ちていることを、ヨハネは、默示錄の終りに、キリストを

輝ける曙の明星

『ダビデの萠蘗《ひこばえ》またその裔《すえ》、輝ける曙の明星《あけぼのみようじよう》』

だと云つている、此の意義を究明する事によつて、イエス　キリストの使命が分るのである。萠蘗《ひこばえ》とは本幹を切りとつた根株から出る萠芽のことである、歴史的に云えばキリストはダビデの裔であるが、靈的卽ち思想的に云えば、キリストは萠蘗《ひこばえ》なのである、輝ける曙の明星の表現するものは、最大の愛である。

聖ポーロはコリント前書第十三章に

「人は如何なる天才を有つていようとも、その心に愛なくば、その天才は数えるに足らぬものである、又どれほどの慈善にも愛がともなつていないものは何の益にもならぬ、現世にある凡ゆる不完全な知識の凡てよりも、人にとつては愛をもつことが幸福である、愛と信仰と希望という三つの永遠性のあるものの中に、愛はその最も大なるものである。

愛と信仰と希望の永遠性

愛は純眞なものである。

愛は、寛容であつて、慈悲に満ちたものである。

愛は妬まず、誇らず、驕《たか》ぶらず、非禮を行わず、己れの利を求めず、憤ることもせず、人の悪を思わず、不義を喜ばぬものである。

愛は、眞理《まこと》の喜ぶところを喜び、凡ての事を忍び、凡ての事を信じ、凡ての事を望み、凡ての事に耐えるのである。

愛はいつまでも絶えることがないのである。」

愛の世界相

と說いている。

愛は神である、神は凡てのものの中心である、全大宇宙は神の意志のまにまに、たえず動いている、日月星辰、萬物萬靈、ことごとく動いている、神の世界が、時間的にも空間的にも、創造、統一、自由、限定という一連の環《たまき》のように循環して熄《や》まないことは既に述べた通りである、神靈界であろうと、人類界であろうと、制限のない社界は到る所に缺陥と破綻《はたん》を生ずるのである、此の缺陥と破綻を補《おぎな》うものは、天律神則であり、天律神則のある内は天國である、愛の世界である。

キリスト教徒は、絶《た》えずキリストの降臨を待ちつゝ

「主よ來りたまえ」

と祈つている、又いかなる祈りのあとにもアーメンと稱えている、アーメンとは（So mote it be.）といつて、人と神との契の言葉である。

アーメンとは

ヨハネは主イエスの思想が人類の凡ての者と偕《とも》にあるようにと祈つて默示錄を結んでいる。

默示錄に就いてこれ以上の解說は、後日、稿を改めて讀者に見えたいと思つている。

相生の途

生々進化の足跡

生々進化の實在たる根本大本體を神というのであるが、いま古道《ふるみち》に積る木の葉をかき分けて其の足跡を尋ねて見ると

木は火を生み
火は土を生み
土は金を生み
金は水を生み
水は木を生む

經濟生活は、社會生活を生み
社會生活は、民有權を生み

相生の途

民有權は、民生權を生み
民生權は、民主權を生み
民主權は、經濟生活を生む

自由は、自治を生み
自治は、自在を生み
自在は、自存を生み
自存は、自主を生み
自主は、自由を生む

公民生活は、團體生活を生み
團體生活は、勤勞生活を生み
勤勞生活は、家族生活を生み

家族生活は、獨立生活を生み
獨立生活は、公民生活を生む

以上四種の生成は、自然の法則になかつたものである、斯様な相生の原理を道という、人類界の凡ての組織の上にも、正しいこの相生の道が敷かれて始めて、衆望の平和と福祉が招來される。

榮光の道

道義心あつての自由は積極的であるから、榮光の道が無限に開けるが、道義心のない自由や、法治強制の下にある自由は消極的であるから榮光の道は段々狹《せま》くなるのみである。

世界には數々の國がある、いづれの國もそれぐ異つた名の下に、政治を司る元君がある。

元君

日本は太初より、天皇或は太子と稱《よ》ばれた御方が、その衝に當つていられたのであるが、御一人の例外なく、專ら人類の平和と繁榮とを以て政治の往く可き所として來られたのであつて、其の事實は歴代

明治時代　天皇の典型とも云うべき明治天皇の御事蹟を以て見ればすぐ分るのである。

天皇は御卽位直後、五箇條の御誓文を發せられて我國政治の向う處を明かにせられ、舊來の陋習を打破し、庶民をして各々其の志を遂げしめられるように改革されたのであるが、

其の維新當時の御製に

維新の御製五首

あらたまる　事の始めに　あひまして
　み親の御代を　思ひやるかな

いにしえの　御代の敎に　もとづきて
　開けゆく世に　立たむとぞ思ふ

千早ふる　神の開きし　道をまた
　開くは人の　力なりけり

きゝしるは　いつの世ならむ　敷島の

大和詞の　高きしらべを

と、以て御自ら率先垂範、あらたまる世に立つ可き誠の道を教訓あらせられたのである。

引續き明治八年には立憲政體の詔書、同十四年には國會開設の勅諭、同二十二年には憲法發布の詔勅を下され、特に教育の振興と産業の發達に軫念あらせられたので、御在位四十五年間は、明治の聖代と謳《うた》われて文運頓に進み、世界の視聽を驚かしたのであつた。

グラント將軍の來朝

廢藩置縣後尙日も淺い明治十二年に、米國よりの國賓グラント將軍の來朝があり、約二箇月に亘り親しく國内事情を視察されたのであるが、其の際、將軍が陛下に奉つた親書を茲に載せる。

書中、當時の我國が如何に人情敦朴《とんぼく》で、洋々たる前途を有する平和な國柄であつたか、又如何に外國から好感を以て迎えられていたかを知ることが出來て、反省させられる點が甚だ少くない。

グラント将軍より陛下への親書 (1)

Your Majesty :

I am very gratified for the welcome you accord me here today, and for the great kindness with which I have been received, ever since I came to Japan, by your Government and your people. I recognize, in this, friendliness toward my country. I can assure you that this feeling is reciprocated by the United States ; that our people, without regard to party, take the deepest interest in all that concerns Japan, and have the warmest wishes for her welfare. I am happy to be able to express that sentiment. America is your next neighbor, and will always give Japan sympathy and support in her efforts to advance. I again thank your Majesty for your hospitality, and wish you a long and happy reign, aud for Japan prosperity and independence.

U. S. Grant

Tokyo, Japan
July 4th 1879.

グラント將軍より陛下への親書 (2)

Your Majesty:

I come to take my leave of your Majesty, and to thank you, the officials of your Government and the people of Japan, for the great hospitality and kindness I have received at the hands of all during my most pleasant visit to this country.

I have now been two months in Tokyo and the surrounding neighborhood, and two previous weeks in the more southerly parts of the country. It affords me great satisfaction to say that during all this stay, and all my visiting, I have not witnessed one discourtesy toward myself nor a single unpleasant sight. Everywhere there seems to be the greatest contentment among the people, and while no great individual wealth exists, no absolute poverty is visible. This is in striking and pleasing contrast with almost every other country I have visited.

I leave Japan greatly impressed with the possibilities and probabilities of her future. She has a fertile soil not yet one half subdued to man's use, great undeveloped mineral resources, numerous and fine harbors, an extensive seacoast abounding in fish of almost endless variety, and above all an industrious, ingenious, contented and frugal population. With all these, nothing is wanted to insure great progress except wise direction by the Government, peace at home and abroad, and non-interference in the internal and domestic affairs of the country by the outside nation.

It is the sincere desire of your guest to see Japan realize all the strength and greatness she is capable of, to see her as independent of foreign rule or dictation as any Western nation now is, and to see affairs directed by her as to command the respect of the civilized world. In saying this I believe I reflect the sentiments of the great majority of my countrymen.

I now take my leave without expectation of ever again having the opportunity of visiting Japan, but with assurances that pleasant recollections of my present visit will not vanish while my life lasts.

That Your Majesty may long reign over a prosperous and contented people, and enjoy every blessing, is my sincere prayer.

U. S. Grant

Tokyo, Japan
August 30th 1879.

明治天皇崩御

明治四十五年七月、陛下崩御の際には、世界の凡ての新聞雑誌報道機關は之を哀悼し、何れも稀代の英主として又平和愛好の元首として、最高の讃辭を呈したのである。

封建思想の残骸

然るに、世は大正の御代を經て、昭和の時代に至る間、遺憾ながら國民は封建思想を棄て切らず、人の和を欠き、地の利を失ひ、天の時また未だ到らずして、「世界の民族は等しく神民である」という言《こと》の眞の謂《いゝ》を解せず、獨善的、排外的となり、直押《ひたおし》に偏狭な天皇中心主義に陶醉し、軍國主義を謳歌する一部の指導者に雷同させられて、相

身から出た錆

生の正道を踏むことを忘れて、徒に横車を押し、爲に列國の同情を悉く失い、遂には世界的動亂の渦中に投じ、自ら起した怒濤の爲に、身を亡ぼすこととなつたのである。

頂門の一針

四方の海　みなはらからと　思ふ世に
なぞ波風の　たちさわぐらむ

の御製こそ、世界人類への頂門の一針である。

今や我國にも民主政治の新憲法が布かれ、内に對しては基本的人權の尊重、外に對しては武力戰爭の放棄を聲明して、愈々神の愛を基本とする平和國家を建設することとなり、前途に一段の光明を加えた。

生命の樹への道の鍵

キリストは三位一體唯一絶對の神の愛を説き、閉ざされた生命の樹人の道を開く鍵を弟子達に與えた。

今日、世界の人類は、各々自ら求めて、全大宇宙そのものたる神の天律天則を自覺し、之を體得して、その凡ての言行を一如たらしめなければならぬのである、卽ち新しい精神界、新しい言論界及び東西文化の交流によつて一如となるべき精神科學思想界と物質科學思想界との統一を計らねばならぬのである。

井を掘りて今一尺で出る水を
掘らずに　出ずという人ぞ憂《う》き

今一尺を掘れ

吾々は智慧と知識を表わす頴悟、眼にも見え、己が心にもたえず宿り在《ま》す神を發見認識し、今一尺の井を掘つて此の水を汲取らなければならぬ、即ち吾々はイエス　キリストが、血と肉とを以て吾々に授け給うた鍵を用いて、吾々の心の扉を開き、敬虔な氣持で内に鎮まり給う神言《ことば》に誠を捧げなければならないのである。

ソロモン王の誨《おし》えに

「多く書をつくれば竟《はてし》なく、多く學べば體つかる」

というのがある、吾々は言《ことば》の象徴や聖書の解釈等に就いても、なお多く語りたい事を有つているが、王の誨えに従い、是等を餘韻にのこし、明治天皇の御製

國交の御製五首

海

仇波の　しづまりはてゝ　四方のうみ
のどかにならむ　世をいのるかな

天

ひさかたの　空はへだても　なかりけり
　つちなる國は　さかいあれども

鄰

へだてなく　親しむ世こそ　嬉しけれ
　となりの國も　事あらずして

國交

したしみの　かさなるまゝに　外國の
　人も心を　へだてざりけり

外客

海越えて　はる〳〵來つる　客人に
　わが山水の　けしき見せばや

をしのびつゝ一先こゝに此の稿を結ぶことにする。

正誤表

頁

73 二行目ノサラのハサラとのノ誤

122 下カラ二行目ノefハofノ誤

123 五行目ノ供ハ修ノ誤

172 一行目ノ頃ハ頂ノ誤

〃 六行目ノ人ハへノ誤

〃 〃 〃 ノ與えたハ與えられたノ誤

寄稿文

～雑誌「三智」より

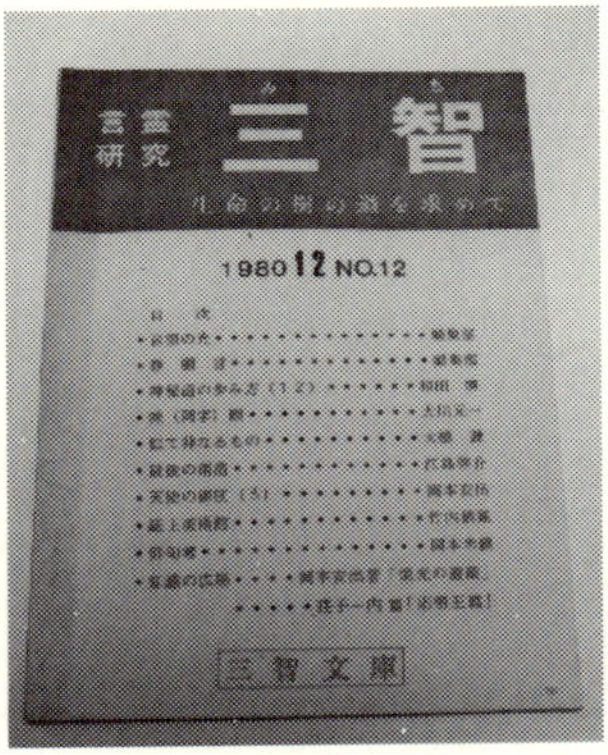

寄稿文（1）

～雑誌「三智」（言霊研究の定期刊行物）より～

和田　廣

神秘道の歩み方（一）

一九八〇年一月　記

新しい道を求めて、その未知の神秘道を「三智」と名付け、会を発足させた訳ですが、その新しい道とはどのようなものか、そして、又その道を歩む方法についてはどうなのかといったことについて少し述べてゆきたいと思います。

この道は道なき道であり、今はまだ歩き出すというより繁茂する木々を伐採しているところかもしれません。新しく入会される方は何か舗装でもされた高速道路があって、その道をドライブでもさせてくれると思いがちですが、そのような道は全く出来ていないのが現状です。まず今は、木を切り開墾し、といった、最も手間のかかる仕事がわんさとある訳です。これは会に集う人が多くなっても各自の内的な精神界に於て、一度は通過せねばならぬ「三智」を切り開くための最初のやっかいな過程です。

皆なかなか多くの木が心の中に生えているので、一筋の道をつくろうとしてもなかなか無理です。そこで、まず、その多くの木（気）を切り、もうその木を二度とそこへ生やさないように根こそぎ引き抜いてしまわなくてはなりません。（神道の大祓詞にはこれを天津金木を本打ち切り末打ち断ちてと表現しています。）そして、歩き易いように道をつくるのですが、このように言うと、何か反自然的な行為だ、伸びるにまかし、生えるにまかせよと思われるかもしれませんが、しかし、地上に於て人間に快適な住居と道路が必要なように、自分の心の中にも自分のゆったりと寛げる場所と自分が歩みゆく道が必要なのです。

インドのバグワン・シユリ・ラジネーシ流にＴＡＯ・永遠の法則の大河をただただ漂えと言ってみたところで、泳ぎ方を心得ないものには、ただ流れに浮かんで漂うようなことは、とても出来ない相談なのです。又、それは非常な困難、至難の技であります。

そして今日、人類は永遠の法則の何であるかを感ずることさえも出来ないほどに動物化、物質化してしまっているのが現状であります。それは聖書の記述、創世記第三章のエデンの園を追われ生命の樹の道をケルビムと回る炎の剣によって塞がれて本来の人へ帰れなくされてしまっているという文章によっても窺い知ることが出来るのではないでしょうか。

このように考えてくる時、人は神より離れた存在である以上、その本性に従う時、それは人としての道を歩むものではなく、似非人道を歩む存在となってしまいます。では、人の所謂自然なる本性に従うことによって人の道へ至ることが出来ないとすれば、果たしてどのようにすれば良いのでしょうか。

真の自然とは何なのでしょうか？　それは、ケルビムと回る炎の剣の存在を解明することによって生命の樹(気)の道に至る以外に、その理解は無いことを聖書は暗示しているようです。即ち、自然であれとは、何も原始的生活に戻れということでも、単なる欲望の解放でもないのです。それは全大宇宙の時に歩調を合わせることにのみその自然さは有り、神の意志のままに生き活動すること、即ち、神の計画の役目を果たすことのために我有りの自然さでなければならない訳なのです。

そこで、その新しい道「生命の樹の道」へ至る方法、三智の霊覚法を我々はここに提案せねばならないのです。人類すべてがこの「三智」に時は既に近づいています。それは、人間一人一人が自ら集わねばならぬ時が、です。それは、すでに扉をひらく用意らの深層意識の扉の奥において、すでに扉をひらく用意をして持っている道なのです。その扉をさえ開けば道は生命の樹へと続いているのです。

神と共に永遠に生き得る霊的成長のための木の実を一刻も早く食べてみようではありませんか。このことにより、あらゆる不幸、不安、悩み、闘争、病気等々人類のあらゆる不調和は自然に消滅してゆくのです。

「三智の会」はこの未知の永遠の神への道を切り開き共に歩もうとする会なのです。多くの人の共鳴を期待します。

イエウオア

高天原成弥栄和

ワヲウヱイ

神秘道の歩み方（二）

一九八〇年二月　記

神秘道とは、その名が示すように神秘のベールの奥に有る道であります。それは、現代の常識しか持っていない普通の人たちにとっては全く縁の遠い、日常の生活には何の関係もない、その道を歩みゆく必要性さえも感じさせぬほどに神秘となった道であります。

このように、全く気付かずに皆が通り過ぎてしまう道「三智」に気付く人間、それは極めて限られた少数の人間であろうと思います。だから、本会は本当にこの道を歩もうと決意した者のみを正会員として迎え、半信半疑の単なる知り合いだから参加するといった程度の方は会報「三智」を読んでいただくのみの購読会員として御遠慮をいただいているのであります。

このように言うと、何か人を寄せつけないような冷たい人間の集まりのように思われるかもしれませんが、それは全くの誤解で、その正反対の人たちばかりです。

では、何故このようにカキ根を作るのでしょうか！それは、我々の歩みゆく道が非常に微妙な想念のバイブレーションによって大きく左右される、有るか無きかの不可視の天上への掛橋であるからなのです。この我々が、これから渡りゆく橋、神秘道を「古事記」では「天の浮橋」と表現しています。聖書では創世記（九・十三）の神とノアとの契約：「我わが虹を雲の中に起さん是我と世との間の契約の徴なるべし」と、この雲の中の虹がこれにあたります。我々は、このような常識では全く計り得ない橋を実際にこれから渡って行こうとしているのです。ここで注意せねばならないことは、この橋を渡る者は二度と世の常識、既成の思想を振り返ることは出来ないということなのです。そうでない限り、これらの地の重みを持った既成の想念を着て空中に浮びつつ霊波の橋を渡るなどということは不可能となるからです。

もしもこの橋を渡りながら地の想念を身につけるならば、その者は即座に地上にたたきつけられてしまうのです。地の人間は天への浮橋をどのようにしても渡り得ないのです。それは、次元の違いによって峻別された関門をくぐらなければならないからなのです。

そこにケルビムと自ら回る炎の剣の解明が関係してくる訳なのです。三智の霊覚は正にこの解明によってでも有るものなのです。次元はそれぞれの世界で断絶しており、絶対に連続しては有り得ないものです。しかし又、どの次元をも一つにしている「三智」が唯一つ存在しているのです。この道をケルビム（天使）の通路と我々は理解している訳なのです。天の浮橋はこの通路に掛っている橋なのです。そしてその骨格は炎の剣（連義）によって構成されているものなのですが、この連義の象徴が五十音図と我々は霊観する訳なのです。

人類総てがこの橋を渡って天に至らねばならない時は近づいています。それは潜在的にはだれもが感じているはずの時なのです。あなたはどうでしょうか？　神秘道とは命掛けで歩む道であります。命掛けでない限り、この道は逆に非常に危険な道であります。しかし、命掛けだからといって暗い深刻さは全くあってはならないものなのです。とらわれの無いリラックスしたこの状態、明るさに満ちたさわやかな笑いにあふれた心、これこそがこの「三智」を歩むために最も必要なものなのです。

我々はこのような心を持った人たちでグループを作ることをお勧め致します。「三智への集い」この名称で集会を催されてはと思いますが、いかがでしょうか！　気の合う者が集まること、それはもっと多くの同類の友を呼びます。しかし、その「気」が物的な二元則の気であるから闘争・嫉妬、さまざまのぶつかり合いですぐに分裂が生じて破局を迎えることになるのです。それは世の中の団体が等しく抱えている悩みです。

我々はこの二元則の想念の次元を超えた三元則、三智の原理で新しい社会を創ろうとしているのです。そのヒナ型がこの「三智の会」なのです。

神秘道の歩み方（三）

一九八〇年三月　記

今回は、神秘道の歩み方の要諦とは何かについて述べたいと思います。神秘道とは何かについては前回までに少し概要を紹介してまいりましたので、二号までをお読みになった方は、なんとなく頭の中の遠い彼方で不思議な夢をみている連中がいるといった程度の理解をちらりとされたことと思われます。

しかし中には、もっと身近に、なんとなく日頃自分が考えていたことを言わんとしているなあ！　といった感じのされた方もいらっしゃるのではないでしょうか。その読後感の遠近によって、この我々のグループと共に活動すべき役割か否かが決定されて参ります。しかし、その役割であっても縁をつなぐパイプがつまっていて、この我々の霊波がとどかぬことがあります。それは、その人の因縁の浄化が出来ていないためで、その人の時が来ていないためなのだと思われます。

しかし、縁ある御魂は必ず一人残らず、その働きのそれぞれの場へ集められるはずなのです。そのためにこそ生が与えられているのですから、その使命をその人が果たさぬということは、即ち地上的な死を意味するからなのです。人が物的に豊かになりすぎ、それに因われて自らの使命に気付かぬ時、その人に神は逆境という霊的状態をもたらします。それが、赤貧・病気等々、人々が不幸と言って忌み嫌う状態なのです。

その時こそが、神が我々に与えてくれた浄化という天への誘いの時なのです。あなたはこの浄化を神の祝福として有難く受けとめられるほど超越していられるでしょうか。この、何事に対しても超越してあるということ、これが神秘道を歩む者の大事な心がけの一つであります。

神秘道の歩み方とは、何ら具体的な足の揚げ方、歩く時の呼吸の仕方などの細かい規定は無いものなのです。何故なら、それらの細かい具体的指示こそが人の創造性を失わせ、地に引き下してしまう原因になるからなのです。神秘道とは最も明確な道であります。しかし、具体的なものの積み上げによって至れる道ではありません。

それは非常な抽象的な形而上の霊波によって明確なる道筋なのです。

日本には多くの「道」と名の付く形而上の道があります。剣道・書道・華道・茶道等々、何でも道を付けたがるのが日本人のくせなのですが、果たして、その内に「三智」の輝きは現在どれほど存在しているでしょうか。師弟の間の礼、丹田力という「気」の力、調和の自然美など、いろいろと人を魅するものは多く有りますが、何らこれといってなんとなく貫いた感じがしない、ただただ盲目的に有難がって守っているだけ、気分的な爽快感のみで、とにかくやってみなくては良さは解らないなどと言ってごまかして、道の指導者としての先生の方が、その良さの本質を地上的なる満足に引き下して、それに安住してしまっている場合が多いようです。

そして、学ぶ生徒の方も、資格を取ることだけに夢中になるなど、すぐに本質からはずれた満足、低我性の欲望充足のための努力にと大切なエネルギーを浪費してしまっているのです。このように人が堕落してしまう根本的な原因は、「道」の本質をしっかりと見極めていないことに有ります。

では、道の本質はどのようにすれば見極めることが出来るのでしょうか。

来るのでしょうか？　それはただ我々があるカギをもちいて自らの深層意識の扉を開くこと以外にないのです。その扉を開くためのカギとは何か？　又、それを開くコツは？　ということを述べているのが、この会報「三智」であり、私のこの「神秘道の歩み方」なのです。

何事もまず初めに道の本質とはこうであるといったように、中心を把握してしまうことが大事なのです。それがまた、初めであり終わりであります。その中心を掴むために如何に時間を費やそうが、結局はその方が早道なのです。何故なら、その中心こそが無限に生み産みする大生命の気であり、神の意志であるからなのです。その波動を自らの内より湧き起こさぬ限り、どのような知識もテクニックも何の意味もない死物となってしまうのです。

人もこのように天の霊波を有さぬ地の人は、どのようにパワーを持っていても、又、どのように多くの知識を持っていても、どのように善人でも、すべて死人に過ぎないものなのです。それはただのコンピューターや蝋人形でしかないものであります。何故ならそれは、高我としての霊波の意志ではなく、低我として有る物質的な自我の意志に従っているからなのです。この物質的意志波動を聖書ではサタン（悪魔）と呼んでいるのです。

人類は今、この物質的想念世界を天霊的、波動によって浄化しなくてはならない時に至っております。そこで、ヨハネ伝福音書の冒頭：「太初に言あり、言は神と供にあり、言は神なりき。…万の物これによりて成り、成りたる物一つとしてこれによらで成りたるはなし。これに生命あり、この生命は人の光なりき」とあり、この言葉（光透波）による浄霊が必要とされる訳なのです。会報「三智」はその浄霊を活字によって行うために世に発行されて有るものなのです。

どうか、我々のこの活字によって、この文字を使わし働きつつある奥の霊波につながり、この微細なる一点の灯火を通じ、来るべき「光透波」の夜明けの光に浴し、共に人類の進化の道（三智）を歩んで行こうではありませんか。

では、コリント前書十三の言葉を最後に抜粋して今回はこれで終りたいと思います。

「たとひ我もろもろの国人の言および御使の言を語るとも、愛なくば鳴る鐘や響くニョウハチの如し。たとひ我預言する能力（ちから）あり、又すべての奥義と凡ての知識とに達し、また山を移すほどの大なる信仰ありとも、愛なくば数ふるに足らず。…げに信仰と希望と愛とこの三つの者は限りなく存（のこ）らん、しかしてそのうち最も大なるは愛なり。」

神秘道の歩み方（四）

一九八〇年四月　記

トルストイはその生涯の結晶である、人類への道標としての教訓的著述「人生の道」（岩波文庫訳）において「善なる生活を送らんがためには、あなたがどこから生まれて来たか、あの世に行ったらどうなるだろうかと言う事を知る必要は少しもない。あなたの肉体が何を欲するかという事ではなく、あなたの霊が何を求めるかという事だけをただ一筋に考えるがいい。そうすれば、最早あなたには、あなたがどこからこの世に生まれて来たかという事も、死後はどうなるかという事も、知る必要がなくなるであろう。なんとなれば、あなたは最早、過去とか未来とかいう事が全然問題となり得ないような、完き幸福をおぼえるに至るからである。」と述べています。

この言葉を「三智」を歩みゆく者としてどのように受け取り理解しているか、今回はこのトルストイの箴言を通じて、神秘道の歩み方を読者の皆様と共に考えてみたいと思います。

まず最初に、私が何故この言葉をここに取り上げたか。その第一の理由は、神秘道に対する一般的な誤解を、ある面でこの言葉が解いてくれるからなのです。それは、神秘道というとスウェーデンボルグ流の死後の世界はどうであるかといったふうな、霊媒的な心霊主義、スピリチュアリズムや、最近オカルトブームの一環として騒がれつつある人間の、あたりまえのものとして持っているべき、埋もれた能力、テレパシー・透視力・念力等々の開発へと、すぐに結びつけて考えられがちであるからなのです。

我々の神秘道にも、俗に言う超能力といわれているものの発揮が無い訳ではありませんが、それは第一義的のものではありません。我々の言う「三智」という神秘の新しい道は有りて在る永遠の世界への道筋であり、過去も未来も無い永遠に今として有る世界との一体化を目指したものであり、我々の道行きの目的は、自分の前世を知ることでも、未来を予知することでも、死後の世界を知ることでもないものなのです。それらはすべて幻影にすぎないものであり、絶対の無即有としての永遠の世界の霊波の意志とは何の関係もないものにすぎないのであります。即ち、過去とは過ぎ去ったものであり、（いわゆる未来という）地の人間が予知できる未来とは、悔い改めねばそうなるであろうものでしかなく、人はこの一瞬一瞬の「現在」の中にのみ、悔い改めの可能性としての赦しも、又我々のいうこの天への新しい道（三智）も発見出来る訳なのです。

この「今」という場、その中心である「永遠の今」にこそ、生命の道という不動の「神命」としての「弥栄の三智」は存在するのであります。だから、我々の把握するものは時間を超えて有るものであり、移ろいゆく物質の影など全くないものなのです。この非常に高い霊波を人が最も把握し易い場、それは全大宇宙の霊波の中心としての日（霊）の本の国という真名を持った、この我々が今住んでいる日本なのです。和辻哲郎博士の著述に「風土」という、風土のそこに住む人の思想に対する影響の考察がありますが、実はこの日本列島の形、そしてその地名が非常な神秘を黙示して存在し続けている訳なのです。また、この国で使われている言葉、今、私がこの文章を書いているこの言語、この日本語こそが、謎という謎を解き得る霊波の唯一の鍵を含んで有り続けているものなのです。

この神秘道を日本では、「言の葉の誠の道」と言って来たのでありますが、又、ここらで少しトルストイの言葉に返ってみると、「あなたは最早、過去とか未来とかいう事が全然問題となり得ないような、完き幸福をおぼえるに至る」と、トルストイは述べている訳ですが、このような完全なる幸福をこの「今」にもたらす力を持った、全大宇宙の本質と呼応するもの、それを古来、日本では「言霊の幸う国」として表現し、その言霊という神秘な存在を、意識的あるいは無意識的に運用しつつ、大切に秘め伝えて来た訳でありますが、では、果たして、トルストイは自分の言う、そのような完全な状態を自らに体現し、人をもそのような状態にさせることが出来たのでしょうか？

トルストイの小説に「光あるうちに光の中を歩め」という題の小説がありますが、我々はこの「光あるうちに」を、このように言わずに、だれもが無限に光（キリスト）を自らの内に見出す方法、又、光を大乗的に、だれの上にももたらすことを、この日の本の言霊により成し遂げんとしているのです。これこそが「三智の会」の使命であり、目的である訳なのです。そして、この我々を導く新しい道「三智」を照らす光とは、物的なイメージを一切持たない、光透波としての光なのです。それは「霊化理」としての神の法則によって、霊覚の内にひらめく言の葉の誠の雷光なのです。「言葉は雷（神なり）」という不可思議な呪文的な霊智的直観の世界に存在するものなのです。ゴロ（語路）ゴロ（語呂）と言の葉の道を鳴りころがり、三智（音智・字智・意智）を合わせて光り輝く存在、それが即ち「三智の会」の会員であり、全大宇宙人とでも呼ぶべき、言霊人間なのであります。ケルビムと回る炎の剣によって鎖された、生命の樹の道は即ち、霊の本の言の葉の誠の道であり、それは個人の深層意識の神秘の扉の奥にあるものであると同時に、集合的な個人、国体の深層意識の扉の奥にも有るものなのです。

この扉を開くことを、古事記では「天の岩戸開き」として表現している訳なのです。大本教のお筆先の「三千世界一度に開く梅の花」は、この大乗的な深層意識の扉開きを表現した言葉なのだと我々は解釈して居る訳なのですが、皆様はどうお考えでしょうか。

「東風吹かば　にほひおこせよ　梅の花　あるじなしとて　春な忘れそ」と、菅原道真は火雷天神として、ゴロ・ゴロと言の葉の道の真を「言葉は神なり（雷）」と黙示して存在し続けております。この黙示に気付くこと、そして、これを日本人が解し、納得すること、これが東風（日本的想念波）が吹き、梅（埋め）の花（神の仕組）のにほひ（影響）が起こることであり、あるじなしとて（私は今雷として黙示するのみであるが）春な忘れそ（その神秘の扉を開く時を忘れてはいけない）なのであり、それが又、聖書の表現では、鎖された生命の樹の道を開くことにつながる訳なのです。

その時、トルストイも、その真名としての「十（天）流統徒命・トルストイ」の使命を果し、成道し、我々の歩みゆくこの新しい人類の全大宇宙的進化の道・「三智」に集うことになるのです。

開けゆく　世に言の葉の　誠出で　いやさか栄ゆ
霊止の子の命

神秘道の歩み方（五）

一九八〇年五月　記

人類の霊・体・用の三位一体的進化の道を建設せんとして、「三智」を発刊し、やっと五号を迎えました。この間、多くの方々の御協力をいただきましたことを紙上をかりて厚く御礼を申し上げます。

人生の究極の目的である「道」を求め、旅立って早、半年、我々「三智の会」は今またどのような人道の道程を通過せんとしているのでしょうか。今回は半年前に没した実存哲学の巨匠、ドイツのMartin Heideggerの「Ueber den Humanismus」（ヒューマニズム《人道主義》について）によって、我々の「三智」を考えてみることに致します。

一九五六年十二月に京都大学の辻村公一氏がハイデッガー氏宅を訪問した際の回想記には、氏の玄関の木彫りの額に旧約聖書の箴言（四・二三）「すべての操守べき物よりもまさりて（弛むことなく汝の心を守れ、そは生命の流れこれより出づればなり）」が刻まれていたと書かれています。即ち、この哲学者は聖書のこの言葉を掲げることによって、自分は生命の樹の道を求めて思索し続けているということを示しており、又、自らの哲学こそ生命の流れを涌出させているのだという自負に溢れつつ、その生命の流れを必死になって護り続けているようにも見受けられます。

それは、「ヒューマニズムについて」の角川文庫訳の次の文章をお読みになってもただちに納得されることです。「言葉は存在の家です。その住まいに人間が住まうのです。思索（Denken）する者と詩作（Dichten）する者は、この住まいの番人です。かれらが番をすることによって、存在は完全な姿をあらわします。それも、かれらがかれらの発言をつうじて、存在のあらわれを言葉にもちこみ、そして、言葉のうちに保存しているかぎりにおいてです。」

ハイデッカーという人は、「有る」ということを我々と同様、ア（天）のル（流）〈天の霊波の流れ〉であると把握せんとし、言葉を人間が語るのではなく、言葉自体が語り、言葉が存在（神）であることを哲学した人であります。

そして、その存在（天）が円（慧運・叡智を運んだもの）の中心の点としても把握しているように思われます。氏は、人間存在に万物の中心、万物の霊長としての真の尊厳を回復せんとしているのです。その高遠な人類愛こそが、従来の形而上学的規定、人間は理性的動物（ロゴスをもつ動物）であることを、動物性から人間を考えたものであり、真に人間を人間性へと考えたものではないと言わせるのであり、人間は存在から話しかけられているということ、この話しかけから自分の本質がどこに住まっているかを見出だして「もって」いるということ、そして言葉によって脱我的に人間は存在の真理に内在し、そのことによってこそ、人間として明在しているのだと説かせる訳なのです。

　人間は言葉の外に一歩も出ることは出来ないと氏は主張しているのです。何故なら、その外の世界は生物的、物質的次元の世界だからです。本質的に人が人たることを回復するのは言葉によってなのです。ハイデッカーは言います。「人間は、ほかのいろいろな能力とならんで、さらに言葉をも所有している生物だというのではありません。むしろかえって言葉は存在の家であって、人間は、その家に住みながら存在の真理を護りつつ、存在の真理に属することによって、明在しているのです」と。

　では、この言葉がそのまま存在の家としてある日本語五十音図に、この哲学者は果たして気付いていたでしょうか。家とは五重（イエ）であり、アイエオウの五母音の重なりであり、そして、その天列がアタカマハラナヤサワ・12345678910・ヒフミヨイムナヤコト（ヒ）から（ト）まで、即ち、ヒト＝人として人間存在の形而上的構造を持って居るという奇跡に近いほどの、言葉と存在の真理が完璧な調和をもって構成されている、この五十音図の事実に、です。これは、日本語によって培われて来た我々日本人の最も霊観し易い天孫民族としての特権なのです。

　又、ハイデッカーは言います。「人間本質の最高のヒューマニズム的諸規定すら、人間独自の尊厳さをまだ経験していない」と。そして、存在（アル）について次のように言っています。

「それにしても存在――存在とは、いったいなにですか。それはそれ自身です。将来の思考は、このことを経験しかつ語ることを、学ばねばなりません。「存在」――それは神でもなく、世界根拠でもありません。存在は、すべての存在者よりもさらに遠いのです。しかしそれにもかかわらず、存在者が岩石であり、動物であり、美術品、機械、さては天使あるいは神であるにしても、存在は人間にとってすべての存在者より、もっと近いのです。存在は最も近いので

陰音　　　陽音

10	9	8	7	6		5	4	3	2	1	数
ト	コ	ヤ	ナ	ム		イ	ヨ	ミ	フ	ヒ	日文
	Y事	H	G	F		E	D	C	B	A	アルファベット
ワ	サ	ヤ	ナ	ラ		ハ	マ	カ	タ	ア	言の
ヲ	ソ	ヨ	ノ	ロ		ホ	モ	コ	ト	オ	葉
ズ	ス	㋴	ヌ	ル		フ	ム	ク	ツ	ウ	之
ヱ	セ	エ	ネ	レ		ヘ	メ	ケ	テ	㋓	道
イ	シ	ヰ	ニ	リ		ヒ	ミ	キ	チ	イ	
Y		H		V		V				H	エホバ別名

倭《ワイ》＝大《ヤ》和《マト》

5　10 W　5

す。」

そして、その存在が有りて在るままに住んでいるものを氏は、言葉として把握しているのです。即ち、「言葉は存在によって建てられ、かつ建て増された存在の家です。」「言葉は、存在の家であるとともに、人間本質の住居でもあります。」

そして、我々が「光透波」として霊観する言葉についても、思考はひとつの行動であり、しかもその行動は一切の実践に優る行動であるとし、その理由は「思考は、その発言において、語られていない存在の言語を言葉にもたらす」からであり、そしてその「言葉にもたらす」を「存在はみずから光りながら言葉に達する」と、言葉を「光透波」として把握せんとしている訳なのです。

それにしても、日本語というものは、このような世界の最高位にある哲学をすら、すっぽりと飲み込んでしまうほどに、深く、高く、広く、大きいのです。日本人はすみやかに、このことに目覚めなくてはなりません。その真の日覚めの時こそが、本来の霊の本の人たる使命の発揮される時なのです。この日本人が真に日本人として世界に立つ時、Golden Dawn（黄金の夜明け）として、神秘学者が予告する新たな世界が訪れるのです。時の神が日本を通りすごし、日本列島の消えさらぬうちに、この新しい「三智」は日本に敷いて置かなくてはならないのです。

有りて在る　　生命の道の　　一里塚
とことはに生く　　三智行きのために

神秘道の歩み方（六）

一九八〇年六月　記

私のこの神秘道の歩み方も今回で六回目を迎え、そろそろ何らかの体を成すものが出て来なくてはなりません。聖書創世記をみましても、「（一・三一）神其造りたる諸（すべて）の物を視たまひけるに甚だ善（よか）りき夕あり朝ありき是六日なり（二・一）斯（かく）天地および其衆群悉く成りぬ」とあるように、神はその創造のワザ（和座）・ワ（円・慧運）を拡げてゆくザ（座・場）を確立することを六日目に終えて、七日目に休まれております。

この宇宙を六合とも言い、般若心経には人の根本を六根（眼耳鼻舌身意）として表現しています。或いは、日本の神話に登場する神々の存在の場である高天原もタカアマハラあるいはタカマノ（ガ）ハラと六音波で構成されています。このように、六という数字は体を成す元の数ですので、今まで触れずに何となくすませて来た、新しい道「三智」を切り開いてゆく「三智霊覚法」の唯一つの自由自在な形式なき技法「言霊解」と呼ばれているものについて、少し私なりの考えを述べてみたいと思います。

我々の歩むこの新しい三智は、すでにお気付きのこととは思いますが、この「言霊解」という神業によって切り開いて来たものであります。この業（ワザ）は、名付けられてあるすべての存在者を存在の本源の光（光透波）へと立ち帰らせるという、黄泉（よみ）よりの復活の力をすべてに与える神の技法なのです。

では、そのことを又、少し哲学思想の力を借りて説明してみたいと思います。

近年、国内及び国際的にFriedrich Hegel（一七七〇～一八三一）の哲学の研究熱が高まりつつあるそうですが、このヘーゲルが三七才の時に完成した最初の主著「Phaenomenologie des Geistes」（精神現象学・一八〇七年刊）の序論には、次のように書かれています。

「かつて人々は天上に広く豊かな思想と形象を与えていた。存在するすべてのものの意味は、自分を天国へと結びつけてくれる光の糸のうちに在った。この糸を辿って眼差しは、この現在に止まるのを止め、現在を超えて神的なものに、言わば彼岸的現在の方に向けられていた。だから、精神の目は無理やりに地上のものに向けられ、地上のものにしばりつけられねばならなかったのである。超地上的なものだけがもっていたあの明るさを、彼岸的なものの意味である無気味と乱雑のなかへもちこみ、在る通りの現在のものに、経験と呼ばれるこの注視に興味をもち、意味を見つけるようになるまでには、長い時が必要であった（啓蒙主義）。だが、今になってみると、これとは反対のことが必要であるように思われる。つまり、人の心は地上のものに固く根をおろしすぎているので、人の心を、地上を超えたものに高めるのには、天国を地上に引きおろしたと同じだけの、無理やりの力がいるほどである。精神は貧しくなりすぎている。そのため砂漠を行くさすらい人が、ただ一杯の水を求めるように、気をとりもどすために、ともかく神的なものを少しでも感じとろうと、あこがれているように思われる。精神がこのわずかばかりのものに満足しているのに接する時、精神の失ったものが、どんなに大きなものであるかが推しはかられる。」（河出書房「世界の大思想」訳）

この文章を読んでみますと、このヘーゲルの生きた啓蒙合理主義全盛の時代と、我々が生きるこの物質科学万能の現代が非常に酷似した点があるからであろうと思われます。だからこそ、この状況にあってヘーゲルが叫んだ、人類への救いの道、弁証法的理性による論理学、これこそが再考に価するものとなっているのだと思われるのです。

何故、このように私がヘーゲルについて言及するかと言うと、このヘーゲルの弁証法的理性の神髄が、この我々の神法「言霊解」によって生々と実現されているからなのであります。ヘーゲルは自らの論理学の内容を、自然と有限的精神の創造以前のその永遠なる本質のうちにある神の叙述（Die Darstellung Gottes）であると表現しています。この論理（logic）がlogos（ロゴス）・言葉から来るものであり、そのロゴスを分け持つ法としての対話（dia・分ける、logos・ロゴス＝dialogue）術である弁証法（Dialektik・dialectic）、この内に存在する論理こそが、天の霊波を流出させているのだと言っている訳なのです。

そして、真偽の把握についても、つぼみという状態が花開くことによって否定されてゆくように、真理が前進する時の展開として真偽を位置付け、生命の統一性の内にそれらを観、二元的に想念の内に固定化することを強く戒めているのです。この西洋論理学の帰結は「すべての命題は、もし同語反復（tautology）でなければ、本当らしくみえる（probable）仮説以外のものではありえない」（LANGUAGE TRUTH AND LOGIC「言語・真理・論理」A・J・Ayer著・一九四六年刊・岩波現代叢書訳より）の言葉に表現されているように、有りて在るという表現に象徴される存在の家としての言葉の同語反復としての叙述、言葉（ロゴス）そのものとしての言葉を言葉にもたらす（Die Spracheals die Sprache zur Spracbe bringen） M・ハイデッカー）、即ち、言葉（言霊）としての言葉（光透波）を言葉（霊事）と成すことに落ち着くように思われます。

「言霊解」はこの同語反復的に言葉の奥に秘められた（聖書創世記一一・六、七「エホバ言ひたまひけるは　視よ民は一つにして皆一つの言語を用ふ…いざ我等降りかしこにて彼等の言語をみだし互に言語を通ずることを得ざらしめんと」）人類の大乗的深層意識の扉を開こうとする作業であります。

例えば、「人は霊止である」は「人は霊徒である」として叙述すること。このことは、語路を守るという同語反復と弁証法的に人という言葉自体の概念を霊止・霊徒に止揚（aufheben「その言葉の実体・生命・正命を抽出、回復」）し、言葉（ロゴス）としての言葉を言葉の内に花開かしてゆく道、即ち、天地（あめつち）に奉仕される霊事を現象させる言の葉の誠の道を歩むことなのです。

ヘーゲル流にこれを歩もうとすれば、精神の現象に学び自らを再生させる方法「精神現象学」という道として示されることになって来る訳なのです。又、この「言霊解」は実に自在で生命の躍動に溢れています。それは、幾何学的な記号、円を一つとってみても、それを慧運（エン・叡智を運んだもの）とすることは、数学上の単なる生命なき外的空間に於ける「円」という存在から、我々の内なる生命的哲学思想の場に於る「円」へと引き入れることになるのです。

又それは、その「円」という言葉自体にも新たな生命の息吹を吹き込み、再生させることにもなるのです。このように、「言霊解」こそが生命（正命）の天使の為せる業なのです。この生命、正命に溢れた真仮相（まかない）「真字（まな）と仮字（かな）で学板（まないた）・五十音図の上で料理すること」、これは文法という、言葉の解剖学的真理の枠に止まっているようなものではありません。だから一見遊びのようにも思えます。

しかし、この言葉の遊びのような思索、詩作、これこそが有るがままに自らの意識の奥の神秘の扉を少しずつ開いてくれるのです。そうして、その扉の相間よりもれ来るかすかな光、それこそが天使のささやきなのであり、生命の樹の道の霊波なのです。それはあなた自身を甦らせ、人類すべてをも同時に復活させ、又、この天地に普く万我万物にも奉仕されるところの偉大なる一・意智・位置をも現わすことになるのです。

天地も　動かすばかり　言の葉の
　まことの道を　きはめてしがな

明治天皇

寄稿文（2）

大川元一

～雑誌「三智」（言霊研究の定期刊行物）より～

一九八〇年十一月　記

エホバの経綸

経綸とは「国を治め整える事、即ち治国済民の方策」と辞書にある。又英語にてもGOVERNMENT或いはADMINISTRATIONとあり、国家を統治することの意味である。

人はよく神の御経綸という事を口にするが、さてユダヤ教、回教はアブラハム以来すでに数千年の年月を過していているが、旧約聖書（マラキ書四・五）によると「視よ、エホバの大いなる畏るべき日来る前に、我予言者エリヤを汝らにつかわさん」とあり、その御経綸の成就されん事を願っているが、未だその兆は見えない。

又、キリスト教は、イエス・キリストの再臨、即ちメシヤの出現により、地上は全て審判にかけられた後、神の国を見るというが、その日はいつなのであろうか。そして、仏教にても同様に末法の世に至り、仏に帰依せぬ衆生は滅せられ、しかるのち西方浄土が出現すると説くが、今現在、神の国・浄土を見るに至っていないことは事実である。

さて、皆さん、長い長い人類史の間、その人類の尊い祈りと懸命なる努力にもかかわらず、神と人とが合一できないのはいずこに原因があるのだろうか。ある学者は「人間は感情の動物である」という。恐らくそうであろう。喜怒哀楽すべて感情である。しかしながら、そういった感情的闘争の歴史の中で、喜びも哀しみも踏み越えてきたものの、天国への道は遠々と続く。

そこでふと考えてみると、どうもこの感情というものが原因であるらしい。かと言って、感情がなければ人間的情緒がなくなると人は言うであろう。しかし、人類は生命を授かって以来、感情の世界にとっぷりとつかってしまい、世の中は感情的闘争のルツボと化し、自らの故郷の味（アジ・阿字観）を忘れて、全ての行為は感情界内でから廻りとなり、いくら真剣に祈っても、いくら努力をしても、真の神には到達せず、有史以来数千年の感情の濁流が流れ去っていった。

このままでは種々の経典にある如く、人類は滅亡への一途をたどるものと思われるが、この感情界を抜け出せたならば、人類の熱望する新しき何かが見えてくるのではないかと感ずる。そこで、神の経綸の一端として登場しているのが宗教といわれるものであるが、これらのものは人類を救うべきその使命を果たしているのであろうか。

さて、「宗」という字は「ウ」かんむりと「示」の字より構成されているが、これは宇宙を現示する使命を持つものと思われるが、各宗教の内容はどうであろうか。

先ず一番古いと言われるユダヤ教を見ると、内外の学者或いはラビと称される聖職者たちは「ユダヤには五千年の歴史と智恵がある」と言うが、果たしてそれらの智恵と歴史でもって彼らの待ち望む新しきエルサレムは現実のものとなるであろうか。現在の状態では極めて難しいように思えるが、事実、未だ新しきエルサレムは実現していない。

すると、彼らの智恵は本当に最高度の所まで到達しているのであろうか。それには、先ずタルムードやその他の教典にある彼らの智恵は、単なる人間の物的生活上の為のみか、或いは人類が万物の霊長となるべき思想的手段となるものなのかを検討し、アブラハムの初心に帰って再考してみる必要があるのではなかろうか。

次に、キリスト教はどうであろうか。マタイ伝にて「天にいます我らの父よ、願わくば、御名の崇められん事を…云々」と祈りて、ただキリストの再臨を待ち望むのみでよいのであろうか。このような聖書読みの聖書知らずでは、真のキリスト（基埋須統）は何千年待っても来てはくれないであろう。

ここで先ずクリスチャンが聖書の中で探究し明らかにすべき事項は、創世記の「天地とは…、ケルビムとは…、炎の剣とは…、一つの音一つの思想とは…」又、ヨハネ伝の「言は神なりき」とは何を意味するのかである。キリストの言われた言葉は思想界と現象界をつなぐ言葉（光透波）である。

人間の感情界の中にある物質的生活或いは道徳的、社会的関係のみに当てはめて解釈しては、真の意味がわからないままとなる。かってのキリスト教神秘主義というものは、かなり昔に異端視されて表面から消え失せてしまったが、聖書の中の比喩（たとえ話や抽象的単語）は単に人間の感情界の意味にとらず、キリストやヨハネその他の予言者が霊感により受けた言は神の経綸（世の仕組）を示すものとして、思想的な解釈を行い、その裏の意味を把握する事により現実の状態を正しく各々が判断できるようになり、よって人格の向上を果たすことができ、完成へと至る。

そういった智慧、思想等々がそなわった時、キリストの再臨という状態が現出されるのではないだろうか。従って、聖書は道徳の教科書ではなく、それは経典であり、解釈の仕方により人類の進むべき道が厳然と示されている生命の書である。

さて次に、仏教はどうであろうか。日本では代表的なものに真言宗、日蓮宗、浄土真宗等々がある。これらの日本仏教に関する教本は、学者・僧により数多く出版されているが、根本をまとめたものは少い。

簡単にその一端を申し上げると、真言宗とは、正に真の言を根本とする宗教である。従って、漢字や言語の文字を見て、ただ念仏をとなえたり、マンダラの図を見て瞑想していても、何も生まれてはこない。その文字から出る音義、字義、意義を探究してこそ言を真言（まこと）にする事ができ、そこに空海の教えの根本があり、後世においてより深い研究が為されることをねがいつつ即身成仏されたのではないだろうか。

一方、日蓮宗では、法華経に基づく王仏冥合、妙法蓮華経を中心として教えるが、日蓮の言った五仏同道とは何を意味するのかを説くことが、日蓮の教えを根本から活力あるものにするのではないだろうか。ここでは勿論、五仏とは妙法蓮華経の五文字をまかなうが、それは日本語五十音図のアオウエイの五母音を意味する。従って、日蓮宗においても、五仏＝五母音をその根本義としている事が窺える。

次に浄土真宗では、親鸞は、一切、物にとらわれず、真実なるものに帰一することが真如であり、全ての衆生が仏となるために必要であると説かれたものと信ずる。

以上、代表的宗教のユダヤ教、キリスト教、仏教の考え方の一端を述べてみた。その他諸々の数多くの宗教が、泡の如く出現しては消えていったが、世の中は全てが混沌の中にあり、歴史に照らしても誰も解明できないのが現状である。昨日の事をもはっきりと覚えていない人類である事を思うと、史実とはあてにならないものであるとつくづくと感ずる。

そこで、歴史というものを、聖書に照らして六千年に区切ってみるとどうであろうか（左表参照）。我々にとって大切な事は、歴史の起源や発生を明らかにすることではなく、幾万年の年月を経て、現在ある言葉の中にこそその根本があるように思える。即ち、言の中にこそ万物の根本が存在し、そこから全ての物が創造されている事を教えたのではないだろうか。

我々は、今どのような状態にいて、何を為し、これからどのような方向に行き、どのようになりたいのかを検討することにより、思想的に次元の高い精神界（エデンの園）へと昇っていく事が先決と思われる。

二〇〇〇年　アダム～アブラム——エデンの園追放後の精神成長時代
二〇〇〇年　アブラハム～キリスト——契約・律法の時代
二〇〇〇年　キリスト～現代——恩恵と限定の心智開発時代

以上、簡単にエホバ神の経綸の一端を展望してきたが、さて、法則としての神の支配（経綸）によるその六千年の仕組は、あと数年にて終りを告げようとしている。こ

の辺でそろそろ、父（智智）と子（古——法則）と聖霊の三位一体の三智の探究により得た言霊の智力を以って感情界の壁をつき破り、神の経綸をしっかりと把握し、エデンの園行きの帰省列車の片道切符を手にしようではないか。

味（阿　字）観

一九八〇年十二月　記

人はそれぞれ使命を授かって生まれ来ると言われる。使命とは、「使わせられたる命」と書くが、生命を持つ人にとって、正に使命と人とは切っても切れないものだろう。しかし、世の中にはその使命を果たせずに物質的肉体を放棄する人が多いらしいが、仏教で言う輪廻説も、使命という義務を果たせなかった人々が再び使わされる事から説かれたものかも知れない。いずれにしても、終末を迎えつつあると言われる今日、人類の使命というものの解明こそ、今一番急がれている問題であると思われる。

人間の使命を果たすには、その構成要素となっている魂と肉体の活動の場となる生活というものが前提となるため、物質的なものと精神的なものとに分けられる。

先ず物質的には、今日の世界を見ればわかる通り、科学というものの発達により驚くほど進歩し、生活は便利になっている。遠い所へ行くにも数時間で行けるし、これが食べたいと言えばすぐ間に合うし、夏の物も冬に食べられるし、寒いと言えば暖かい着物があるという具合に、とにかく便利、便利の世の中である。

しかしながら、このような物は、そこに在るというだけであって誰でもが好きな時に好きなだけ味わえるというものではない。そこには、人間を厳格に定める規則というものが存在する。即ち、政治や経済の法則と言われるものであろう。貨幣の使用や貿易等により代表される経済も、国内あるいは国家間の権力闘争に終始する政治というものも、現在では生活防衛の為の政治経済思想にすぎないように思われる。

従って、科学者や企業家は、便利なものを作り、販売し、又ある宗教家は、食べたいものが食べられ、快適な所に住み、何の苦もなく生活できる事が地上天国だと定義するが、果たしてそのような状態が本当の天国であるのだろうか。生まれて、働いて、食べて、そして又働いて、死んで、という繰返しの人生が天国なのであろうか。いいや、それでは何の為の使命か、何の為の生命かがわからなくなってしまい、欲望とあきらめのミックスされた混乱状態になるであろう。

すると、物質的な満足のみでは、その使命の進行も不充分であり、完遂するにはやはり精神界を探究する必要が生じてくる。聖書、出エジプト記によると、モーゼがユダヤ民族を卒いてエジプトを逃れる時、マナというものが降り、そしてそれを壷にたくわえておき、四十年間それを食べたとあるが、これを単なる食物と解釈しては経典としての価値がなくなる。

そこで「マナ」を言霊解すると、真名、真字となり、マナを食べるということは「真字」を思想として研究する事になり、ヨハネ伝の「言は神なりき」の教えに基づき、真字を思想的に味わう事により、使命を果たすための糧となるのではなかろうか。ここで、物質としての食物を食べると、甘い、からい等々の味があるのと同様に、真字という思想を食する（研究する）と「味」アジ――阿字が出てくる。

昔、弘法大師は「阿字の子が阿字の古里たちいでて、またたち帰る阿字の古里」という有名な歌をよみ、その中心的な教典である大日経には「此の阿字等は、すなわち法身如来の十一の名字密号なり、乃至、天龍鬼等もまた此の名を具せり」と、又サンスクリット語には五十一種の文字があり、始めが阿字で終りがウン字であり、即ちアウンの法則である。

この密教の阿字観とは、万物がそこから生まれ、そして又そこに帰るという、万物万象の根源たる文字と我々人間の心とを一体化させることによって、人の使命というものを悟らせる事を説いたものであろう。従って、俗世間の学校を卒業し、結局人間は自らの使命を果たして阿字の古里へ帰らねばならないという事を意味しているものと思われる。

次に、違った「味」がある。即ち、味という字をみると、「未」と「口」の合成語である。この「未」は「ヒツジ」とも読み、未＝羊は神の使いとしての「日継」ヒツギ――「契約のひつぎ」をも意味する。又、「口」は方、すなわち法則であり、従って「味」とは神の法則のヒツギを表現していることになる。

聖書創世記・四章に「アダムその妻エバを知る、彼はらみてカインを生みて言いけるは、我エホバによりてひとりの人を得たりと、彼またその弟アベルを生り、アベルは羊をかふ者カインは土を耕す者なりき、日を経て後カイン土より出る果をもち来りてエホバに供物となせり、アベルもまたその羊の初生とその肥たるものを携へ来れり、エホバ、アベルとその供物をかえり見たまいしかども、カインとその供物をばかへりみ給はざりしかばカインはなはだ怒り、かつその面をふせたり、エホバ、カインに言たまひけるは汝何ぞ怒るや何ぞ面をふするや、汝もし善を行はば挙ることをえざらんや、もし善を行はずば罪門戸に伏す彼は汝を慕ひ汝は彼を治めん、カインその弟アベルに語りぬ、彼等野にをりける時カインその弟アベルに起かかりて之を殺せり」とあるのは、地の統治者としてのカインが、天の神と通じるアベルを殺したということは、天の岩戸閉めと同様に神へ通じる道がたち切られ、暗いそして苦しい人類界の混乱闘争の始まりとなったのであろう。

その結果、人類は数千年もの間、正邪、善悪、物質と精神的なものとのアヤなす世の中で、努力、努力の積みかさねにより、阿字の古里へと帰るべく、自らの精神を徐々に高めて来た。

このように、思想的食物を食べて味わった後に、その食物は血となり肉となるわけであるが、もちろんここで血とは「智」であり、ア字の古里へ帰るための智慧、又法則のヒツギを捜すための智慧のことである。

一方、肉とは智慧の宿る母体であり、五十音図に照らすと左図のようになり、アよりワの完成へと向う間の（二～九）ニク＝肉がつく事により五体満足に発達し、精神的に神の霊波としての血＝智を授かり、人格の完成、即ち実り（味ノ理）の秋（ア季）を迎えることになる。

1 アオウエイ
② タ
3 カ
4 マ
5 ハ
6 ラ
7 ナ
8 ヤ
⑨ サ
10 ワヲウヱイ

従って、思想的真字(マナ)を探究し、自己の人格を向上させることによって、自らの使命を悟る事が出来ると同時にその味（ア字）を知った時が使命を果した事になるのではないだろうか。空海の歌にあるように、ア字の古里へ、又、アダム―アベル―アブラハムと続いてきたア字の道（三智）をたどり、一日も早くエデンの園の空気を味わってみたいものである。

炒り豆に花の咲く頃

一九八一年二月　記

約二千年程前に、イエス・キリストはユダヤの民に向かって、最後の審判の時はせまり、「汝等悔改めよ、天国は近づきたり」と絶叫したが、およそ当時の人々には受入れられず、遂に十字架の人となってしまった事は誰もが知るところである。では、何故このような聖人の神言が出現していながら、その通りにならなかったのかという事については、やはり当時の人々は未だ精神的に低位にあり、それの意味する事を解せなかったものと思われるが、世の中の変り目、即ち時（十気）の判断をする基準（法則）というものがそろそろ必要になりつつある事を感じる。

昔、大本教の出口ナオ開祖は、そのお筆先の中で何回となく「世の大峠」という表現を使われており、これらも最後の審判としての警告を発しているものと思われるが、この峠という字を「十の気」（とーげ）と読み、さらにそれを十気と解すれば、「峠」とはその審判の時（十気）を予言しているものとも受けとれる。又、その時がいつ来るのかという事を適格に言い表しているのが、いわゆる「艮の金神」の物語であろう。
御承知のように、「艮の金神」とはその御神名を国常立大神と称し、一般には「鬼門」とも言われ、極めて厳格な神として恐れられている。この神様の物語には、国常立大神、一名「艮の金神」は、四次元神霊界において、極めて厳格な統治を行っていた為、他の諸神霊の自由な活動の障害となっていたところ、その諸神霊が図って天の大神に直訴し、艮の金神の隠退の御神勅を取りつけてしまった。従って、国常立大神といえどもさからう事はできず、無条件に隠退する事になった。

その際、艮の金神は諸神霊に対し、「汝等諸神の方策にては神政は必ず失敗する。その時、再び世に現われて政治を執らむ。何時の日に到らば汝等は再び我を世に出すや」と問ひ給ひたところ、諸神は、「そは、炒り豆に花の咲く頃ならん」と答えた、とある。ここで問題となっているのは、諸神霊の統治の期間が終り、いよいよ艮の金神の出現する時はいつなのかという事である。

以上の物語によると、「…いつの日に到らば汝等は再び我を世に出すや」と問ひ給うに、諸神霊はこれに答えて、「そは、炒り豆に花の咲く頃ならん」と答えたとあるが、恐らく世間の常識では、火で炒ってしまった豆などに花が咲くはずはなく、従って艮の金神の世に出る時は永久に来ない事を物語っており、即ち善悪二元則或いは自由主義、物質主義の支配する世界は今後永遠に続く事を暗示しているが、言霊という鏡にあててみると、明らかにその時はいつであるのかが示されている事がわかる。即ち、

「炒り豆に花の咲く頃ならん」を
「五理真目に八字の咲く頃ならん」

とすると、言葉の根源としての五十音図に次の如くぴたりと当てはまるのである。

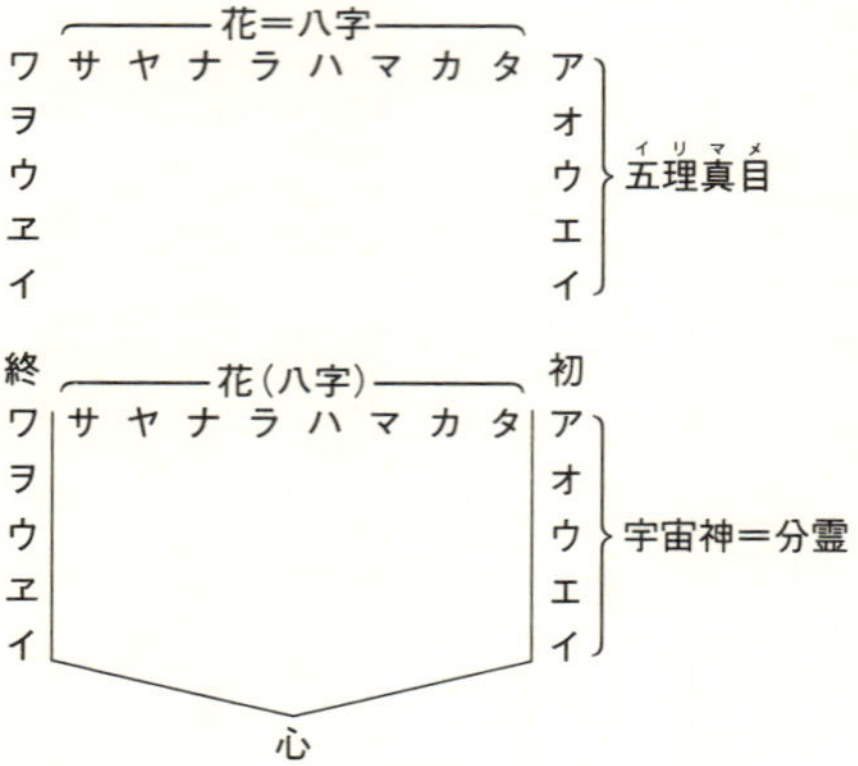

つまり、五理真目とは、五十音図の中の五母音を言い、又八字（八名）とはもちろん初めのアと終りのワの中間にあるタカマハラナヤサの八字を意味し、その八字が出現し並ぶ事を称して花が咲く

という。これによって上図の如く五十音図の神格が完成する事になり、いよいよ「言霊」というものに名を変えて艮の金神が出現し、世界の大浄化の始まりというわけである。

さて、それでは艮の金神＝言霊は人類界にどのように現われるかというと、人を宇宙神の分霊とすると、左図のような音図の形が考えられる。

即ち、人間は初と終＝生と死の一如の世界に心の花（八字）を咲かせる（自らの深層意識にある智慧の光を働かせる事）事によって、又再び宇宙神の根源へと帰ってゆくべき事を物語っているものと思われる。仏教の八正道、易の八卦、八条目等々、天の浮橋（八志）としての役目を果たしているのであろう。そしてこの八字が天と地に咲くことによって、神と人との合一する思想（四相）としての無即有の心の音図となるのである。

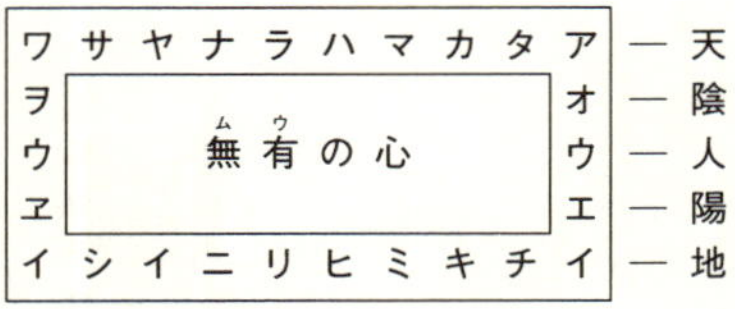

従って、人の心（九九路）に神言（五十音）の意味する神の智慧＝神智を一心に探究する事により、九九の心に、その一心＝一神を加えると完成としての百智（モチ）となり、画いた餅ではなく本当の餅＝百智を食べる（思想する）事ができ、いよいよ言霊時代の幕開けという事になるような気がしてならないのである。

一九八一年四月　記

法則と霊則

「無」という字を分解すると、先ず「ノ」つまり天よりの霊波としてのノが降りて来て、天・空・地の三界を表わす「三」があり、その三界を統治する法則として四本の柱「｜｜｜｜」が存在し、そして最下位に天空地の法則を運行させる四つの足「、、、、」がある。

このように見ると、一般的に意味づけられているように、「無」というものは、空であり何もないものを言うのではなくて、無即有の如く、「無・ムウ」という思想そのものに「有」としての法則が厳然と存在し、宇宙の生々流転の姿を物語っている事がわかる。

さて、霊波としての「ノ」であるが、これは無音、無声、無響の神界の始めの動きとして⦿のマルチョンを意味し、聖書に出てくる方舟の主人公であるノアは、恐らく「ノ」、即ち天より降り給うた霊波の命令を受けた母音

無

「ア」の持主として、洪水により改まった世の中（水＝ミイズ＝御稜威のあふれ出る世）に新しい地上統治の範則としての五十音法則を普及させる役目を授かった人ではないだろうか。

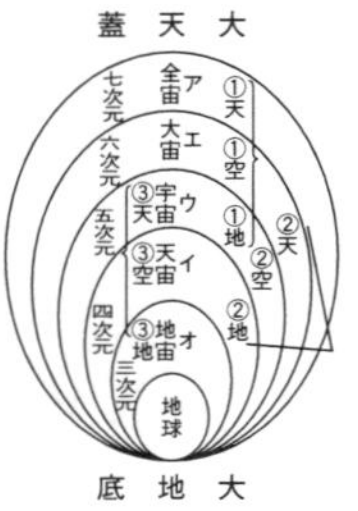

　次に、天・空・地の三界を表わす「三」は、上図の如く天にも空にも地にも、それぞれの天空地があり、三つが一体となって、言わば神界、神霊界、現界の三界の状態を表わしている。大本教の御筆先にいわく、「三千世界、一度に開く梅の花」とは、神の一意千心をこめた三千世界（三界）の法則の出現のようにも受けとれる。

　又、上述の天空地三界をつなぐ四本の柱（波志羅）は四方形となって法則を形成し、統治の洪範として宇宙に遍満する全智の型、即ち五十音図を形成しているものと考えられる。従って、この天空地の家を支えるこの四本柱こそ、世に言霊といわれるものではないだろうか。

　最後に、上記の法則を支え、かつ運ぶ役としての四つの足がある。この足は天志とも書き、天の命令を忠実に運行させる役割を果たすものであり、五母音のアに対してのイウエオの四音（シオン）ともなり、又四天王とも言われ、天の気を司る一年の四季にもたとえられる。

　以上の説明で、「無」という文字の意味するところがおおよそ御理解いただけた事と思うが、次に、観念的或いは思想的な面からとらえた霊波と法則の関係を示すと、先ず点線の丸い左図で無限の全大宇宙を表わす。そして、これを取りあえず目に見える図として上の如く実線で円を書き宇宙霊体として表わす。その霊体の中に「ウ」の言霊としての動きが生じ、マルチョンの発生となり、その運行として法則が生じる。従って、全大宇宙という霊体の中で運行する法則を左図のように書き表わせる。

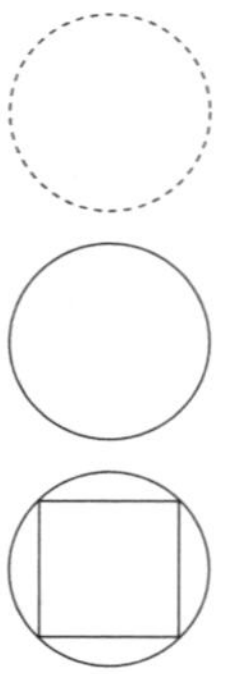

　ここにおいて、我々の想念界に（□―角―方―法則）と（○―円―真流―霊則）との関係が生じる事になります。従って、前述の三界が整然と支配統治される為にはこの法則（角）と霊則（円）の運行が一致していなけれ

ばならない。

そこで、六八思考の○と□の一致図を示すと次のようになる。即ち円の半径を一辺の長さとすると円は六辺となり、角は八辺となりそれぞれの外形の範囲を表わす。一方、中心より一辺づつの角度を測ると○は六辺で60度となり、又、□は八辺で45度となる。そこで、○と□の角度の共通項は60－45＝15度の差を2分すると7・5度となる。又、6×8＝48となり、360度を48でわると7・5度が出る。

従って、左記のような公式が表わされ、○と□の内外共に一致する事が証明される。

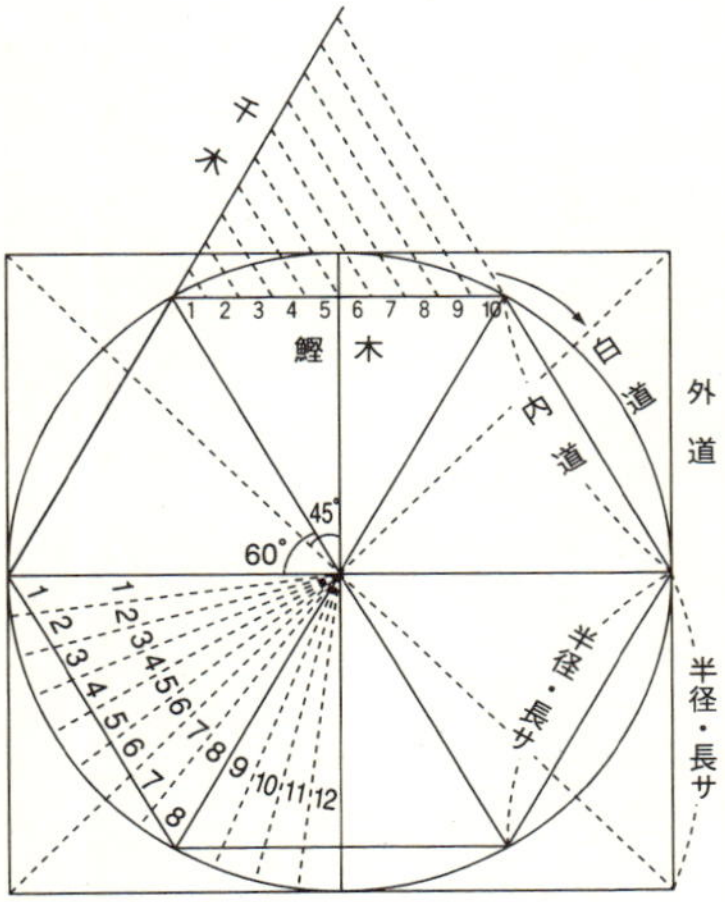

○＝6×60＝360度　□＝8×45＝360度
○＝60÷7・5＝8は□となる　□＝45÷7・5＝6は○となる（中心と外面とは一致する）。
さて、上記の6と8の思考法の□と○の関係は如何なるものを意味するかというと、恐らく宇宙霊体と人間の関係を表現したものと思われる。その機能構成を図式化致すると、次の図の如くなる。

この図により、人間というものは霊肉共に宇宙霊則と宇宙法則とイコールのものとして創造され、小宇宙と呼ばれる理由もここにあると思われる。

この事を表現したものとして、古典に「六合を兼ね、都を開き、八紘を掩いて宇となす」がある。勿論これは、六合と八紘の関係、即ち○と□の霊則と法則を表わしたものであると共に、地球人類界の組織をも説明しており、如何に自然は人類に対して、（宇―イエ―家）即ち統一国家への道を早急に実現すべき事を指し示しているかを窺い知る事ができるのである。

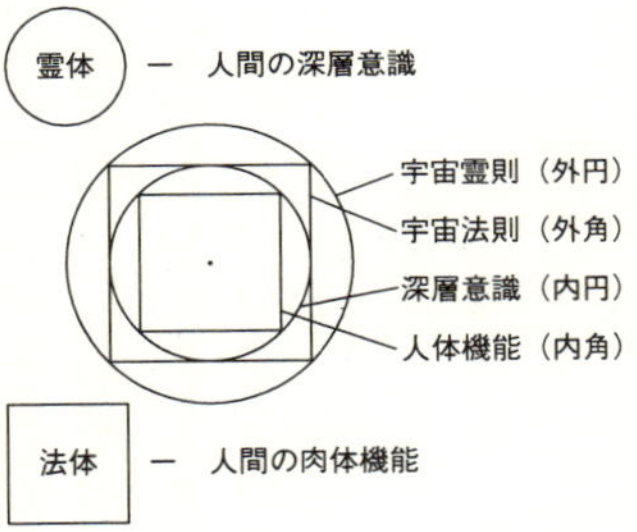

法則と霊則の事について簡単に御説明してきたが、この件については、他にもいろいろと考え方があると思うので、ぜひ皆様方もお考えいただきたい。

一九八一年五月　記

時間と空間

人間の思考の中で時間と空間の観念が広大無辺のように思えるが、字を見ると双方とも「間」という字が付いており、何かと何かの間（あいだ）であることが窺える。間（あいだ）とは中間であり、又内面であり、するとそれを包んでいる外辺がアルパである。その外辺とは、恐らく原始と未来であろうと思われるが、そのアルパ（最初）とオメガ（最後）を探究する前に時間と空間の内面をのぞいて見る事にしよう。

先ず「時間」を考えてみると、およそ人間生活の中で厳然と立ちはだかっているものは、過去、現在、未来の観念、即ち歴史的発展過程であろう。人類のルーツは何か、という疑問により、今日のような古代史ブームを起し、現在の人間生活をより良くするにはという問に対して福祉政策というものが打ち出され、又誰にもわからない未来に対して、世間では宇宙的規模の大災害が来るとか、一方では地上天国が実現しますようにと、日々ただ祈りざんまいに時間を過しており、こうした過去、現在、未来という時間的観念から生まれた事柄は、時間というものの持つ圧迫感とそのスピードに幻惑され、あせりを生じる為、歴史的混乱の原因となってきたらしい。

聖書・創世記によると、善悪の樹の果を食べた罪でアダムとエバは地上に追放されたとあるが、この事は恐らく、人類に「時間」という観念を与えた事を意味するのではないだろうか。例えば、時間を守る、守らないという事実により、人類界においては、守った者は善、守らなかった者は悪、そしてそこに罪というものが生まれる、まさに「時は金なり」の契約社会である。つまり、善悪のルーツは時間という観念であることがわかる。

ある宗祖の言葉に、「時には神もかなわぬぞよ」とあるが、時（トキ）とは十気であり、又、十とは神を意味する。即ち、十気＝神気、即ち神の息吹が全次元界に遍満している様子をあらわし、神、御自らの「気」によって時間的観念を統制しておられる姿を表現したものと思われる。このように、時間的観念の流転する世の中にあって、人が事物に対して正しい判断をする為には、「時間」というものを「自観」（ジカン）という観念に転換し、自らを観る、即ち人間の霊現界の神秘を自ら探究することが肝要ではないだろうか。

次に空間であるが、この観念は御承知の通り、広い狭い、あるいは短い長いの意味を表わす。物質的宇宙空間において、領土の狭い日本においては一番関心のある観念ではないかと思われるが、しかしこれも前述の「時間」と同様に、この地上界においては善悪の生みの親でもある。

例えば、人間の物質欲からくる領土侵略の野望である。昔から戦争というものが無くならないのもこの為だろう。しかしよくよく考えてみると、このような三次元的空間のとらえ方は、単に広い狭い、短い長い、の距離的感覚からである事がわかるのである。「距離」とは「虚理」とも読まれ、「ウソのコトワリ」となり、「実理＝実相」でないことになる。従って、三次元界は高次元界からの投影のようにも思える。

では、「実理」とはどこに存在するのであろうか。宇宙には物質宇宙と精神宇宙の二つが存在していると言われる。物質宇宙とは御承知の如く、いわゆる天（そら）と地（地球）があり、その間に空気があり、人間を始め動植物が生活を営む所と解釈され、又、その事を聖書他種々の経典にも説明がある。一方、精神宇宙とは思想的宇宙空間であり、その空間は両側を、天＝最初＝アルバと地＝最後＝オメガにより囲まれた一大精神世界であると言われる。

これを言霊的に解釈すると、空間とは（間＝アイダ）であり、アとイの法則が空間に展開する事を意味する。即ち、日本語五十音の五母音の厳然たる統治法則を表現するものである。アは天、イは地、中間のウは人、従って天地＝アイ（愛）の法則よりオとエ＝陰陽の二気が生じ、ウの働きによって天地間の仕組が成就されてゆく事を物語るものなのである。

以上のことを図式化すると、左図のようになる。

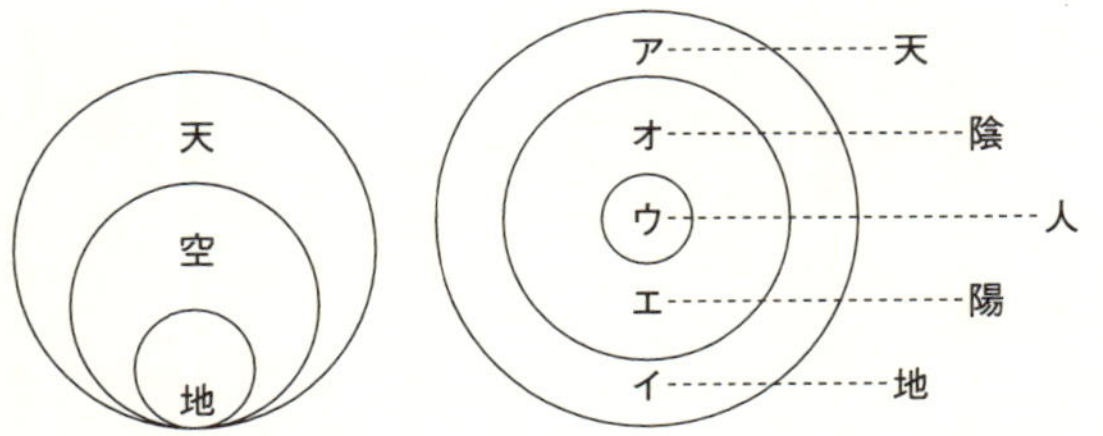

さて、時間と空間の観念を簡単に概観してきたが、この様な考え方をすると、おそらく三次元現界の時間・空間の観念を主とする人達からは非難を浴びるかもしれない。しかし、彼らの

基本とする法則に基づいて今日の混乱を解消出来るかと言うと、それが覚束ない事は歴史の示すところである。

時間の流れからくる過去・現在・未来の歴史的観念と、空間の広がりから起こる領土・領空的野望の渦巻く人間世界＝世間、これら時間・空間・人間世間をよくみると、みな「間状」の世の中である。「間状」・カンジョウ＝感情の世界とは、環状、即ち○・マルの中の世界であり、いかに人間がやみくもに努力しても、善悪二元則の世界＝感情渦巻く世界を解脱できないのである。

このような姿を呈しているのが今の世の中であるが、善悪感情の渦巻く空間に、フワリフワリと人間はどこへ飛んで行くのであろうか。この世を浮世とはよく言ったものである。本来、間状・感情・環状・○・輪・和となり、世の中平和の世界となるはずであるが、それがなかなか争いのない平和な世の中にならない原因は、恐らく輪＝○の中心が定まらない為ではないだろうか。中心とは忠臣を意味し、逆臣のまかり通る世の中では平和となる道理がない。忠臣が出ると、世の重心（重臣）が定まり、そして法則にもとづき善政を敷くことにより世の中が安定する。従って、時間と空間の観念によって成立ってきたこの宇宙空間のもう一つの観念、即ち「重量」が必要となってくるのである。

「重量」は「十量」とも読み、神の量を表わす。「量」の字を分析すると「日」と「里」が中間の「一」によって天と地に分離されて、日＝霊の下に人類の古里が存在している事を表現しているように受け取れる。このように、天地の法則を実現させる為にもその空間に存在する感情界（時間空間）を克服し、自らを観察することにより、全大宇宙の中心＝忠臣＝重臣たるべく心がけるのが我々の責務であると思われる。

一九八一年六月　記

音を絵にする

「柿くへば　鐘が鳴るなり　法隆寺」という有名な句があるが、正にこの句は一幅の絵を見る思いがする。音と絵とそこに人間の感覚が加わって、三位一体となった状景のすばらしさが現われている。

さて、音によって絵をつくり出すことは芸術の分野において数多く試みられて来たようだが、ここで音を（絵＝エ＝慧）即ち智慧・法則にすることは出来ないだろうか。元来、音とは「ネ」とも読まれ、事物の根、つまり根源（ルーツ）を表わす。又、音の字は（立つ日）と書き、日が立々（りゅうりゅう）として活動する様を物語っているようでもある。

音といえば、典型的なものは、鐘の「カーン」太鼓の「ドーン」鈴の「リーン」等々あるが、これを人間世界で考えると、感情あるいは人情というものの現われと見る事ができる。上記の音の表現の終りには、みな「ン」の字がついており、「ン＝運」つまり感情の動きを示している。音による人間感情の表現は、音楽というものにも用いられ、我々の世界では最も高貴なる芸術の一つと考えられている。昔から名曲といわれるものには、喜・怒・哀・楽の情感が込められている。

次に、この人間感情の喜怒哀楽と最も深い関係にあるものが、自然現象である春・夏・秋・冬である。この四季が人間生活に及ぼす影響というものは、絶大なものがある。気候による肉体的変化、それによる衣・食・住の変化、又、それに伴う政治的・経済的活動の季節的変化、あるいは四季の変化を題材とした音学・絵画・詩句等々、芸術分野においても人間生活には切っても切れないものとなっている。このように考えると、人間の喜怒哀楽の感情と四季の春夏秋冬はかなり密接な相互作用をしているように受けとれるのである。

又、この四季の自然現象から派生する自然感覚として、暖・暑・寒・涼の四つがある。これは春夏秋冬の肉体感覚的表現であるが、この影響によって、地域的に極端な所ではそれぞれ異なった思想が生まれ、現代の政治・経済思想の混乱ともなっている。

以上のように見てくると、音から発する波動により、人間の感情が形成され、春夏秋冬・暖暑寒涼の環境、即ち宇宙法則に基づきその営みが展開している事がおわかりいただけるかと思う。

しかし、ここで我々人類は決定的に乗り越えられない壁にぶつかっている事に気がつく。即ち、物質的・感情的な宇宙法則の中では、人類の最終的統一は不可能であるという事である。何故か。それは、二元則という世界に生活しているからである。つまり、平和というものが訪れてもそれは二つの勢力のバランスにすぎず、一方が崩れれば必ず平和は崩壊し、元の闘争の世界へと押し戻

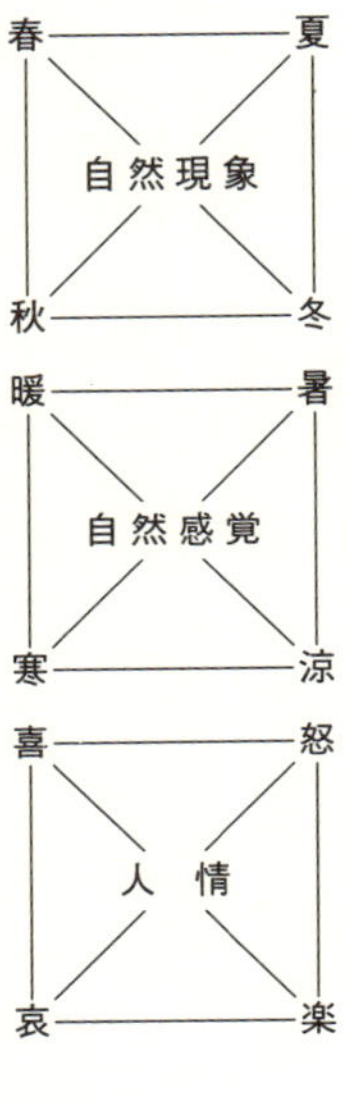

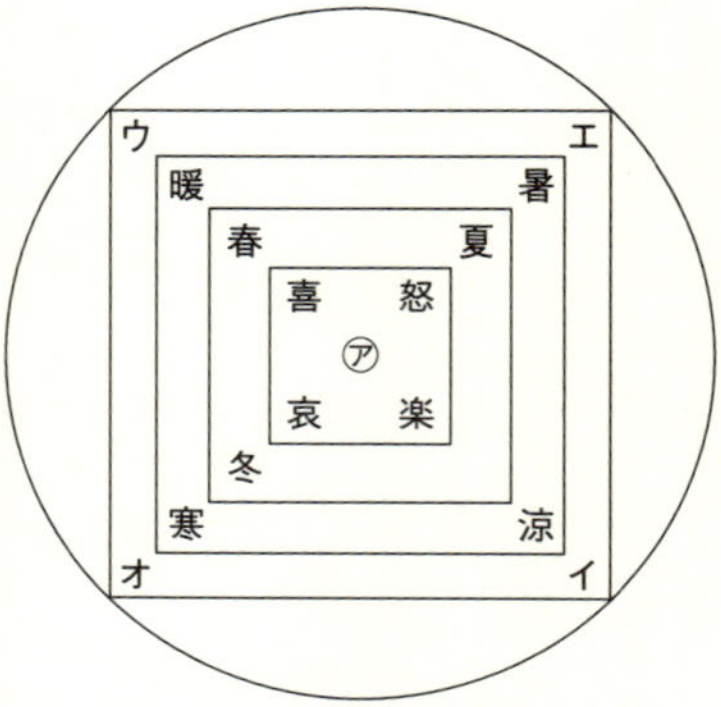

宇宙法則

されてしまう。人間の感情内部にある善悪二元則＝良心（両心＝二心）の内部闘争も同様である。

それでは、完全なる平和とはありうるのであろうか。又、どのようにすればそれに少しでも近づけるのであろうか。それには、始めに音波により創られたこの世界であるから、その音の世界へ戻ることである。そして、音＝言の元点である母音、アイウエオの世界へとアプローチする事である。イは地の働き、ウは人の動き、エは智慧の泉、オは智慧の結晶、そしてこの四つの法則を統一融合するアの働き、真言宗開祖、空海の詠んだ「阿字の子が　阿字の古里　立ち出でて　また立ち帰る　阿字の古里」のアの法則である。これを探究してこそ人類は、宇宙法則より霊体への三位一体の道（三智）を発見し、真の平和へと行けるものと信じるものである。

寄稿文（3）　大橋　勇

～雑誌「三智」（言霊研究の定期刊行物）より～

初夢「舟出の詩」　一九八〇年一月　記

今の世はシーソーゲームの場　男と女　親と子　国と
国　団体と団体
科学は科学と　宗教は宗教　科学は宗教と　人は人と
シーソーは限りなく続く。
シーソーのことを日本では　ヤジロベーという
思ー想ーのやりとりに野次を飛ばす　どこか共通点が
ありそうだ

思想の発路　感情の動き　瞬間的に捉え
瞬間的に反応を示す　人間、己の奥に秘め育くんでい
るものをさらけ出し
このゲームに喜怒哀楽を求める
ゲームの積み重ねにより　人はその住み家を狭められ
芯（真）より遠ざかる。
その度が過ぎれば過ぎる程　孤立して停止し天涯孤独
となる。

この物質宇宙界　即ち　相対性原理に基づく
二原則の思考と行動を続ける限り　やがて傾いたまま
シーソーは停止のやむなきに至る。
平衡を保つために　両者が出逢う中和点は一つしかない。

思ー想ーの原点を捉え　天を仰ぎ
糸をしっかりと結ぶならば　ハルマゲドンの戦場へ望
もうとも
思ー想ーは平衡を保って　静かに止まってくれる。
天と地を結ぶ中和点に向かって　ヤジロベーは進んで行
く
いつしか　そこに己が立っていた。

心地良い目覚め　すがすがしい朝だった。
年頭の初夢　三智の創刊に当り
次の詩を送り　世の思ー想ーを問う。

暗雲たなびく四方の海　時正に日を召す五十と五年
宇宙維新の大業に向かって　天命自覚をせまる
舟は静かに岸壁を離れ　大和の国の民草を占う
一点の光　雲を払って煌き　神政復古の波を起さん

天に向かって糸をたぐろう　一九八〇年二月　記

天に向かって糸をたぐろう　永遠につきぬ糸
その源は裸の天国である　アダムとエバが追放される
以前
二人は一体で　共に裸で恥ざりきとある
人生の極致もまたここにある

すがすがしい朝　床をけって素裸となる
赤坊は一声泣いて　水の世界より気の世界に躍り出る
初めは皆裸である　天国は裸の世界
有りて在るままの姿
やがて人は衣をまとわねばならぬ　衣は糸にてあやなせる
赤坊は人のあやなせる衣を
アダムとエバは　天衣「羊皮の衣」をまとわさる
神の与えし衣　人の与えし衣

その衣の糸（意図）が異なるところに　神と人の世の神秘がひそむ
縦の糸　横の糸　その交叉点はまつろいの地
縦横無数の糸より地が生れ　これを人は生地という
天女はこの生地より織りなせる衣　即ち　思想ー意図ー糸をたぐって
天に帰える　人は次々と衣を替えて地上をさ迷う
衣には六つの服装がある　神　仏　儒　基　回　科
陰陽で十二単衣になる　色鮮かな衣は人を如何ようにもあやつる

天衣の糸をたぐれるものは幸である
自らを刈り取らねばならぬ　みのりの秋
よみがえるために　あやなす糸の天衣をマトって
ただ一筋にこの糸をたぐらねばならぬ

古人は裸という文字でそれを示す　衣の果
即ち　思想の完成は衣にかかり　その糸にある
五六百（コロモ）の成就＝裸＝語露茂　五と六とは火と水　カとミ
この陰陽の結びによって天衣が生れる
水と火の経綸の流れるところ　ミカエルは現実の姿となる

天衣をマトうために　人の織りなせる衣をかなぐり捨てよ
天国は裸の世界である　着（気）のみ着（気）のままとは
明暗二元の思想を物語る
古人の智慧正覚の素晴しきこと　正に　神の如し

五十音の詩

吾はアである五十音　汝もアである五十音
吾と汝　いずれも昔はワレと読む
吾は男の燃える炎　汝は女の燃やされる水
吾と汝とは表裏一体　宇都売の力が働けば
吾と汝とは百となる　百は真白く新しい
一つの生命を芽生えさす　この世の仕組は汝と吾
百即一の法則で　くるくる真輪流（まわっ）て花開く
開いて散って実を結び　吾と汝とは百となる
百々千万の御代までも　吾と汝とは五十音
お前百までワシヤ九十九まで　後の一つは天の糸

今より後の日を想う

一九八一年三月　記

天上天下、命あるものすべてに　栄光の遺産を称え、この詩をおくる

旭昇の彼岸　秋津の龍島
真の御柱　世界の似型
エデンの神樹　炎の連義これを守り
栄光の遺産　此処に眠る

激動の六千年　使命を秘して果たす
不滅の思想　日本の静動に掛かる
不断の闘争　拡翼の終末
善悪のけじめ　真を極めるの時

神は黙して示す　進化創造を計り
天上無窮永遠に　ありてあるもの
生命の霊泉　光を透して波打ち
天来の種智　万象万霊を育む

世を厭う釈迦の幻想未だ消えず
行者の秘力自我壁問にありて
天智なほ届かず

人は内なる光を忘れ
外に神を拝して遇す

人間の尊名　神志を喪失し
生死の厳頭　二者択一を迫る今
万教花開けども　救世未だ実らず
未知の秘教天光に踏みいって自己を知るべし

新たなる世紀　都は一つ水火の国に
築かんかな地上に天国を　吾は夢む
築かんかな地上に天国を　尚尚吾は夢む

世にさきがけて

一九八一年四月　記

思想的放浪者よ　何を求めてさ迷うか
思想は理的なもの　精神は感情界のもの
思想界と精神界を混同してはならない
混同するところに迷いが生ずる

いつまでも　精神界の幕内に閉じこもって
出ようとする意志がないからだ
カイコはサナギとなって　美しい糸を提供してくれるが

精神界の幕は　己自身で打破らねば
己の糸を繰り出すことは出来ない

放浪の旅を捨てて　早く定着せよ
心の中心を凝視して　己の思想界確立のために
ヒカリ（霊化理）は霊の本より発し
霊の本へ帰り　再び　霊の本から出発す

光は陽の本より発し　陽の本へ帰り
再び　陽の本から出発す　光（霊化理）は日の本より
出発し
日の本へ帰り　再び　日の本から出発す

消えることなく　常に漂い
掴みどころとてなく　遍満せる　ヒ　霊　陽　日　光
始めなく　終りなく
何処から来て　何処へ行くともなく

考古学者や歴史家が　その糸をたぐれども尽きず
科学者が　分析に分析を重ねても
辿りつくことの出来ぬ　始祖　ヒーフーと風の如し

深毛とシルクの放浪を重ねつつ　深き泉の涌き出ずる
大地を求めて足を止留め　都を開き　城を築き
一宇の実りを願いつつ　辿りし旅路は六千年
豊なる葦　崩え出ずる　大八州の築城を
極東の地に選び　ここに神霊の結集を計り
総決算の時を迎える

心あるものは　ヒ　霊　光　陽　日　の道を
学び究めよ　世　に　さ　き　が　け　て

視点を変えよう

感情の世界に君臨する神と偶像
神の宮居であるべきはずの人間という器が
真の光を失って幽界という感情の世界を形成し
その動揺から逃避する為の手段として
形あるものを捉え　偶像と名付け　それにしがみつき
執着の心を培養し　その持てる量をもって
価値規準を設定して来た

金木（カナギ）世界の摩擦ある経綸を脱皮して
その宮居に帰るために　人は真の光をもって
闇に閉ざされた感情界を照らし
幽界なるものの実体を把握せねばならない

昔から聖人君子が理想の追求に明け暮れ
何れもその望みを達し得なかった
根本的原因が何辺にあるやを　把握するならば
神と偶像の世界を感情界に
十字を結ぶことも至難の業ではない

人は神と偶像の世界を結ぶために
智慧と力を積み重ね　その生命を与えられ続けて来た
その集積された智慧と力の総決算の時が今である
折角与えられた永遠の生命を　積木の如くもろく
ガレキの如くはかなく　油なき灯火の如く
消えて行くことは　自然の掟とはいえ
もの悲しく淋しいことである
噴起一番　その視点を変えて行こう!!

私は宇宙の一つ星　こわれ易い　小さな惑星
生命と　美と健康を保全する
樹々の緑は枯れてゆく　ひ弱な私をどうしてくれる
星はみんな丸いのに　どうして人はかどばるの
角があるから　丸い地球も揺れるのだ

人の住いは地球星　地球の管理を誰がする
自分の家なら清潔に　金をかけても補修する
だのに私を何故に　ふんだり　けったり　えぐったり
いぢめつくしてしらん顔　地宙の神よ哀れみ給え
何も知らない人々に

天国は夢見るものに非ずして　己自身で築くもの
棚（天）から決して落（降り）ちては来ない
そのことを　一人一人の心の中に
早く知らせて悟りへの　道を歩んでゆけるよう
三六五日　祈ってる　ひ弱な私を哀れみ給いて
これ以上　破滅への道を歩まぬよう
言い聞かせてほしい　得心のゆくまで

キミ故にこの世はあるの

作詞　大橋　勇
作曲　なかつ・こうじ

皆さん命を大切に致しましょう
一、君故にこの世はあるの
尊い命を授けられ
この世をつなぎ行く末築く
重い務めを托されて
永遠に生き抜く宇宙の申し子
君　故にこの世はあるの
見えない気　見える実　共に摑み取りましょう
二、気実故にこの世はあるの
見えない世界見える世界
摑むは己の気一つ
陰ともなれば陽ともなる
それは無の世界宇宙の御宝
気実　故にこの世はあるの
皆さん地上に天國を築きましょう
三、岐美故にこの世はあるの
照る日曇る日いざなぎとなみ
おとぎの國の語りにあらず
宇宙世界の創造主
千代に八千代に命をきざむ
岐美　故にこの世はあるの
一切はキミにかかっております

※この歌につきましては、岡本安出先生の講義中の肉声と共に、ＣＤ版にて頒布致しておりますので、ご希望の方は研究会までご連絡下さい。

寄稿文（4）　江島蛍之介

～雑誌「三智」（言霊研究の定期刊行物）より～

金糸雀《カナリヤ》の唄

一九八〇年十月　記

新聞や放送などによって最近の世界の動きを見ていると、社会の混乱はますます激しくなり、今まで蓄積されてきたあらゆる矛盾がいたる所で口を開けているようです。そしてその影響は、しらずしらずのうちに、我々の身のまわりにも及んできています。多くの人々は、このままでは近い将来、大きな戦争あるいは何かの動乱が起きるかも知れないと感じているようですが、不思議なことには誰も何らの解決策も出せないでいるようです。

それは、現在のあらゆる矛盾は、政治や経済、宗教や学問といったそれぞれの分野では解決がつかず、それらの各分野が発生してくる源、あるいは現代の文明そのものにまでさかのほらなければその原因も解決策も発見できないという事を意味しているのでありましょう。アダムとエバの楽園追放以来、蓄積されてきた小さな矛盾が徐々に巨大化して、ついには人類の生存そのものをも左右するほどになっている現在、我々はすぐにも生命の樹の道に帰らねばならないのであります。

さて、人類の歩みについて考えてみますと、誠は天の道であり、これを地の誠にするのが人の道であると言われるように、人の道とは言を成就させることであり、そのために人々はことば（文）を明らかにし、ことば（文）を現象化してきたのであります。しかしながらその結果は物質的繁栄をも覆ってしまうほどの思想的混沌でありました。このような結果をもたらした原因をさぐるには、一つには、人の道に関するもの、即ち人類の自覚ということから、又もう一つには、天の誠に関するもの、即ち人々が今まで天の誠としてきたものは本当に永久不滅のものであったのか、ということから探究する必要があるのではないでしょうか。

この二つは一つのものの両面であり、そのことは聖書にあるアダムとエバの楽園追放と生命の樹の道、及びキリストの説教とたとえ話、さらにヨハネ黙示録などから窺い知れます。いずれにせよ、現在の人類はあたかも霊的病人のような姿であって、これを早急に治療しなければならないという気さえするのであります。

ところで、西條八十作曲の童謡に「かなりや」という題の唄があります。

唄を忘れた金糸雀は　後の山にすてましょか
いえいえ　それは　なりませぬ
唄を忘れた金糸雀は　背戸の小薮に埋けましょか
いえいえ　それは　なりませぬ
唄を忘れた金糸雀は　柳の鞭でぶちましょか
いえいえ　それは　かわいそう
唄を忘れた金糸雀は　象牙の船に　銀の櫂
月夜の海に　浮べれば　忘れた唄を　おもいだす

唄を忘れた「かなりや」のような我々が、忘れた唄を思いだすためには象牙の船に銀の櫂を見出さねばならないでしょう。そこで象牙の船とは、「造化の風音（ゾウゲのフネ）」、即ち創造主である大元霊から発せられた意志が思想的な風となって人間の精神を振わすことを意味し、銀の櫂とは銀（ギン＝義運、義を運ぶもの、すなわち言葉）によってつくられた櫂（椎の羽のような木＝気、即ち天の理をもつ霊波の気）を意味するとすれば、それは言を分析することによって、創造主の意志に自らを同調させることを意味するでしょう。

そうすることによって、人は忘れていた唄（神から授かった使命）を思い出し、万物の霊長としてその唄を高らかに歌いあげることができるようになるのでありましょう。

「求めよ　さらば与えられん」とキリストは我々に教えられました。求めよ、という言葉（コト）は、求めるという行為（コト）のなかに、すでに「もと」のものが含まれていることを示しています。

我々はこの言葉をモットーに、最も根源的なものをひたすら求めることによって、神と人と万物をつなぐ言の葉の誠の道を探究していこうと考えるのです。

一九八〇年十一月　記

向上の道

生命の樹の道、言の葉の道、言霊等々について考えてみますと、結局は我々の身体の内に、天の霊波を受け入れる「受け入れ態勢」がなければ、その真髄は把握できないという事が理解されます。そこで精神開発、人格向上の道を確立し、自らの霊性を高めなければならないという結論に達します。

古来、幾多の聖賢が大衆を導き、励ましてきた教えの数々も、その目的はこゝにありと言えます。神道、仏教、儒教、回教、キリスト教をはじめ、科学や哲学は、それぞれ信仰により、或いは又分析により、論理により、人類向上の道をはかってきたのであります。

ところで、明治天皇は、

白雲の　よそに求むな　世の人の
まことの道ぞ　敷島の道

とうたわれ、世の人（大衆）の歩むべき道は敷島の道であると述べられました。ここにうたわれた敷島の道は、広義では日本精神、狭義では、日本文化一日本語一言霊と焦点をしぼることができると思われ、三智誌上でも分析されています。

そこで今回は、岡本安出著「有りて在るもの・栄光の遺産」の一節を参考として、言霊による向上の道を考えてみたいと思います。

「神は捨象の世界にありてあるものである。これを識るのを叡智という。抽象捨象の次元を認識するための舞台に言霊は登場する。後章でさらに詳論に及びもするが言霊はその奥の奥が如何に深くまた広くあるかは、はかり知るべくもない。何故なれば言霊も無限の創造の世界の中のものであるからである。」

さて、向上とは何でしょうか。山田準著「陽明学講話」には、「向上とは何ぞ、凡を以って聖と作（ナ）るなり、人を以て神に化するなり。」とあります。人が神を認識することが向上の目標であり、神を知り、神と同化した時に、人は聖人、即ちまことの霊止（ヒト）となるのだと言っているのであります。

では、神とは何でしょうか。神とは「捨象の世界に有りて在るもの」であります。捨象とは、抽象作用の際、不要として捨てられる象であります。哲学がいかに抽象をきわめようとしても、神は常に捨象の世界に身を隠したまうのであります。抽象の網の目をどんなに細かくしても風をとらえることはできず、分析の刃をどんなに鋭くしても空間を切ることはできません。

しかし、人は叡智によって神を識ることができるのであります。それは光透波の霊化理という叡智です。この霊化理によって、人は捨象の世界に遍在する神、眼に見えぬ生命体を、示し申すものとして現界に照らし出し、目で見、耳で聞くことができるようになるのです。その神を五十名聞（イザナキ）五十名見（イザナミ）とも表現できます。

さて、抽象の世界から捨象の世界へ昇る梯子は言霊解によってつくることができます。言霊解は、一つ一つの言葉を裏がえし、その奥を読み、高くさらに高くと解釈していくうちに、いつしか宇宙を貫いて、宇宙の外へと飛び出してしまうのです。もちろんそれは精神の宇宙、即ち、言語、文法、論理によって認識された我々の精神を越えることなのであります。　これは抽象の世界に身を置いて、捨象の世界をうかがうのではなく、捨象の世界に飛びこんで、そこから抽象、具象、具体の世界を振り返るのであります。潜在意識の問題というよりも、むしろ我々の意識の上に、全く新しい超越的意識を育てることのように思えます。　そのことを日本では天津羽衣ともいい、聖パウロはローマ書に「ただ汝ら主イエス・キリストを衣よ」と表現したのではないでしょうか。

「霊（ヒ）の本の、語路の八間三智（ヤマミチ）、今日越えて　眼下にも見ゆ、霊止（ヒト）の子の里」

（神秘道の歩み方より）

という歌も、このことを暗示しているのであります。このような超越的視野を持つことこそ、人が霊止になる道なのであり、現代という混沌の時代に思想的解答を与える鍵でありましょう。

聖書には、バベルの塔の神話があり、塔が崩されて人々は世界中へ散っていったとされています。しかし、精神的には、人類は今もなお二元則というバベルの塔に住んでいるようです。その塔から逃げ出し、エデンの園へ向かって歩き出す時は今のような気が致します。

向上の道は、向上心を燃やし、それによって自己を高めていくものです。　しかし、その目標が道徳的なものであったり対象物のある信仰では、人間完成は望めないでしょう。神を知り、霊波を身につけることを目指すことが肝心であり、そのためには、現在身につけている二元則的論理や判断を一旦捨てて、言葉を超えた言葉を身につける努力をすべきでしょう。

言霊はその奥がいかに深く、また広いか、はかり知ることもできません。そしてそれは、人間の創造性を飛躍させる鍵のような気がします。従って、言霊により、高い視野から、様々なものに、今まで見えなかった意味が付けられ思いもよらなかったものが結びつけられ、全く新しいものが生み出されていくでしょう。言霊の霊波は、そのようにして今後の世界を変えていくような気がしてなりません。

井を掘りて　今一尺で　出る水を
　　掘らずに　出ずと　いう人ぞうき

一九八〇年十二月　記

最後の創造

「この世には、これぞ指導原理である、とする幾多の宗教が次から次へと枚挙のいとまもない程に花を開き実りを示したが、その何れも世を救うことは出来なかった。今日では、仏教、基督教、回教、儒教、神道の五大宗教団とその他あらゆる主義思想イズムなどがある。そして二千年も三千年もの長年月をもってして、なお平和をもたらすことは出来なかった。このままではどうにも救われない。どの宗教もことごとく落第という外はない。されどここに最終的な創造としての人格の完成が残っているではないか。残されているではないか。」（岡本安出著「有りて在るもの・栄光の遺産」より）

人はこの世に生を受けてから、両親の愛に育まれ、学校を卒業して社会に出れば、世の荒波にもまれつつ家族を養い、平安無事な一生を送れればそれで幸せと思っている人が多いようです。心の平安は宗教に求め、物質面は各種の保険に安心感を求めています。そしてそれ以上は考えても意味のない事、何の役にも立たないことだと思ってすましてしまっています。聖書に放蕩息子のたとえがある通り、人は神を忘れ、神を離れて自分たちの目前のことのみにとらわれてしまっているようです。しかしこれでよいのでしょうか。

歴史に見る通り、各宗教は人類の教化に大きな力を果たしては来ましたが、宗教戦争やさまざまな迷信が横行し、科学が発展した現代ではどの宗教もその内実は空虚となってしまっているようであり、結局、その宗教成立当初の使命を全うし得たものは一つもないといったありさまであります。

では、世を救うものは何でしょうか。それこそ「人格の完成」なのであり、それは神の最終的な創造なのであります。ヨハネ黙示録に「我はアルパなり、オメガなり。最先なり最後なり。」（二二・十三）と言う神の最後の創造、アルパと天から流れ出た霊波によって始められた、六千年の仕組の創造過程の最後のもの、オメガの創造が人格の完成なのであります。それは世界と人類の両方が、それによって完成する画龍の点睛なのであります。聖書に記された六千年の仕組は、あと二十年をもって終了するといわれます。その時までに神の最後の創造である人格の完成ができなければ、人類は滅亡の運命をたどらねばなりません。

　さて、宇宙に天・空・地があるように、人間の内にも天空地があり、思想にもまた天空地があります。ここで地を物的な世界、空を意志想念、心の世界とすれば、天は霊の世界ということになります。天の霊の世界とは、一大（GREAT ONE）として全大宇宙に遍満すると同時に、点としての一点に集約され、テンを「手が動く」と解すれば、神の手すなわち魂の糧であるマナの動く（生成する）世界であるということになります。その霊的な天の世界は現在人類にほとんど知られることなく、天の岩戸閉めとして閉ざされているのです。

　しかしその岩戸が開け、天からの霊波が光透波となって人類に天降り、その霊波を浴びた人類が天空地・三位一体の存在となった時こそ、神の最終的な創造は成就し、人格の完成はもたらされるでしょう。そして、そのようにして完成した人格を、キリストの再臨というのであります。ヨハネ伝巻末に次のような記述があります。

「イエス言ひ給ふ（よしや我、かれが我の来るまで留るを欲すとも、汝に何の関係あらんや、汝は我に従へ）ここに兄弟たちの中に、この弟子死なずという話、伝はりたり」

　この弟子とはヨハネのことであり、ヨハネ伝福音書と黙示録はキリスト再臨の時まで死なないと記されているのです。そのヨハネは、神とは言葉であることを終始証をなし、すべての創造は言霊によってなされたと説いているのです。故に最後の創造も言霊の霊波によってなされるでしょう。

　このように説いてくると、人格の完成はどこか遠くにいる神が時を待って行なってくれるものと誤解される方がおられるかも知れませんが、そうではありません。もしそう考えていたら、何の収穫もないままに空しく滅亡の道をたどらねばならないことは言うまでもありません。

示し申す言葉である神は、人の外にある神ではありません。それは、我々の内にあるものであり、全大宇宙の中心に在ります大元霊大神の分霊であるところの言霊の霊種であり、それこそ人間の内なる本質、神我と呼ぶものに相違ないのであります。故に、神の最後の創造とは、自らが自らの霊魂を振り起こし、自らによって神の御威稜の一分子である自らを完成させるのであります。

六千年前にアダムとエバが地上に降された時、神は、「人は地を耕して再びエデンの園に復帰せよ」との神勅を降されたのでした。耕して天に至る段々畑のごとく、営々と築きあげた人類六千年の文明を締めくくるには、一人一人の努力と精進によって言霊の霊波を把握し、神の僕としての正命を果たす以外にないことは、いくら力説しても足るということはありません。

最後に、「栄光の遺産」あとがきよりの引用をもって本文のしめくくりといたします。

「(よきをとり　あしきをすてて)の明治天皇の御製の聖旨にこたえて、政治家も、学者も、実業家も、各々その持ち前のクサビを外し、自我を超越し、神とは、神霊とは、宗教とは、天皇とは等々の霊的物的両様のあらゆる固定的な凝(シコリ)をときほぐし、それを上廻る大いなる思想を見出すことに努力し、自律精神を養い、霊元の手足となり、統一性のある叡智に目覚め、世界人類が滅亡からまぬがれる為、心ある人々と共に一役を買ってみようではないか。誰しも、神は万能だと口にするではないか。その万能の力を、われわれの精と肉と血として、時間と努力を棒げるだけで、人格完成への道は開かれる。求める者は与えられ、閉ざされた扉は開かれ、幸福の霊水はこの世の全てをうるおすであろう。道がいかにけわしかろうと、挫折しないで、いざ鎌倉のその時にそなえ、常に心に霊火の灯を絶やさぬよう油を注ぐことに努めよう。」

一九八一年一月　記

転換の原理

世にはさまざまの宗教があり、さまざまな奇跡を説いています。病気直しや経済問題、はては合格祈願に至るまで、信仰心と欲望の入り混じった社会現象がいたるところに見受けられます。そのような宗教社会学的奇跡はさておき、ここでは「奇跡の人」といわれる奇跡を考えてみたいと思います。

「奇跡の人」というと、三重苦を克服したヘレン・ケラー女史を思い出しますが、そればかりではありません。昨日までは不治の病の床で絶望に打ちひしがれ、悲嘆にくれていた人が、ふとしたきっかけをつかんで心を入れかえ、感謝の生活に入り、ひたすら心を浄めていくうちに、いつしか病も治り、社会に復帰し、博愛と誠実をもっての奉仕的生活に入りその使命を全うしてゆく姿は、話を聞くだけでも心の洗われる思いがするものであります。

これこそ、あらゆる宗教が目ざす信仰生活の真髄であるのかも知れません。そして、このような人生の革命の根本が、その出発点である心の転換にあることは宗教家の一致して説くところなのであります。

さて、心の転換、精神の方向転換は人間一人一人の問題だけでないことは言うまでもありません。社会や国家、そして人類の文明といったものにも、大きな転換の時はやって来るようであります。今年は辛酉（カノトトリ）の年、昔から辛酉（シンユウ）革命として天命の革まる時だとも言われます。事実、様々なニュースを見てもそのような事が感じられますし、文明の転換期近し、と予見する識者も多いようであります。

この人類の転換期について、岡本安出著「有りて在るもの・栄光の遺産」には次のように分析してあります。

「予言と現実とは勿論時を同じくするものとは限らないが、一歩退いて何れの方面から考察しても、或は『神国日本全体の流れ』という観点からも、やがて『静の体勢』から『動』への転換期が巡り来そうに見受けられる。さらばとてそれは神が自然にそうさせるのだろうと安易に考え、何の努力も払わぬ態度をとるならば唯々幻滅が忍びよるのみであろう。」

ここで岡本先生の言う「静の体勢から動への転換期」とは、言霊学上でいう「五十音図の転換」について語っているわけですが、わかりやすく言えば、我々の智慧の次元が上がる、又は我々の霊的な自覚の向上とも言えましょう。

人間が現在用いている智慧は、二元則といわれるものであって、これは聖書によれば、アダムとエバがエデンの園を追放される原因となった善悪の智慧の樹の実に由来するものであります。人間はそれ以来、何事をも善悪、真偽、強弱等々と立てわけて、二元則による種々の思想を産み出し、物質文明を築いて来ましたが、このような二元則的な見方は、物事の表面しか見ないとらえ方ではないでしょうか。

このことを「静の体勢」というのは何故かといえば、試みに二元則から一歩も出ない人の言葉を聞いてみると、それは小さな日常の範囲から一歩も出ないのであります。その言葉はまるで小鳥のさえずりや、森の木の葉が風にそよぐ音と大差ないと昔の聖者も言っている通りであります。故にこれを「静の体勢」と言うのであります。人が神の子であり、「言は神なり」の言を使っていると思うと、何となさけないありさまでしょうか。

しかし、それは人間の精神開発、人格の完成という意味からは、どうしてもこの時期を通らねばならなかったのであり、そのために三千年の仕組としての各宗教が開かれたのでありましょう。

「静の体勢」から「動」への転換とは、人間が三位一体を自覚して、天の霊波を我が身に受け入れ、霊・体・用の三位が一体にして不可分であることを知ることであります。三位一体の自覚を深めていくことにより、我々はこの三つが常に直結している事を知り、人間は全大宇宙の生命が言葉をもって現象化した存在であることを知るに至るでありましょう。その時こそ人間は全大宇宙の心をその心とし、神の似姿として大いなる働をするようになるでしょう。これを「動」というのであります。

人間がこのような意味で完成した時、それを人格の完成といい、その人を真の霊人ともいうのであります。そしてこれを世界的範囲で考える時、それは地上天国の成就ということになりましょう。こうしてみると、さきほどの「信仰による転換」も、未だ「静の体勢」の範囲内のことであったように思われます。

では、「静の体勢」から「動」への転換の原理をどこに求められるでしょうか。その鍵こそ言霊にあると私は確信致します。完全なるものには、完全なるものを通してのみ到達し得られるものです。言葉はそれ自体で、すでに絶対性、超越性、完全性を持っているのです。例えば「完全性」の真義は、「完全性」という言葉の意義、字義、音義の奥以外にはどこにも存在しないのです。人間だけが哲学をする。その理由は、人間が言葉を持っているからであります。真理の絶対性と神の超越性には、言葉の路を通してのみ達することができるのであります。

インドのバラモン教の「ヴエーダ聖典」には、「言は天に達するものである」と述べられているそうですが、それは言によって天に達した神人がその証を記した言葉でありましょう。今日、我々も転換期の近づきつつある事を予見し、言によって天に達すべくその準備が必要と感じられます。

ヘレン・ケラー女史は、肉体の三重苦を克服して世の光となりました。幼いころの彼女は、言葉を知らず、欲求とカンシヤクの世界に暮していました。そこへ家庭教師としてサリバン先生が現われ、彼女の手のひらを通して言葉を教え始めました。

彼女はしばらくの問、物事と手のひらに与えられる信号の関係がわからなかったようですが、ある日突然、言葉のもつ意味を知ったのだそうです。その最初の言葉は「水」という単語であったと言います。それからの彼女は、言葉によって自分のまわりの世界と自分自身を秩序づけ、奇跡の人として成長していったのです。「言葉の発見」が彼女の転換の原理だったのです。

我々も、静から動への転換期に際して、霊的三重苦を克服し、言霊即ち言葉の霊性を把握することによって自己の内部と外部に新たな秩序を与え、次の世代の人間として、奇跡の人となってゆかねばならないのです。見ざる聞かざる言わざるの庚申の年は去りました。今年こそ霊的な眼と耳と口を開くことに努めようではありませんか。

一九八一年二月　記

生命の樹の道

聖書は世界人口の七割にものぼるキリスト教徒の聖典として、世界の津々浦々にまで領布され、西欧諸国においては、あらゆる誓いは聖書に手をおいてなされること等、神と同格の経典としてとりあつかわれていることは、よく知られています。

聖書は信仰の導きの書であり、永遠の真理の書であるとともに黙示と謎に満ちた神秘の書でもあります。そして最大の謎は、旧約聖書の創世記と、新約聖書の最終巻であるヨハネ黙示録にあるとされています。なぜならそこには、人類がエデンの園という神国から追放され、地を耕やし、苦難にたえて生存していかねばならなくなった経緯と、神が最後の審判を下し、人々が新しきエルサレムに迎えられる予言が記されているからです。

聖書を貫いている思想は、唯一絶対の神からの言であり、それは永遠の生命の言であり、そしてまた、その言による神と人との契約によって人類の歴史がはじめられ、やがて神の経綸によって人類は天に帰環してゆくであろうという予言がなされているのであります。この巨大にして深遠な神秘の宝庫は、何千年もの年月の間に除々にまとめられたものであるにもかかわらず、その思想はみごとな一貫性をもって神を証しし、未来を予言しています。

世界の歴史の動きを見ても、そこに記されている通りの現われと思われることも多く、神意の偉大さを感じざるを得ません。聖書に記された天国とは、我らの内なる天国であり、外界はどんな狂乱の嵐のただなかにあっても、内心は波一つない平安さをたたえているような心の奥深いところにあるものであります。もちろん、平安な心そのものは天国ではなく、天国の種を宿す土壌なのであります。この、天国の畑である清き静明な心に、キリストの生命の言葉という種がまかれると、その種はやがて芽を出し成長していって、ついにはその人の精神を完全に占領してしまい、その人の二元則的精神が一掃されてしまった時にこそ、その人は天国人として霊的なよみ返りを待つことになるのでしょう。

ちなみに、ここに、マタイ伝に記された「天国についての七つのたとえ」を列記してみましょう。（マタイ伝一三章参照のこと）

〈一〉種まき。　ある人が、種を路のかたわらや、石地や、茨の地や、良き地にまくが、土地の状態によってそれぞれの実を結ぶ。天国の言を聞く人の受け入れ態制によってそれぞれの実を結ぶということ。

〈二〉種をまく人。　人の子が良い種をまいた後、悪人が毒麦（二元則思想）をまくが、良い麦も毒麦も収穫まで育て、収穫の時に分けるという話。

〈三〉からし種。　神の言である神羅志多音（カラシダネ）は万の種よりも小さいが、育てば樹となって空の鳥　（十理〈トリ〉・天の法則）が宿るほどになる。

〈四〉パン種。　パン種とは、霊波を運ぶ聖霊の象徴である。女（御名）がこれを三斗の粉に入れるとことごとく脹れだすということ。

〈五〉宝。　天国は畑に隠れたる宝の如し。人の深層意識の扉の奥にある霊性をいう。

〈六〉真珠を求むる商人。　みがかれた御魂は見出されるということ。

〈七〉網。　さまざまなものが天国の網にひきよせられる。

イエスは、このように多くのたとえをもって、天国を示し申したと記されています。自らの内なる天国を発見し、それを生長させることがいかに重要であり、あらゆる人間のなさねばならないことであるかが述べられています。また、ここで注意すべきことは、天国のたとえに、種や畑が出てくることです。これは、天国の種である小さな言の種子（主志）が、いつの間にかまかれ、その思想が、まるで植物が無言のうちに成長するかのように成長することを云っているのかも知れません。

人は長い間、二元則の世界に苦しみ、身も心もすっかり二元則にひたりきっているようです。しかし、いつまでもこのような状態でいてよいものではなく、人間は一刻も早く心を洗い浄めて純真さを取りもどし、純白な心の衣、すなわち光輝く永遠の生命の思想を把握し、現在の状態からは想像もつかないほど高貴で厳格で慈愛に満ちた存在へと進化、すなわち神化していかねばならないのであります。これが神の子、霊止となることであり、自らの内なる天国を建設することであるのです。その道は遠くけわしいかも知れません。しかし、そのことは為そうとする意志があれば必ず成就するであろうとの予言もされているのです。このようなことがらに対して、我々は無関心であってよいのでしょうか。

世のいきづまりが叫ばれる現在、各方面で、その根本的解決策を見出す努力がなされていると推察します。しかし、その解答は一人一人が自ら自覚し、深い誠をもって自らの内なる天国を発見すること以外にはどこにもないのではないでしょうか。

最後に、岡本安出著「深層意識の扉」の一節を引用して、本文の締めくくりといたします。

「われわれは、二元則の考え方を超越し、数霊、言霊、言語、字義、音義、意義、経験見聞等を通じて、さまざまな事を発見した。世界一家とか世界平和というものは、現今の思想とか科学哲学の思考によるのみでは建設は覚束ない。この事実をふまえて各自の脳裡に浮ぶのは、精神的或は霊的大革命の必要性であり、如何にして高次元的能力を獲得し、如何にして自我意識から超脱し、天の恵みに浴し、わが心に白衣をまとうかの問題に帰着するであろう。これに答えるには霊元時代への里帰りである。霊気智能を啓発する霊智を授り、わが生命の天霊の息吹きによる気力の喚気によらなければ、とても土なる自我の心は天に通じるものではないと思い到り、さなくば唯々、死あるのみとの結論に達した。」

天地と共に歩む者

一九八一年三月　記

アダムとエバが楽園を追放されて以来の人類の歴史は、闘争と困難の連続であったようです。人々は闘い、傷つき、悩み、そして平和と幸福を神に祈っても、一時的な精神的慰安以上のものはほとんど得られず、立ちどまって振り返れば、いったい自分の人生とは何であったのか、自分とは何であるのか、と考えるのでありました。

この六千年間が精神開発の時代であったというのは、外面的には物質文明の発達を言うわけですが、内面的には、心の煩悶と、その全面的解決への道をたどった時代であると言えましょう。

この精神開発時代の目標は、物質的には、物質文明の完成であり、思想的には、心に神の白衣を着るということになります。黙示録（七・十四）に、「彼等は大なる患難より出できたり、羊の血に己が衣を洗いて白くしたる者なり」とありますが、羊であるキリストの血（慧智）をもって、心の衣を洗わなければならないのであります。

キリストの血という智慧は、単なる知識的なものではなく、神の愛と生命との裏づけを持ったものであります。新約聖書コリント前書第十三章に、次のような部分があります。

「たとい我もろもろの国人の言および御使の言を語るとも、愛なくば鳴る鐘や響く（にょうはち）の如し。たとい我、預言する能力あり、又すべての奥義と凡ての知識とに達し、また山を移すほどの大いなる信仰ありとも、愛なくば数うるに足らず。たとい我、わが財産をことごとく施し、又わが体を焼かるるためにわたすとも、愛なくば我に益なし。愛は寛容にして慈悲あり。愛は妬まず、愛は誇らず、非礼を行わず、己の利を求めず、憤ほらず、人の悪を念わず、不義を喜ばずして真理の喜ぶところを喜び、凡そ事忍び、おほよそ事信じ、おほよそ事望み、おほよそ事耐すふるなり。愛は長久までも絶ゆることなし。然れど預言は廃れ、異言は止み、知識もまた廃らん。（中略）げに信仰と希望と愛と此の三つの者は限りなく存らん。而してそのうち最も大なるは、愛なり。」

この部分は、新約聖書の中でも特に有名な部分ですが、ここでパウロは、知識よりも、信仰よりも、霊能力よりも、奥義よりも、奉仕よりも、犠牲よりも、愛は奥探く永遠であると言っています。人々のなすあらゆる業も、言葉も、いつしか歴史の波に飲みこまれ、流転の中で過ぎ去ってゆくことでありましょう。しかし、地上の喧騒と地上の時間とを越えて、愛のみが勝を得、永遠の生命の言を地上に顕現させることでありましょう。

愛という言葉は、情に強く結びついたものです。しかし真の愛は、単に感情的なものにとどまるものではありません。言霊で解すれば、天はアであり、地はイであって、アイとは天地である、ということになります。アイが天地である、というのは、万物の創造は愛によってなされ、またそれが維持されているのも、愛によってなされており、天地間の万物とは、神の無限で無条件な愛が現象化したものである、ということを暗示しているのであります。また、愛は万物の間の霊的な引力であります。愛は合（アイ）であり、万物は愛によってのみ合一し、一体となることができるのであります。愛は世界のほころびをつくろい、諸々の傷をいやし、すべてのものを一つにする偉大な力でありましょう。

キリストの教えが、愛を最も重要なものの一つにしているのも、そういった理由からであります。キリスト。この言葉を我々は「基理統人」と解し、あらゆる原理の基である元理、すべての法則を統一する法則と理解しますが、その理、その法、その生命は、神の愛と非常に深く関連しているのであります。キリストの印はXでありましょう。このXには、永遠の生命と神の無限の愛をもったキリストの血が、天地の創造される以前から流れ続けているのであります。

統一の基礎とは何のことを言うのでありましょうか。外を治めるには、まず内を治めなくてはなりません。現在の世界の混乱と闘争は、一人一人の心の内なる混乱と闘争が現象化したものに他なりません。自分の心の内なる戦争を解決しない限り、世界の平和も訪れないでありましょう。それには、自分が神の愛の一柱（すなわち、I・アイ）であることを把握しなければならないでしょう。

人間の人格が完成して、霊止（ヒト）となる、とは、言霊的にアイである天地と、自分自身である（アイ）とが合一して、一つになってしまうことを言うのであります。そのことは神の無限なる愛の極めて自然な作用であり、そしてまた日本語のアイという音波によって保証されていることのように思われます。そしてそうなった時にこそ、その霊止（神人）は、モーゼが聞いた神の言、「I AM THAT　I AM」（我は有りて在るものなり）の真義を把握し、エホバの剣を与えられて宇宙を治めるようになるでありましょう。

人間がその真の姿に立ち帰り、創造主によって与えられた使命を果たすことができるようになるために、一人でも多くの人が言の葉の道に志し、大いなる成果を得ることを祈ってやみません。

最後に、岡本安出著「深層意識の扉」よりの一節を引用して、本文の締めくくりといたします。

「実（げ）に言霊は生命神命人命その他凡てを結ぶ『いのち』の懸橋の支柱の軸心である。この軸心は人間五感に反応を与えるような枠に縁られた形や色どり等々の限定を超越した、神の意志に同調の振幅をもつエネルギーの発露である。同調することが叶えられる所以は、われわれの心の最奥に分神である神の息吹きが分身として宿っているからに外ならないからである。この息吹きの宮居への道は、努力精進を積み重ね、心の奥へ更にその深く険しいその奥へと修練によって、はじめて辿りつく。ここで魂の共鳴を感じ魂の祈るのを自覚し、果てしない心のひろがりを知るのであろう。この魂の扉は漠然と時の来るのを、唯、待つばかりでは決して開いてはくれない。」

安《ア》出《デル》先生の思い出

岡本米蔵御夫妻の想い出

富岡八幡宮宮司　富岡興永

私が御二方に初めてお目に掛かったのは、多分昭和二十年代の末か三十年代の初め頃であった。どなたの紹介であったかも思い出せない五十年近くも前のことであり、当時の記憶もすっかり霞んでしまったが、お訪ねした先は船橋の海神にあった二間程の居宅であった。秋の柔らかい日射しの日の午後、何の前触れもなく突然参上したにも拘わらず、御夫妻は大変喜んでくださって、三十前の若輩の私を温かく迎えて下さった。

当時私は勤務していた電通を退社し、復学する傍ら友人数名とユダヤ研究等をやっていた謂わば浪人時代であった。私の興味は専ら「牛」で天下に名を成し、又アメリカで大活躍をした岡本米蔵という人がどんなお方で、又どんなお話が伺えるかという一点であった。米蔵大人は老境に入っており終始にこにこしておられるだけで、余り過去を語りたがらない風であった。

米国では日米親善に尽くす傍ら、数少ない日系実業家として、大きな仕事に取り組み、米国それもニューヨークで、さあこれからという矢先、日米開戦という時運に遭遇、全財産を没収された上、おまけにスパイの嫌疑を受け、漸く帰国できた氏にとって当時は失意と傷心の頃だったに違いない。その様な米蔵氏を支えたのが安出夫人であった。夫人は私に様々な質問をし、又流暢な日本語で種々話題を提供、女史の応対によって快適な一時を過ごすことができ、夕刻すがすがしい気分で居宅を後にすることができた。

その後、間もなく夫人が拙宅に来られ、又神社にもお寄りくださり、世間話の傍ら何冊かの著書の贈呈を頂いた。当時夫人は六十代ぐらいであったろうか、実に品がよく、又その発する御声は天女の御声も斯くやと思える程の流麗な御声であられた。御本を拝読すると女史はキリスト教と日本という国の関係につき、ただならぬ関心をお持ちのようであったが、当時の私にはキリスト教の基礎知識や、言霊に対する専門の知識がなかったため、女史の持論には大まかには同調できても、細部では行き詰まってしまうという状況であった。

今回和田氏から原稿を依頼され、改めて女史の本を読んでみたが、『ヨハネ黙示録義解』は、キリスト教の深奥なテーマに日本の言霊を以って挑まんとした女史の先見的ともいえる姿勢が伺えて、改めて敬意を表する次第である。

話は変わるが、最近私はエジプトのギザにある三大ピラミッドが建立された経緯について、一二三朋子さんと云う女性を通じ建立された詳しい説明を頂いた。それによると、あのピラミッドは他の銀河から飛来した異星人の設計建築によるものであり、その異星人は人類に科学や技術を教えるために地上に降りた方々で、母星への通信基地として使われたものであるという、一万年も昔の話であるが、ヨハネ＝四十八音の難問もこうした方々の援助なしには解き得ないのではないかという気がしている。

※付言、エジプト、ギザのピラミッドについて詳しくお知りになりたい方は、返信用封筒封入の上、筆者（富岡八幡宮宮司）までお申し出下さい。折り返し返送申し上げます。

岡本安出先生の思い出

二見興玉神社崇敬会横浜支部代表　野原桃子

岡本安出先生と私共の恩師である根市和子先生とのご縁は、元陸師で秩父宮様のご同期であり、又『日月神示』という本の著者である、霊覚者・岡本天明師の奥様のお兄様である高木猛雄氏のお誘いで「言霊宗宣言舎」の会合に出席し、意気投合されてからのことだったと思います。

その後安出先生には、私共（根市先生の門下生）の神学教室の講師として横浜までおいで頂いており、当時大学院生だった和田廣氏もお伴され時折いらしていました。三年余にわたりお世話になりました。

当初、私共にとって安出先生のご講義は、奇想天外でSFファンタジーの世界を見ているような心持ちでした。テキストは『日本とユダヤの合せ鏡』や『ヨハネ黙示録義解』など難解な本もあり、未熟な学生相手にご指導される先生もご苦労されたのではないでしょうか。

しかし回を重ねる毎に、安出先生のダイナミックな人生経験から来る広大な視野に立ち繰り広げられる宇宙観に魅力を感じ、興味を持つようになりました。

安出先生と根市先生は、あらゆる分野に精通され、思想的にも確固たる信念をお持ちになり、エレガントで品格のある尊敬すべき女性でした。そのようなお二人のお話を脇で聞かせて頂いていることも心地良く楽しい時間でした。

「人間は小宇宙であること」「日本には五十音図に象徴される重大な仕組みが神から与えられていること」「日本の使命は和平に対する方針を示さなければならない国柄であること」など、今まさに日本人が自覚しなければならないことばかり、本当に大切なことをたくさん教えて下さいました。

そして三十年余たった今、安出先生からの教えが私共の考え方・信念の基になっていることを確信しています。今となっては、恩師である根市和子先生も昨年他界され、弟子の私が遠い昔の思い出を書かせて頂きました。

言霊と私

岡田茂吉記念館館長　武藤弘興

私が、岡本安出先生のことを知ったのはまったくの偶然からでした。

言霊を勉強したいなと常々思いながらも、何処へ教わりに行っていいものだか解からず、さて如何したものかと思っていたところに、言霊を教えている会があると知人からお聞きし、これは行ってみるしかないと普段ならなかなか動かない私が決意するまでそう時間が掛からなかったことも、何か時期というか縁みたいなものに引き寄せられたのでしょう。

初めて参加してから、早二年半が経ち、岡本先生が遺された書籍も何冊か拝読させて戴いておりますが、いまだに言霊については訳が判りません。

只、この会はいろんな方々が参加されているにもかかわらず和気藹々として参加していて非常に気持ちのいい会であることも飽きっぽい私が長続きしている要因です。また、私が師事する岡田茂吉氏が、岡本先生と一緒に勉強なさっていた御関係もあり。

岡田茂吉氏に聖書の手ほどきをなさったのが岡本先生だと聞いております。

よく岡田茂吉氏が、用いていた言葉に「言霊神也」という言葉があります。言霊は天地をも動かすくらい凄いものなのでしょうが、私にはまだ実感がありません。

この度の岡本先生二十年祭記念として『神宮と天皇』並びに『聖書正解』が復刻される時期にこの会に参加させて頂いていることに感謝いたしております。また私みたいな若輩者が文章を寄稿するなどということは考えられないことです。これも岡本先生からお許し頂いたと思い、纏まらない文章ではありますが掲載させて頂きます。

安出おばさんのこと

今井通博

岡本安出さんは、今井家の血縁者です。第一次世界大戦の最中で安出おばさんが若かりし頃のこと、単身で神戸港に着いた時に、私の祖父（芳太郎）が出迎える等したというたいへん仲の良い従子（従兄、従妹）の間柄だったと母から聞いておりました。彼女が母、まつさんを通して抱き続けた幼少の頃の母国日本への憧れは生涯変わることは無かったでしょうが、当時のあれこれを私は詳しく知る由もありません。

岡本米蔵先生と結婚して岡本姓となって後は日本人より日本人らしくなった様子で、第二次大戦後に世に出た英文の著書『同行二人』では母国を慕った若き日々の心情を表現し、その筆致の格調の高さを一流欧米人らが絶賛していたと聞きおよびます。また言霊の国日本の天皇家とユダヤの共通部分から『合図の旗』や『日本とユダヤの合せ鏡』の邦文著書が生まれ、言霊宗宣言舎創立の流れになったものと思います。

おばさんをもっと知りたい気持ちになった頃は、晩年の九十歳前後でした。私が転勤で東京在住時に、おばさんの弟なる方が米国ロサンゼルスで調教師をしていて来日し、私の勤務先に面会にみえたことや、米蔵さんの病の床にこちらから面会したことがあった程度でした。親族の一人池田須美さんが、新宿の居所を再三訪ねておられたこともあって、訃報に接し上京した折、おばさんのことを世話された周囲の方々から推されて私がにわか喪主になり当惑した記憶があります。相前後して私の両親も順送りで逝きましたから、今にして思えば知らざることの多さに残念な思いがします。いずれにせよ今井家にとっても安出さんは稀有な人でした。

桜の散る頃には、彼女の眠る奈良三笠霊園に池田須美さんと私達夫婦が一緒にお墓参りをするのが慣わしになっています。高台から下界を見おろして微笑んで励ましてくれていると感ずるのは、やはり今も私たちの心の中に大きく存在しているからだと思っています。

岡本米蔵・安出ご夫妻の墓前祭。於奈良三笠霊園
（祭主は横浜の永谷天満宮・和田廣禰宜）

岡本安出先生の慰霊祭の折。於富岡八幡宮

毎年五月五日の慰霊祭にて。於富岡八幡宮

明治神宮研修館にて。毎月催行の温故知新会の折

鹿島神宮ご参拝。温故知新会の屋外研修の折

鹿島神傳直心影流流祖碑「生足魂」前にて
（皇学研究会。三潴信吾先生の作文による）

お知らせ

この復刻版を通して皆様に言霊というもの、またキリスト思想の原点をご説明いたして参りましたが、ご理解いただけましたでしょうか。いや、なかなかと思われる方が多いことと思いますが、そうも言っておれない最近の世情（思想界）であり、安出先生も次のように日本人の奮起を促しておられます。

「日の本の言の葉の誠の道は、聖書の結論である黙示録・第二十二章に、『生命の樹の葉は諸国の民の渇を医す、今よりのち、のろわれるべきものは一つもない』と啓示している。これを、他山の石と思うような狭心症の指導であっては世は救えない。

古事記も文底の秘義をよみとらねば、天武天皇の御聖意は解らないといわれる。日本人は日本人としての使命を忘れてはならない。祖先の遺風を顕彰することがわれわれの使命である。祖先の遺風とはいうまでもなく神業翼賛、即ち言の葉の誠の道をもって個々任務を全うし、あれはてた世をたてなおすことであると考えられる。せっかく開花した科学文明の立派な実を世界一家として結べるように導くのは日本人の使命である」

さて、私達、安出先生より言霊、聖書についての教えを受けた者として、何かをせねばとの心の高まりを感じ、お互いの学び合いを通じて少しでも日本人としての使命を果たすべく、言霊研究会を毎月開催いたしておりますので、参加ご希望の方は左記へご連絡下さい。

岡本安出ことたま研究会

〒一一五―〇〇四五

住所　東京都北区赤羽一丁目三十五番二号　大川元一方

電話（携帯）　〇九〇―四六〇一―六二一五　ＦＡＸ　〇三―五二四九―五四四七

E-mail moohkaw@attglobal.net

復刻版　岡本安出《アデル》「言霊《ことたま》」作品集 I
～『神宮と天皇』『聖書正解』

2007年5月5日　初版第1刷発行

編　　者　岡本安出ことたま研究会
発 行 者　韮澤潤一郎
発 行 所　株式会社 たま出版
〒160-0004　東京都新宿区四谷4－28－20
☎03-5369-3051（代表）
http://tamabook.com
振替　00130-5-94804

印 刷 所　株式会社平河工業社

ISBN978-4-8127-0228-4 C0011